U0958101

本书编委会

主　编：李大伟　陶　锋

副主编：田何志　燕志雄　盘　颖

委　员：陈振权　李喜梅　方国明　张　静

梁星韵　张　莹　周永文　陈雯璇

孙世杰　柯荣荣　龚宇霜　王　婕

本书出版获广东省软科学研究计划项目“广东省科技金融智库建设”（2017B070703004）、“科技金融创新的理论深化及广东实践的若干问题研究”（2018B070714014）资助

广东省
科技金融发展报告
（2020—2021）

主　编◎李大伟　陶　锋
副主编◎田何志　燕志雄　盘　颖

广东省生产力促进中心
暨南大学产业经济研究院

暨南大學出版社
JINAN UNIVERSITY PRESS

中国·广州

图书在版编目（CIP）数据

广东省科技金融发展报告. 2020—2021/李大伟，陶锋主编. —广州：暨南大学出版社，2022. 3
ISBN 978-7-5668-3331-0

Ⅰ. ①广… Ⅱ. ①李… ②陶… Ⅲ. ①科学技术—金融—研究报告—广东—2020—2021 Ⅳ. ①F832. 765

中国版本图书馆 CIP 数据核字（2021）第 277129 号

广东省科技金融发展报告（2020—2021）
GUANGDONG SHENG KEJI JINRONG FAZHAN BAOGAO（2020—2021）
主 编：李大伟 陶 锋

出 版 人：张晋升
责任编辑：黄文科 刘舜怡 刘碧坚
责任校对：张学颖 冯月盈
责任印制：周一丹 郑玉婷

出版发行：暨南大学出版社（510630）
电 话：总编室（8620）85221601
营销部（8620）85225284 85228291 85228292 85226712
传 真：（8620）85221583（办公室） 85223774（营销部）
网 址：http：//www. jnupress. com
排 版：广州尚文数码科技有限公司
印 刷：佛山市浩文彩色印刷有限公司
开 本：787mm×1092mm 1/16
印 张：15. 5
字 数：243 千
版 次：2022 年 3 月第 1 版
印 次：2022 年 3 月第 1 次
定 价：62. 80 元

（暨大版图书如有印装质量问题，请与出版社总编室联系调换）

前　言

当前，世界正在经历百年未有之大变局，云计算、大数据、物联网、人工智能等新一代信息技术以及复杂的国际形势等因素加快了全球经济、政治、社会环境的变革与发展。为实现中华民族伟大复兴的中国梦，在国际舞台上掌握话语权，我国必须顺应时代潮流，把握历史机遇，转变以往粗放型的经济发展方式，推动产业发展转型升级，助力科技创新发展。此外，全球化发展大趋势中也存在一些不和谐的声音：美国政府为维护其在科技产业中的垄断地位，发动贸易战，借此打压我国的高新技术企业。这也在客观上要求我国加强自主研发，掌握核心科技。科学技术的发展离不开金融创新的支持，科技与金融协同共进，将成为驱动产业和经济发展的重要引擎。持续以科技金融作为创新发展的抓手，对于完善创新发展体系、提升区域创新能力、推动产业高质量转型等起到关键作用。

广东省是全国经济发展的排头兵，截至2020年，广东省GDP连续32年位居全国第一。广东省是全国8个推进全面创新改革试验的区域之一，其产业转型升级走在全国前列，为国家全面改革创新提供了可复制的先进经验。截至2020年，广东省区域创新能力连续4年位居全国榜首。广东省始终把科技创新作为关系全局的工作，摆在“1+1+9”工作部署的重要位置，推动科技创新强省建设取得新进展、新成效。经济持续健康发展极大地依托于产业转型升级，而产业转型升级离不开科技创新，科技创新又需要科技金融的推动。为促进科技金融更好地为科技创新服务，广东省发布了一系列高质量、有特色、可落地的科技金融政策措施，全省科技金融发展态势积极向好，成为国内本土创业投资行业发展最活跃的地区之一，同时也是国内政府引导基金发展最成熟的地区之一。此外，广东省在科技信贷、科技保险等方面创新改革试点，提供了先进的发展经验，形成了日趋完善的科技金融服务体系。

广东省正迎来建设粤港澳大湾区和支持深圳建设先行示范区的重大历史机遇。加快建设具有全球影响力的国际科技创新中心、大湾区综合性国家科学中心先行启动区，打造广深港澳科技创新走廊等任务是全省科技创新工作的重中之重。科技金融既是创新驱动发展战略的核心抓手之一，也是增创科技创新环境新优势、深化科技体制改革的着力点。为全面跟踪广东省科技金融发展动态，用理论研究支撑实践探索，由广东省生产力促进中心牵头的科技金融智库组织编写了本书。本书系统地概括了广东省科技金融发展的现状、趋势，总结其发展经验，并对科技金融发展指数进行更新、修订；通过定性和定量相结合的方式，对广东省省级和各地市科技金融发展水平进行综合评价，为政府部门和相关从业者及研究人员提供决策参考与理论借鉴。

本书共分为十章，第一章介绍了科技金融的基本概念，并概述了 2020 年度广东省科技金融的整体发展情况；第二到第四章重点介绍了广东省科技金融财政支撑体系、科技金融综合服务平台以及多层次资本市场的建设情况；第五到第八章详细分析了广东省创业投资、科技信贷、科技担保、科技保险等服务领域；第九章从区域发展的角度重点介绍了广州、深圳、佛山、东莞、中山以及粤东西北典型地市在科技金融工作方面的探索与实践；第十章就 2020 年度广东省科技金融发展进行指数评价分析，对各地市科技金融发展进行量化测评。

本书在编写过程中得到了广东省社科院、华南科技资本研究院、广东省科技金融促进会、广东省风险投资促进会、各地市科技部门、各地市科技金融综合服务中心、暨南大学产业经济研究院等机构的大力支持，在此一并表示衷心感谢！

编　者

2021 年 11 月

目　录
CONTENTS

第一章

广东省科技金融发展概述*

---

* 本章第一执笔人为暨南大学产业经济研究院陈雯璇。

第一节　广东省科技金融发展环境

科学技术是第一生产力。中国经济正处于迈向高质量发展的关键阶段，其中的关键转变包括由科技创新引领的产业升级。“十四五”规划纲要重视实现核心产业的自主技术创新，强调在一些“卡脖子”的技术领域寻求自主研发突破。产业转型改变了对科技型企业自主创新能力的要求，这有赖于科技型企业服务体系的创新，通过政策引导融资等方式，为其提供更加便捷的绿色发展通道，创造有利于企业科技创新的土壤。

一、宏观经济环境

世界正在经历百年未有之大变局，经过新冠肺炎疫情考验的全球经济虽然已经远离了“最黑暗的时刻”，并且正在逐渐复苏。但是，世界经济发展仍然面临诸多风险，科技创新仍然是引领深层次改革和经济发展的第一动力。当前，我国已经圆满完成了“十三五”规划，消除了绝对贫困，并且向着更高质量的发展稳步迈进。“十四五”规划纲要的发布，标志着我国在实现全面建设小康社会的基础上，迈上了下一个五年规划的征程，这是具有承前启后意义的历史新阶段。然而，中国仍然面临着复杂的外部经济和政治形势。美国提出“中国威胁论”并持续打压中国科技制造企业，这在客观上要求中国掌握科技创新核心技术，解决“卡脖子”问题，实现独立自主。基于此，“十四五”规划纲要提出，瞄准国际先进科创能力和产业体系，这表明推动产业链优化升级是完善我国现代产业体系的必由之路，也是“十四五”期间社会经济建设的重中之重。在这个过程中，科技型企业是重要主体，必须加快第五代移动通信、工业互联网、大数据中心等新型基础设施的系统布局和建设，为数字经济、智能制造等新经济的发展提供基础保障，助力科技型企业发展。我国始终强调科技创新在应对全球性风险和挑战中的重要作用，始终坚持创新是引领发展的第一动力，将科技创新摆在国家发展的核心位置，不断为科技创新发展提供孵化条件和机会。

广东省是我国改革开放的前沿地带，下辖广州市、深圳市两个一线城市，坐拥珠江三角洲经济开放区和粤港澳大湾区两大经济发展核心区，是国家经济和科技发展的重要窗口。2020 年，广东省实现地区生产总值 110 760.94 亿元，连续 32 年居于全国首位；地方一般公共预算收入达到 12 922 亿元；社会融资规模达到 40 692 亿元；进出口总额超过 7 万亿元，占全国比重达 22%，出口额达 4.35 万亿元，规模创历史新高。在产业结构升级调整方面，广东省第一、二、三产业的比重为 4.3∶39.2∶56.5，以数字经济、新一代信息技术为代表的新经济正在成为经济发展的动力引擎，现代服务业增加值占服务业比重达 64.7%；民营经济增加值占地区生产总值的比重超过 50%，进入世界 500 强的企业从 2017 年的 11 家增加到了 16 家；高新技术企业数量达 49 991 家，企业营收规模达 8.29 万亿元，科研经费投入和科研人员数量都位居全国第一。然而，广东省在社会发展中仍然存在许多不平衡不充分的矛盾和问题，主要表现为：从区域发展协调性来看，全省区域发展差距较大的格局尚未实现根本转变，粤东、粤西、粤北地区和珠三角地区在地区生产总值、地方一般公共预算收入、金融机构存款等方面的差距仍有待缩小，2019 年广东省区域发展差异系数为 0.676 6，高于同期全国平均水平。从经济增长动力看，人才、资金等经济增长关键要素的主要流向仍然是珠三角地区，要素质量也有显著提升，珠三角地区以广州、深圳为点带动，凭借紧邻香港和澳门的区位优势，形成强大的协同发展格局；而粤东西北地区仍然处于要素规模扩张阶段，经济发展的创新因素发挥的作用较微弱，发展方式相对粗放，技术创新能力不强。从发展阶段看，从 2015 年开始，珠三角地区进入了工业化后期后半阶段，产业发展较为充分，并向现代产业体系迈进；粤东西北地区则处于工业化中期，明显落后于珠三角地区。为破解这一区域发展难题，广东省规划构建“一核一带一区”新格局，以精准差异化推动区域协同发展。

二、 宏观政策环境

为构建有利于科技创新发展的金融环境，为科技型企业投融资提供便利，国家相继出台各项政策措施，鼓励科技与金融结合。2006 年，《国家中长期科学和技术发展规划纲要（2006—2020）》（国发〔2006〕6 号）（以下简称《纲要》）颁布，其若干配套政策中明确提出加强对科技型企业的金融支持，以加强政府引导、发展创业风险投资事业、建立多层次资本市场、开展保险服务等方式，推动企业成为技术创新的主体。《纲要》由此开启了科技与金融融合发展的新阶段。党的十八大以来，增强金融服务实体经济的能力，加快解决科技型中小企业融资难、融资贵的问题被列为科技工作与金融工作的重要议题，科技金融被视为国家科技创新体系的重要组成部分。2016 年，中共中央、国务院印发《国家创新驱动发展战略纲要》，提出“多渠道增加创新投入”，重点做到引导企业成为技术创新投入主体、探索建立适合科技创业企业发展的金融服务模式、鼓励银行业金融机构创新金融产品、拓展多层次资本市场支持创新的功能、引导带动社会资本投入创新。2020 年，科技部联合中国邮政储蓄银行发布《关于加强科技金融合作有关工作的通知》，提出了建立多层次联系合作机制、推动建立多元化融资渠道、保障国家和地方重大科技创新项目实施、开展科技金融改革创新探索等相关措施，其对于推进科技与金融深度融合具有重要意义。

利用金融手段为科技型企业发展赋能，有效解决科技型企业融资难题，推动其转型升级，已经取得了各级政府和社会各界的广泛共识。通过宏观政策布局科技金融工作，政府能更好地引导和把握社会资金流向，形成有利于科技金融发展的政策环境。

第二节　广东省科技金融发展现状

党的十九大以来，广东省坚定不移地贯彻党中央决策部署，把科技创新作为关系全局的工作，摆在“1+1+9”工作部署的重要位置，推动科技创新强省建设取得新进展、新成效。广东省坚持把自主创新作为推动高质量发展的重要支撑，深入落实“科技创新十二条”等政策，2019 年全省研发经费内部支出约 3 098.49 亿元，占地区生产总值比重达 2.88%，至 2020 年区域创新能力连续 4 年保持全国第一，有效发明专利量、PCT 国际专利申请量稳居全国首位。当前，广东正迎来建设粤港澳大湾区和支持深圳建设先行示范区的重大历史机遇。加快建设具有全球影响力的国际科技创新中心、大湾区综合性国家科学中心先行启动区，打造广深港澳科技创新走廊等任务是全省科技创新工作的重中之重。科技金融既是创新驱动发展战略的核心抓手之一，也是增创科技创新环境新优势、深化科技体制改革的着力点。

根据《中国区域创新能力评价报告（2020）》，广东已连续 4 年领跑全国，在创新环境综合指标上，整体实力排名全国第一，但是发展不平衡；在金融服务科技创新指标上，尤其在服务效率和发展潜力方面仍有提升空间。同时，《2021 年中国城市科技金融发展指数》显示，深圳、广州分列城市科技金融综合指数的第三位、第四位，落后于北京和上海。以上数据信息为下一步加快推进全省科技金融工作提出了新的要求和挑战。整体而言，在新的起点上，广东省要进一步加强中央层面与地方层面的科技金融工作联动，构建以政府投入为引导、企业投入为主体，政府资金与社会资金、股权融资与债权融资、直接融资与间接融资有机结合的科技投融资体系。

一、 广东省科技金融发展建设成效

（一） 政策体系初步形成

广东省积极贯彻落实党和国家政策，结合经济社会发展实际发布了一系列高质量、有特色、可落地的科技金融政策措施，探索科技金融结合新路径，着力增强科技与金融结合的系统性、整体性和协同性。此外，在推动落实创新驱动发展战略、建设粤港澳大湾区、深圳建设中国特色社会主义先行示范区等重大部署中，加快科技和金融深度融合也被屡屡提及。截至 2020 年底，全省范围内累计出台科技金融相关政策 493 份，其中 2020 年新出台 68 份。

早在 2014 年，中共广东省委、省政府印发《关于全面深化科技体制改革加快创新驱动发展的决定》，就明确提出要“促进科技创新与金融、产业融合发展”，重点支持设立科技银行、科技支行、科技小额贷款公司等金融机构或组织，建立天使投资风险补偿制度，提升广东集成创新能力，落实创新驱动发展战略。2017 年，广东省科学技术厅印发了《关于发展普惠性科技金融的若干意见》，提出建设珠三角国家自主创新示范区，进一步扩大科技金融的普惠面，以更好地服务科技型中小企业。2019 年，省政府印发《关于进一步促进科技创新若干政策措施的通知》，强调“促进科技金融深度融合”，鼓励银行开展科技信贷特色服务，建立省市联动科技风险准备金池，帮助解决民营科技型中小企业融资难、融资贵的问题。同年，省委、省政府印发《关于贯彻落实〈粤港澳大湾区发展规划纲要〉的实施意见》，充分发挥香港、澳门、深圳、广州等地的资本市场和金融服务功能，合作构建多元化、国际化、跨区域的科技创新投融资体系。

（二） 科技金融服务体系全面覆盖

近年来，广东省科技厅积极搭建“两个平台”，一是搭建依托广东省粤科金融集团的政策性投融资平台，形成了面向产业聚集区和创新载体覆盖服务、不断完备服务类型和业务手段、不断拓展投资业务行业覆盖面、不断将投资区域辐射全省的发展特色；二是搭建依托广东省生产力促进中心的全省科技金融综合服务平台，从高校、科研机构、金融机构遴选成员，打造了一支科技金融服务队伍，持续开展科技金融专业培训和交流，并联络专业机构畅通线上线下服务渠道，助力企业快速发展。通过这“两个平台”的建设，覆盖全省的科技金融服务体系就此形成。

（三）多层次资本市场持续完善

广东省已经形成了包含股权市场、债权市场和区域性产权交易市场的多层次资本市场体系，并且仍在不断完善中。截至2020年底，广东省共有IPO企业612家，位居全国第一，占比16.3%，总市值达115 227亿元。广东省的IPO企业中，主板418家，创业板185家，科创板16家，2020年新增上市企业33家，其中创业板10家，科创板9家，中小板7家，主板4家。广东省近5年来的新增上市企业数量均保持两位数的增长，企业进入板块以主板、创业板为主。

（四）政府引导基金成熟发展

近年来，广东省积极创新财政资金使用方式，着力发挥财政资金“四两拨千斤”的杠杆作用，支持政府引导基金的设立与发展，推动广东省经济社会发展取得明显成效，已成为中国政府引导基金发展最快、最成熟的地区之一。截至2020年底，广东省共设立186支政府引导基金，已募集金额4 086.22亿元。广东省政府引导基金以母基金（FOFs）为主，分别占全省政府引导基金数量、募集金额的51.26%、85.89%；成长基金次之，分别占全省政府引导基金数量、募集金额的24.12%、4.75%；创业基金位列第三，分别占全省政府引导基金数量、募集金额的14.57%、4.08%。

值得注意的是，广东省政府引导基金区域分布呈现明显的两极化特征，广州与深圳作为创投行业活跃地区，不管是设立数量还是管理规模，政府引导基金都遥遥领先，这两个城市政府引导基金数量占到全省政府引导基金数量的45.69%，基金管理规模占到全省政府引导基金管理规模的83%。汕尾、阳江、潮州、揭阳和云浮5个地市暂未设立政府引导基金。

（五）创业风险投资市场活跃

广东省作为国内最早发展创业投资的省份，其创业风险投资市场呈现极高的活跃度。截至2019年底，总部设在广东省的创投机构有1 757家。珠三角地区是广东省创业投资市场的主要阵地，深圳、广州、珠海、东莞、佛山地区创投机构数量占全省创投机构数量的96.76%。其中，深圳共有1 294家，占比达到73.65%。针对这些创投机构的发展能力，第19届中国股权投资年度论坛揭晓了《2019年中国创业投资机构50强》榜单，广东省共有13家创投机构入围，入围机构以本土机构为主，其中深圳市创新投资集团有限公司、深圳市达晨财智创业投资管理有限公司、深圳国中创业投资管理有限公司、广东省粤科金融集团有限公司4家创投机构为国有独资或控股。

从募资情况看，广东省创业投资募集基金的数量和规模自2014年以来一直稳居全国前三位。2019年，广东省新增完成募集的创业基金384支，占全国的26.54%，居全国首位；当年完成募集的创业基金规模为345.41亿元，占全国的15.10%，排在全国第二位。创投行业融资案例数量及总体投资规模均较前几年有大幅提升。另外，广东省创投行业的投资呈现覆盖面广的特点，涵盖IT、生物医药、互联网等国家当前重点支持发展的产业。

（六）科技信贷创新改革模式

近年来，广东省将科技信贷作为科技金融工作的重要抓手，聚焦粤港澳大湾区国际科技创新中心建设和科技强省建设，大胆创新出台一系列支持改革的政策文件，形成了财政出资与银行建立的贷款风险分担机制、与建设银行广东省分行探索开展的普惠性科技金融模式、与中国银行广东省分行探索建立的科技银行模式、与工商银行广东省分行探索推出的科技信贷创新产品模式这四类机制或模式，为广东省推进科技与金融深度融合提供了强大动能，为国家实施全面创新改革试验提供了先进经验。

（七）科技保险工作有所进展

近年来，广东省科技保险工作有所进展，广州、东莞、佛山、中山等城市相继开展科技保险试点：2016 年，中山市科技局与中国人民财产保险股份有限公司中山市分公司设立了全省首家科技保险专管专营机构——科技保险服务中心；2019 年，中山市在全国首创科技项目研发费用损失保险、科技成果转化费用损失保险，建立了由政府、银行和保险机构共同参与的风险共担机制，完善了科技型中小企业投融资担保体系。

二、广东省科技金融发展建设主要问题

（一）多层次资本市场结构尚未发挥应有功能

截至 2020 年底，广东省多层次资本市场体系已基本建成，但由于各层次资本市场之间缺少流动性、退出渠道受阻、转板机制不够健全、资本市场专业中介服务发展较慢等原因，该体系在增强板块间联动、支持科技型企业高质量发展、服务实体经济方面仍存在较大提升空间。

（二）创投行业发展面临较大压力

虽然广东省创业投资起步较早，发展较快，整体水平位居全国前列，但与北京、上海等省市相比还有一定差距。尤其是近年来山东、浙江的创投行业发展力度空前，更凸显了广东在投资规模、引导基金、政策力度、发展环境等方面面临的发展压力。

（三）科技信贷模式仍需创新

虽然近年来广东省科技、金融、银监等部门为解决科技型企业贷款难、贷款贵、贷款慢的问题做了积极探索和大量工作，也取得了一定成效，但是从长远来看，科技型企业的科技信贷业务仍然面临着科技信贷产品种类未能满足企业贷款需求、科技贷款综合费率高、地区间信贷融资环境差异大等问题。

（四）科技保险等业务的推广仍需加快步伐

2007 年，广东省被确定为全国首批科技保险试点地区，多年来一直鼓励推行科技保险。2015 年，广东省提出有条件的地市开展科技保险“先行先试”，但至 2020 年底，广东省科技保险仍主要在几个试点市的有限范围内试行推广。总

体来看，广东省参保科技保险的科技型企业偏少，投保面和受保面都较为有限，科技保险未能为全省科技型企业提供全面有力的支持保障。科技保险业务发展主要存在险种少、年限短，容易受社会经济多种外界环境因素的交互影响，企业缺乏购买科技保险的意识等阻碍。

（五）科技金融服务体系尚未满足国际科创中心建设需要

广东省已初步建立了覆盖全省的科技金融服务体系，但广东省科技金融中介服务机构的数量与质量尚未能满足省内科技金融发展需求，全省科技型企业与金融机构对接平台的建设不够完善，科技金融复合型人才严重缺乏，这些客观原因使得广东省在服务的精准度和质量方面，距离建设粤港澳大湾区国际科技创新中心的目标仍有差距。

第三节　科技金融工作发展趋势

为贯彻落实国家对科技创新工作的重要部署，抓牢科技金融发展的重大机遇，为应对未来一段时间内科技金融发展工作可能面临的风险挑战做好万全准备，我们要把握科技金融工作的整体发展趋势，全面有效地推进广东省乃至全国各省、各地区的科技金融发展工作，为扩大科技型企业竞争优势提供正确的方向指引。

一、金融持续为实体经济赋能

习近平总书记在主持中共中央政治局第十三次集体学习时强调，金融要为实体经济服务，满足经济社会发展和人民群众需要。金融活，经济活；金融稳，经济稳。经济兴，金融兴；经济强，金融强。经济是肌体，金融是血脉，两者共生共荣。2020 年，面对严峻复杂的国内外环境，各地区各部按照党中央、国务院决策部署，沉着冷静应对风险挑战，坚持高质量发展方向不动摇，统筹疫情防控和经济社会发展，使国民经济稳定恢复，各金融指标运行符合预期，金融体系运行平稳；加大对实体经济支持力度，进一步融合金融与实体经济，增强了科技金融的产业支撑力。

二、 配套支持体系逐渐完善

一方面，我国科技金融政策环境逐渐完善，顶层制度设计不断突破。科技创新需要政府在教育、科技、财政、税收、金融等方面持续支持和引导金融资源向科技型企业聚集。当前，中央和各地方政府从股权投资、科技信贷、科技保险等方面颁布了多项综合性政策和专项政策，促进科技型企业创新。另一方面，局部创新资源环境发展参差不齐，东西部城市发展差异较大，东部地区的发展优势相对明显，资源环境优势在北上广地区尤为集中，相关资源和服务逐渐呈现产业化模式；中西部及东北地区除个别城市以外，大多数城市的创新资源环境整体有待培育。

三、 科技金融区域发展逐渐平衡

在科技金融活跃度与成果方面，我国东部地区城市仍保持绝对优势，中西部地区虽然相对较弱，却仍持续发力，区域差距逐步缩小。北京、上海、深圳作为国际金融中心城市，金融业发展已具备相当规模和聚集度，金融活跃度最高，科技金融发展成果连续三年保持绝对优势；杭州、苏州、广州的金融活动较为频繁；在中西部地区，武汉、西安、成都等城市持续发力，作为区域重要经济城市和科技创新城市，其科技金融发展状况备受关注；东北地区相对落后，有待持续提升。

第四节　广东省科技金融发展路径

2020 年是“十四五”开局之年，我国正处于全面建设社会主义现代化国家的新时期。新时期兼具机遇和挑战，广东省作为全国经济发展的排头兵，任务重大。全面推进科技金融工作向更高处、更深处发展，对于推动落实创新驱动发展战略、加快建设科技强省的重大决策部署具有重要意义。发展全省科技金融应该着力开展以下工作：

一、推动创业投资主体做大做强

充分发挥区域优势，通过开放互通和合理布局，推动创新创业投资主体做大做强。一是要发挥广深双核驱动引领作用，构建区域风投创投体系；二是要以深圳风投创投机构为辐射源，带动其他城市风投创投机构高质量发展；三是要鼓励和引导境内外知名创投机构集聚落户广东；四是要由省市财政部门牵头，联合出资设立天使投资基金会；五是要加大风投创投财政激励政策力度，采取财政奖补、一次性奖励、引导投资等方式助力企业成长；六是要建立地方政府股权投资基金退出让利机制；七是要发展壮大本土天使投资人群体。

二、健全科技信贷投资机制

政府部门联合银行共同推动科技信贷产品多样化发展，形成健全的科技信贷投资机制。一是要鼓励银行持续加大科技信贷投放力度，支持银行聚焦重点产业领域和战略性新兴产业，探索建立科技银行，开展有针对性的科技金融服务；二是要推广普惠性科技金融试点工作，扩大政策惠及范围，探索开展普惠性科技金融改革创新试验区建设，推动全省区域平衡发展；三是要鼓励银行创新科技类信贷产品，推进企业知识产权和信用评价体系建设，探索创新融资贷款模式，拓宽贷款渠道；四是要完善科技信贷风险准备金池运作机制，实现全省地市级科技信贷风险准备金池全覆盖；五是要推行科技信贷“低利率、零费用”优惠，切实降低科技型企业融资成本；六是要推动政策性融资担保体系建设，形成“统一管理、统一授信、统一担保、分别负债”的信贷新机制；七是要探索建立粤港澳科技信贷深层次合作机制，促进资本、信息等创新要素跨境流动。

三、 加快开展科技保险、 融资租赁业务

探索种类丰富、便捷灵活的创新融资产品，加快科技保险和融资租赁业务的开展。一是要推动科技型企业保险试点，设立专业化的科技保险机构，鼓励保险公司为科技型企业提供科技保险服务；二是要鼓励保险机构创新科技保险产品，为科技型企业提供全方位的保险和再保险服务；三是要针对保险机构和科技型企业，分别推行多层级的科技保险风险补偿和保费补贴政策；四是要推广科技融资租赁业务模式，财政资金按融资租赁费用给予科技型企业一定比例的补贴；五是要探索供应链金融服务模式，鼓励银行的金融机构参与、运用区块链技术，构建高效的供应链金融服务平台。

四、 加大资本市场支持力度

不断通过供给侧改革丰富企业融资功能，加大资本市场对科技型企业的支持力度。一是要推动科技型企业上市融资，支持科技型企业与多层次资本市场对接，鼓励专业机构为科技型企业提供有针对性的上市辅导培育服务，并建立后备数据库及科技型企业上市融资绿色快速通道；二是要支持区域性股权交易市场创新发展，推动建设广东股权交易中心“科技创新专板”，鼓励符合条件的科技型企业入场挂牌；三是要发展科技型企业上市服务机构，通过政策鼓励中介服务机构为企业提供专业服务。

五、 完善科技金融服务体系

科技金融工作既需要科技型中小企业的主体发力，也需要专营机构提供专

业、精准的服务。完善科技金融服务体系，能够为科技性企业发展提供坚强支撑。一是要全面促进科技金融服务中心树标提质，制定科技金融服务中心工作指引，省市联动，开展各类科技金融投融资对接、路演、论坛等活动；二是要打造政府支持、市场运作的数字化科技金融信息服务平台，鼓励科技金融产业发展、引导人才落户、支持新一代信息技术在金融领域的应用；三是要开展“科技金融深入孵化器”专项行动，推动金融机构与科技型企业高效对接，组织科技信贷、风险投资、上市辅导走进孵化器活动，建设科技金融工作站，提升科技型企业孵化能力；四是要大力开展科技金融特派员扩容行动，拓宽选派渠道，完善选派机制，设立工作管理制度，建立全省科技金融特派员信息管理系统；五是要建立科技金融复合人才高端培训平台和机制，推动高校科技与金融跨学科课程设计，开办企业科技金融高级培训班，加强科技金融专业人才的培养。

第二章

广东省科技金融财政支撑体系建设*

* 本章第一执笔人为暨南大学产业经济研究院孙世杰。

当前，科技是最活跃的社会生产力因素，而金融是经济发展的核心。科技与金融若能做到有效对接，便能更好地促进科技创新成果转化，提高生产效率。政策作为科技金融发展的核心，对政府构建科技金融体系有着十分重要的引导作用，合理的政策调控能够帮助科技型中小企业解决发展面临的许多问题。可以说，科技金融政策是我国科技型中小企业健康稳定发展和提升技术创新能力的直接推动力。本章将从国家、广东省以及广东地市一级多个角度介绍当前广东省科技金融政策体系以及科技财政专项资金情况。

第一节　国内科技金融政策体系现状

一、 国家科技金融政策概览

当前新一轮科技革命和产业变革正在兴起，促进科技金融发展，增强金融服务实体经济的能力，对于推动我国经济高质量发展尤为重要。自 2016 年以来，我国已经在工作机制、资源配置、制度设计、支撑服务、生态完善等方面发布了多项科技金融产业支持政策。在缓解民营企业与科技型中小企业融资难、促进技术进步与产业升级、推动经济社会发展等方面发挥了重要的引领支撑作用。十九大报告明确提出，我国经济发展已经由高速增长阶段转向高质量发展阶段，经济步入“新常态”，经济结构优化与产业结构升级迫在眉睫。经济结构优化与经济高质量增长离不开科技创新的支撑，科技创新是推动区域经济发展的源动力，而金融对科技创新具有拉动作用，科技与金融的有机结合是促进科技开发、科研成果市场化、增强企业创新活力的必要条件，是创新驱动发展的重要着力点。科技金融的健康高效发展，正是助力科技创新与现代金融有机结合的有力抓手。2021

年，国家正式发布的《中华人民共和国国民经济和社会发展第十四个五年规划和2035年远景目标纲要》，提出“服务以高科技产业、高端制造和服务业、基建和民生产业为代表的实体经济，完善金融支持创新体系，将是未来金融业发展的主航道，也是科技金融助力行业发展的落脚点”。

表2-1　近年中国部分科技金融重点政策汇总

时间	政策/文件	重点内容
2021年9月	科技部火炬中心与中国工商银行科技金融创新服务“十百千万”专项行动	着力打造一批可复制、可推广的科技金融创新产品和服务模式，择优选择在10家左右具备条件的国家高新区内建设科技金融创新服务中心，带动100家以上国家高新区与工商银行创新政银合作新模式，每年新遴选1 000家以上高新技术企业进行重点支持，力争到2025年实现工商银行高新技术企业融资余额突破10 000亿元
2021年8月	国务院办公厅《关于改革完善中央财政科研经费管理的若干意见》	发挥财政经费的杠杆效应和导向作用，引导企业参与，发挥金融资金作用，吸引民间资本支持科技创新创业。优化科技创新类引导基金使用，推动更多具有重大价值的科技成果转化应用
2021年4月	科技部与中国农业银行《关于加强现代农业科技金融服务创新支撑乡村振兴战略实施的意见》	充分发挥科技系统和农行系统优势，打造“科技　产业　金融”的合作通道，发挥“科技+金融”双轮驱动效能
2020年2月	国务院办公厅《关于推广第三批支持创新相关改革举措的通知》	银行与专业投资机构建立市场化长期性合作机制支持科技创新型企业；科技创新券跨区域“通用通兑”政策协同机制等7项科技金融创新方面改革举措

（续上表）

时间	政策/文件	重点内容
2020 年 1 月	科技部与中国邮政储蓄银行《关于加强科技金融合作有关工作的通知》	加快实施创新驱动发展战略部署，完善科技创新投入和科技金融政策，进一步推动科技和金融深度结合……加强相关领域的科技金融合作
2019 年 1 月	国务院办公厅《关于推广第二批支持创新相关改革举措的通知》	区域性股权市场设置科技创新专板；基于“六专机制”的科技型企业全生命周期金融综合服务；推动政府股权基金投向种子期、初创期企业的容错机制等 5 项科技金融创新方面改革举措
2017 年 9 月	国务院办公厅《关于推广支持创新相关改革举措的通知》	以关联企业从产业链核心龙头企业获得的应收账款为质押的融资服务；面向中小企业的一站式投融资信息服务等 3 项科技金融创新方面改革举措
2017 年 3 月	国务院办公厅《关于进一步激发社会领域投资活力的意见》	进一步扩大投融资渠道：发挥政府资金引导作用；推进银行业金融机构……创新开发有利于社会领域企业发展的金融产品；加强知识产权评估、价值分析以及质押登记服务；支持社会领域企业用股权进行质押贷款
2017 年 1 月	国务院办公厅《关于规范发展区域性股权市场的通知》	规范发展区域性股权市场……推动多层次资本市场长期稳定健康发展，防范和化解金融风险，支持实体经济特别是中小微企业发展，保护投资者合法权益

二、“十三五”期间国家重点政策

科技金融是国家科技创新体系的重要组成部分，发展科技金融是建设创新型国家的必由之路，科技需要金融给予有针对性的、持续的、有力的支持。“十三五”

期间，国家相继从深化体制机制改革、增加企业融资渠道以及完善科技金融服务体系等方面出发，促进科技和金融的深层次结合，支持国家创新体系的建设。

2015 年，中共中央、国务院发布《关于深化体制机制改革加快实施创新驱动发展战略的若干意见》（中发〔2015〕8 号），突出强调要“发挥金融创新对技术创新的助推作用，培育壮大创业投资和资本市场，提高信贷支持创新的灵活性和便利性，形成各类金融工具协同支持创新发展的良好局面”。从三个层面重点突破：一是要壮大创业投资规模，包括研究扩大促进创业投资企业发展的税收优惠政策、改革设立国有资本创业投资基金、完善外商投资创业投资企业规定等；二是要强化资本市场对技术创新的支持，包括加快创业板市场改革、规范发展服务小微企业的区域性股权市场、发挥沪深交易所股权质押融资机制的作用、探索开展知识产权证券化业务等；三是要拓宽技术创新的间接融资渠道，包括探索试点为企业创新活动提供股权和债权相结合的投贷联动融资服务的方式、建立知识产权质押融资市场化风险补偿机制、加快发展科技保险、推进专利保险试点等。

2016 年，中共中央、国务院发布《国家创新驱动发展战略纲要》（中发〔2016〕4 号），提出了我国创新驱动三步走战略：到 2020 年进入创新型国家行列；到 2030 年跻身创新型国家前列；到 2050 年建成世界科技创新强国。其中“多渠道增加创新投入”是实现目标的六大战略保障之一，重点做到：一是要引导企业成为技术创新投入主体；二是要探索建立适合科技创业企业发展的金融服务模式；三是要鼓励银行业金融机构创新金融产品；四是要拓展多层次资本市场支持创新的功能；五是要引导带动社会资本投入创新。

金融要服务于实体经济已成为共识，并写入十八大报告，科技是实体经济的重要支撑，科技金融在现代金融体系中扮演着越来越重要的角色。2018 年，由中国人民银行牵头，国家发改委、科技部等九部委共同编制《“十三五”现代金融体系规划》（银发〔2018〕114 号），第八章专门论述要“完善有效支持实体经济的金融服务体系”，并专辟一节提出要“发展完善科技金融”，重点任务包括：一是要发展完善创业投资体系；二是要强化资本市场对创新创业的支持；三是要鼓励金融机构开发针对科技企业的金融服务和产品；四是要加快发展科技保险。

十九大报告中同样强调“深化金融体制改革，增强金融服务实体经济能力，提高直接融资比重，促进多层次资本市场健康发展”。2020 年，为深入贯彻党的十九大精神，加快实施创新驱动发展战略部署，完善科技创新投入和科技金融政策，进一步推动科技和金融深度结合，根据科技部和中国邮政储蓄银行签署的《科技金融战略合作协议》，科技部将加强与邮储银行在科技金融领域的合作。具体分为七个方面：一是对于实施重大科技创新项目、支持科技型企业和科技园区、推动县域科技创新等方面，要建立多层次联系合作机制；二是围绕国家科技计划重大项目以及各地方科技部门科技创新计划（专项）重大项目的组织实施、成果转化和产业化，要共同推动建立多元化融资渠道，保障相关重大项目的顺利实施；三是要加强资源整合力度，综合发挥政策推动和金融服务优势，共同做好高新技术企业和科技型中小企业的金融支持工作；四是要共同支持国家自主创新示范区、国家高新技术产业开发区、国家科技成果转移转化区等各类科技园区发展；五是要加强县一级对接合作，围绕县域创新驱动发展的总体工作安排和重大任务，提升县域科技资源配置和使用效率；六是要科技部遴选部分省市，开展科技金融改革创新探索，依托当地邮储银行分支机构开展支持科技创新的金融产品、服务改革创新；七是要共同开展工作调研和政策研究，加强推动科技政策与金融政策的衔接和联动。

第二节　广东省科技金融政策体系现状与对比

多年来，广东省按照省委、省政府的决策部署，把促进科技和金融结合作为深化科技体制改革、完善区域创新体系和创新创业环境、提升自主创新能力和国际竞争力的重要抓手，大胆探索、先行先试，不断完善政策体系，积极开展区域试点示范，打造省级金融集团和高新区科技金融服务综合体等重大平台，科技与金融互促共进的局面已趋成熟。在政策制定方面，广东省改革现有科技金融体系，探索科技金融结合新路径，调整管理机制，不断完善服务平台的功能，服务科技型企业，建立风险分担机制，引导社会资本投入科技创新。

一、 年度政策总体情况

近年来，中共中央、国务院先后印发了《粤港澳大湾区发展规划纲要》以及《深圳建设中国特色社会主义先行示范区综合改革试点实施方案（2020—2025年）》，在中央改革顶层设计和战略部署下，广东省明确提出了建设粤港澳大湾区国际科技创新中心和完善中国特色社会主义先行示范区科技创新环境制度的发展目标。

党的十九大以来，广东省坚定不移地贯彻党中央决策部署，把科技创新作为关系全局的工作，摆在"1+1+9"工作部署的重要位置，推动科技创新强省建设取得新进展、新成效。2019年，广东省坚持把自主创新作为推动高质量发展的重要支撑，深入落实"科技创新十二条"等政策，全省研发经费支出3 098.49亿元、占地区生产总值比重达2.88%，区域创新能力连续3年保持全国第一，有效发明专利量、PCT国际专利申请量稳居全国首位。当前，广东正迎来建设粤港澳大湾区和支持深圳建设先行示范区的重大历史机遇。打造匹配具有全球影响力的国际科技创新中心、广深港澳科技创新走廊的科技金融政策体系，是全省科技创新工作的基础保障，也是增创科技创新环境新优势、深化科技体制改革的着力点。广东省科技厅就推动落实创新驱动发展战略、建设粤港澳大湾区、深圳建设中国特色社会主义先行示范区等重大部署，出台了一系列科技金融政策。

（一）推进资本要素市场化配置改革

2021年9月14日，广东省政府印发了《广东省深入推进资本要素市场化配置改革行动方案》，提出打造功能互补、内外联通的多层次资本市场，搭建境内外资金跨境流通桥梁的目标。具体包括：一是要大力建设现代金融体系。打造粤港澳大湾区债券发行平台，完善深圳证券交易所（简称“深交所”）上市制度，开展“新三板”转板试点；完善支持小额贷款、商业保理、融资租赁等地方金融组织规范发展的扶持政策和监管制度，发挥好地方金融机构服务中小微企业“毛细血管”作用。二是要深化资本市场改革。推动区域股权交易中心建设非上市证券集中托管平台，支持开展股权投资和创业投资份额转让试点，完善私募股权投资基金份额估值、尽职调查、咨询服务体系。三是要深化科创金融改革。设立科创金融改革试验区，试点成功政策探索率先在粤港澳大湾区内地复制推广；创新政府科技经费支持方式，综合运用风投创投、风险补偿、融资担保、贷款贴息、政府购买服务等多种形式，构建财政资金与社会资金、直接融资与间接融资有效结合的多元化、多层次投融资体系；探索建立集科技券商、科技贷款、科技担保、科技保险等为一体的全功能科技金融服务体系，推动科技成果产业化。四是要深化普惠金融改革。支持广东省有条件的地市创建国家级普惠金融试验区，构建“绿色金融 + 数字普惠”的新型普惠金融体系；利用金融科技，推进中小企业融资平台和信用信息平台建设，为地方金融机构服务中小企业提供数据支撑；鼓励商业银行抓住金融科技发展良机，推动数字普惠金融生态体系建设完善，创新金融产品和服务，加大小微企业贷款投放力度。

（二）深化全面创新改革试验

2020 年 7 月 27 日，广东省政府印发《广东省推广第三批支持创新相关改革举措的工作方案》，要求围绕粤港澳大湾区国际科技创新中心建设，持续深化全面创新改革试验，进一步发挥改革试验的示范带动作用。推动建立跨区域创新资源共享和财政支持的联动机制，实现广东省科技创新券在“全国使用、广东兑付”；建立科技型中小企业创新融资信息平台，完善企业创新融资需求与金融机构、创投机构的对接机制，对金融机构依法依规开放中小企业信息查询和共享功能；支持有条件的地市与省财政联动设立科技风险准备金池，对金融机构业务产生损失的，给予一定的风险补偿，解决科技型中小企业融资难、融资贵的问题；支持引导银行机构运用“股权投资 + 贷款”“贷款 + 认股权证”等模式支持科技型中小企业发展；健全以企业创新能力为核心指标的科技型中小企业融资评价体系，拓展科技型中小企业融资渠道，打通科技型中小企业融资的堵点难点；等等。

（三）大力推动科技金融服务创新

2019 年 7 月 5 日，广东省委、省政府印发《关于贯彻落实〈粤港澳大湾区发展规划纲要〉的实施意见》，在遵循中央改革顶层设计的前提下，对标国际一流湾区，大力推动科技金融服务创新。构建极点带动、轴带支撑的网络化空间格局，充分发挥香港、澳门、深圳、广州等资本市场和金融服务功能，合作构建多元化、国际化、跨区域的科技创新投融资体系；鼓励港澳在大湾区设立创投风投机构，鼓励社会资本设立科技孵化基金，推动设立粤港澳大湾区科研成果转化联合母基金，引导风险投资和天使投资投向种子期、初创期的科技企业，建立天使投资风险补偿制度；支持香港私募基金参与大湾区创新型科技企业融资，鼓励符合条件的创新型科技企业进入香港上市集资平台；探索内地与港澳创新基金双向募集、双向投资、双向流动的新模式。

（四）促进科技金融深度融合

2019 年 1 月 7 日，广东省人民政府印发《关于进一步促进科技创新若干政策措施的通知》，即广东“科技创新十二条”，强调要促进科技金融深度融合，协同发展。鼓励银行开展科技信贷特色服务，创新外部投贷联动服务模式，加大对科技型中小企业的信贷支持力度，省财政按其实际投放金额予以一定奖补；对提高金融服务实体经济能力、研究完善创业板发行上市、促进与港澳金融市场互联互通和金融（基金）产品互认等方面也提出了明确要求；设立省市联动科技风险准备金池，对金融机构开展科技型中小企业贷款和知识产权质押投融资业务发生的损失，给予一定比例的风险补偿，促进解决民营科技型中小企业融资难、融资贵问题。

二、科技金融政策体系比较分析

（一）上海市科技金融政策体系概览

2010 年，上海获国家科技部、人民银行、银监会、证监会、保监会批复首批“促进科技和金融结合”试点地区。2015 年，上海市委、市政府发布了《关于加快建设具有全球影响力的科技创新中心的意见》，提出进一步推动科技与金融紧密结合。近年来，上海按照国家战略部署，构建“4 +1 +1”科技金融业务体系，推出“3 + X”科技信贷系列产品，加快向具有全球影响力的科技创新中心进军。尤其是，国际金融中心和科技创新中心的建设同为国家战略，相互影响、促进，这为上海在科技金融方面的探索和突破创造了良好的条件。

多年来，上海市“3 + X”科技信贷系列产品已为本市 3 000 多家中小微企业提供信贷资金 150 多亿元，上海市科技金融信息服务平台线上线下服务企业达 5 000 多家。其中投资服务机构 165 家，累计发布股权融资项目 267 项，为 28 家科技型中小企业成功获得投资机构资金 20. 65 亿元，推动 172 家企业在新三板挂牌。

表 2 – 2　近年上海市部分科技金融重点政策汇总

时间	政策/文件	重点内容
2021 年 9 月	《关于试点科创助力贷工作的通知》	优化科技金融生态，发挥金融在科技创新发展过程中的助推作用，进一步引导商业银行助力创新创业发展，针对科技型中小企业推出科创助力贷款产品
2021 年 3 月	《上海市科技型中小企业技术创新资金计划管理办法》	主要面向上海市科技型中小企业，鼓励企业加大研发投入，提升技术创新能力，创立科技型中小企业技术创新资金
2020 年 11 月	《上海市高新技术成果转化专项扶持资金管理办法》	明确扶持资金支持对象为上海市注册的企业经认定的高新技术成果转化项目。转化项目按其直接销售收入的一定比例乘以技术贡献系数、核心技术价值占比，申请财政扶持资金

（续上表）

时间	政策/文件	重点内容
2020年6月	《国家科技重大专项资金配套管理办法实施细则》	结合国家科技重大专项地方配套资金管理实际，对《国家科技重大专项资金配套管理办法实施细则》进行了修订，进一步完善国家科技重大专项地方配套资金管理
2018年12月	《上海市深化科技奖励制度改革的实施方案》	进一步完善上海市科技奖励制度，扩大奖励对象范围，加强评审监管。充分调动科技工作者的积极性、创造性，鼓励企业、学术团体、外籍科技工作者自主创新
2017年2月	《市级财政科技投入基础前沿类专项联动管理实施细则》《市级财政科技投入科技创新支撑类专项联动管理实施细则》	建立基础前沿类、科技创新支撑类专项跨部门联动管理机制，在布局合理、功能清晰、信息公开、绩效导向的财政科技投入管理体系下，引导国家级、市级以及其他新设专项资金流入基础前沿类、科技创新支撑类科研项目

（二）上海市科技金融政策体系建设成果

2016年以来，上海市积极推进科技金融服务体系建设，上海市科技金融服务生态体系进一步完善，科技创新土壤得到进一步培育，科技金融供给渠道进一步扩大，科技金融内生发展动力增强。

1. 多元化科技信贷服务体系逐步完善

自2015年7月上海市发布《关于上海银行业提高专业化经营和风险管理水平进一步支持科技创新的指导意见》以来，上海市陆续制定了科技信贷专业化标准，推出“3+X”科技信贷产品链，并于2016年设立规模50亿元的上海市中小微企业政策性融资担保基金。2020年，上海市普惠式小微企业贷款金额

5 000 亿；2020 年末，上海市银行业科技型企业贷款存量 9 732 户，年度贷款余额达 3 402 亿元。

2. 政府性创业投资基金在科技金融生态体系中发挥引领作用

上海从 2015 年起陆续设立和增加了一系列政府性创业投资引导基金，出台了一些鼓励天使投资和创业投资的政策，初步形成了以创投基金为引导、政策支持、社会多方参与、多元化投资的良好科技金融生态体系。截至 2019 年底，上海市共有政府引导母基金和产业投资母基金 24 支，基金规模达 848 亿元；创业引导基金 20 支，基金规模达 344. 4 亿元；带动银行业对科创企业提供“股 + 债”的融资服务，投贷联动项下贷款存量 349 家，贷款余额合计 53. 68 亿元。自 2016 年以来，上海市银行机构已累计为 549 家科创企业提供投贷联动服务，累计发放贷款 212. 7 亿元。

3. 创新型科技保险产品不断推出

上海银保监局鼓励在沪保险机构加强与政府、科技部门、科技园区等合作，大力发展科技保险和信用保险，为科技创新和中小企业发展提供保障。支持科技创新和融资保障的新型保险产品不断涌现。截至 2018 年底，上海市保险业为重大科技创新项目和科技型企业融资提供超过 400 亿元风险保额。其中，为国产大飞机 C919 项目提供风险保障 43. 3 亿元，为 62 个首台（套）重大技术装备提供风险保障 248 亿元。为降低生物医药企业及机构的创新风险及成本，2017 年上海市科委和保监局发布了《关于开展生物医药人体临床试验责任保险、生物医药产品责任保险试点工作的通知》，鼓励生物医药企业及研究机构和医院购买生物医药人体临床试验与产品的责任保险，该政策激发了生物医药产业的创新活力，促进了上海市生物医药科技成果的转化和产业化。

（三）广东省科技金融政策体系建设的短板和不足

建设具有全球影响力的国际科技创新中心和一流湾区是广东省的两项重大使命。如何利用好广东省的金融优势，让金融引擎推动科技创新发展，实现科技与金融更好的融合，是粤港澳大湾区国际科技创新中心建设过程中需要探讨的重要议题。广东省具有科技资源优厚，产业配套齐全，创新主体集聚和金融的业态、主体、工具、产品完整的多重优势。但广东省的科技与金融融合的优势没有显现，其融合的深度、广度、浓度仍然有待提升，科技金融生态的建设还不够充分，主要表现在以下几个方面：

1. 缺乏对科技金融创新性制度的安排

首先是财政资金对科技金融投入力度不足，截至2020年，在科技金融投入上，广东省与上海市的投入力度相比有较大差距；其次是科技金融业还没有形成多元化金融工具运用的杠杆机制，目前支持国际科技创新中心建设的科技金融政策仅限于单向的、产品性的制度安排，缺乏基础性、综合性、连贯性金融工具的创新制度和政策。

2. 银行机构参与科技信贷的积极性需要增强

当前，广东省在科技信贷上存在共性短板：科技型企业信用担保体系的规模还不能适应众多小微科创企业的融资需求，现有的政策性融资担保基金运营体制不够灵活，各级政府和多要素金融工具参与科技信贷风险的积极性不足；面向科技型中小微企业的征信平台体系还不够完善，相关信用信息联通不够，大数据挖掘程度有待提升；政府财政科技投入信息、专家库信息、科技型企业信息向金融机构的开放性与共享性不足。

3. 多层次资本市场上市的后备资源有待发掘

广东省多层次资本市场建设完善，现已形成深交所主板、创业板、区域性股权市场，全方位服务各成长阶段企业的投融资体系。当前，广东省内符合各板上市、资本市场后备企业资源重组的条件，需尽快出台有针对性的支持政策和具体措施，建立起更加完善的上市辅导培育体系。

第三节 省级和部分地市科技金融财政专项资金情况

一、 省级财政科技金融专项资金概况

2018 年 8 月 30 日，广东省财政厅、科技厅印发《广东省中央引导地方科技发展专项资金管理细则》，提出将中央引导地方科技发展专项资金重点用于支持科研基础条件和能力建设、专业性技术创新平台、科技创新创业服务机构、科技创新项目示范四个方向。其中明确指出“科技创新创业服务机构”的支持重点在于，提供科技金融服务的生产力促进机构、科技金融服务机构等具有广东省特色的科技创新服务平台的建设和运营。2016 年广东省政府出台的《关于深化广东省级财政科技计划（专项、基金等）管理改革的实施方案》中，同样提出将“产业技术创新与科技金融结合类”作为省级科技专项资金使用范围之一，用于调动全省信贷机构扩大科技项目和科技型中小企业信贷规模，提升科技项目和科技型中小企业信贷额度；调动全省风险投资机构对科技型中小企业的投资；建设全省科技金融服务体系等。

2020 年，广东省科技创新战略专项资金科技与金融结合项目分为七个专题：创业投资基金落户补助（358 万元）、科技天使投资风险补助（3 690 万元）、普惠性科技信贷后补助（743 万元）、新冠肺炎疫情防控科技信贷后补助（1 317 万元）、重大创新平台建设科技信贷服务后补助（460 万元）、地市科技金融综合服务中心能力提升计划（540 万元）、科技金融服务专项工作（300 万元），合计 7 408 万元。“十三五”期间，广东省累计投入专项资金约 7.62 亿元（如图 2－1 所示）。

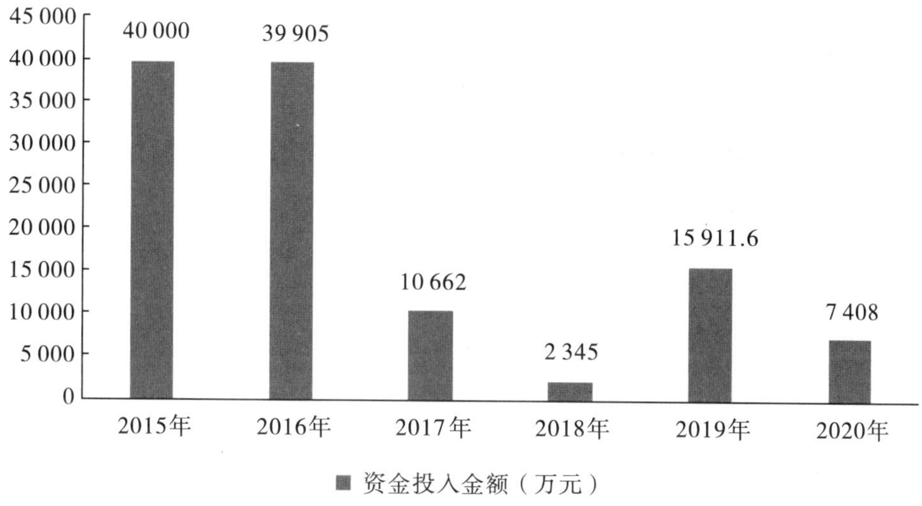

图 2－1　2015—2020 年广东省财政科技金融专项资金投入情况

数据来源：广东省科学技术厅。

二、广东省政府引导基金发展概况

近年来，广东省积极创新财政资金使用方式，着力发挥财政资金“四两拨千斤”的杠杆作用，支持政府引导基金的设立和发展，推动广东省经济社会发展取得明显成效，已成为国内政府引导基金发展最快、最成熟的地区之一。

（一）广东省政府引导基金基本情况

根据清科私募通数据，截至 2020 年底，广东省共设立了 186 支政府引导基金，已募集金额 4 086. 22 亿元，区域分布呈现明显的两极化特征，部分政府引导基金情况见专栏一。广州（48 支）与深圳（37 支）作为创投行业活跃地区，不管是设立数量还是管理规模，政府引导基金都遥遥领先，这两个城市政府引导基金数量占全省政府引导基金数量的 45. 69%，管理规模占全省政府引导基金管理规模的 83%。汕尾、阳江、潮州、揭阳和云浮 5 个地市暂未设立政府引导基金。

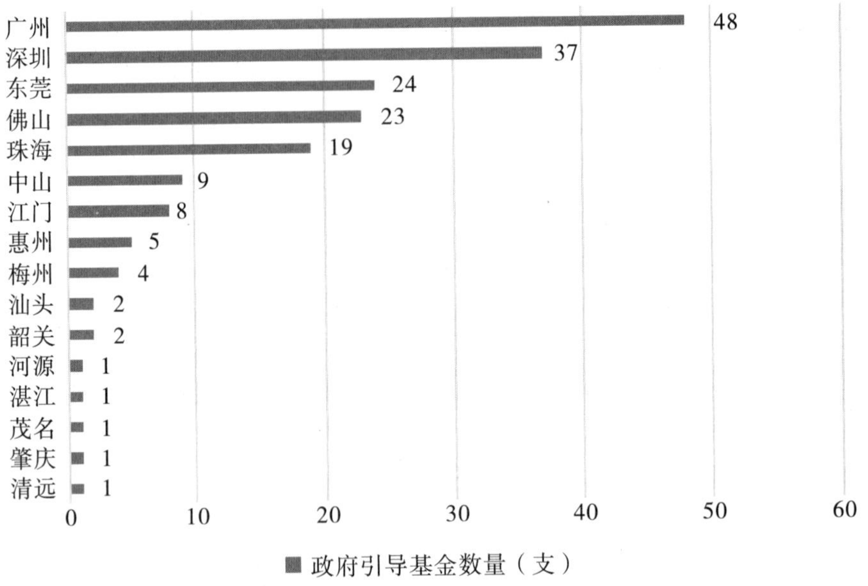

图 2－2　广东省政府引导基金数量区域分布情况

数据来源：清科私募通。

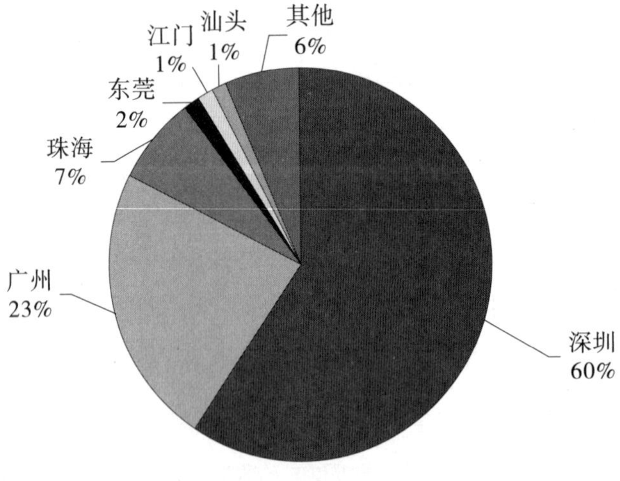

图 2－3　广东省政府引导基金管理规模区域占比情况

数据来源：清科私募通。

广东省政府引导基金以母基金为主，分别占全省政府引导基金数量、募集金额的 54.84%、85.89%；成长基金次之，分别占全省政府引导基金数量、募集金额的 25.81%、4.75%；创业基金位列第三，分别占全省政府引导基金数量、募集金额的 15.59%、4.08%（如图 2－4 所示）。

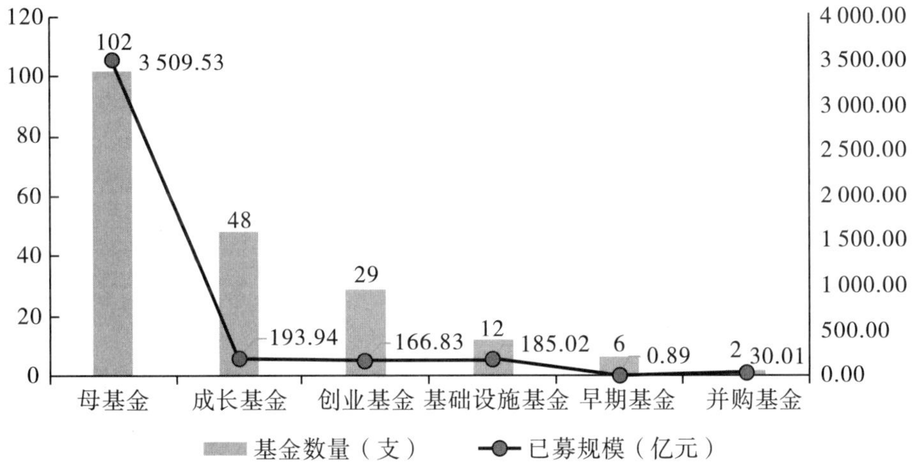

图 2－4　广东省政府引导基金分类统计

数据来源：清科私募通。

专栏一　广东省部分政府引导基金情况

政府引导基金名称	级别	规模（亿元）	设立时间
广东省创新创业基金	省级	71	2018 年整合
广东省产业发展基金	省级	100	2019 年整合
广州市科技成果产业化引导基金	市级	50	2018
深圳市鲲鹏股权基金	市级	1 500	2016
深圳市政府投资引导基金	市级	1 000	2015
深圳市天使投资引导基金	市级	50	2018
佛山市创新创业产业引导基金	市级	100	2016

（续上表）

政府引导基金名称	级别	规模（亿元）	设立时间
东莞市产业投资母基金	市级	10	2017
珠海发展投资基金	市级	100	2017
中山市科技创新创业引导基金	市级	20	2018

（二）政府引导基金运作案例

在财政收入增长趋缓、支出压力加大的背景下，政府引导基金因能实现支持经济发展的财政手段与市场化方式融合、撬动社会资本以及促进产业转型升级等多种功能而受到地方政府的青睐。广东省各级政府财政在制度先行的基础上，由点到面稳步推进政府引导基金的设立和运营，基金规模不断扩大，对全省经济社会发展发挥了有力的支撑作用。

广东省创新创业基金是广东省政府2018年整合设立的四大政府引导基金之一，基金规模为71亿元，支持不同阶段的优质创新创业企业发展，为广东省实施创新驱动发展战略和推进供给侧结构性改革提供了有力支撑。广东省创新创业基金由粤科金融集团负责组建运营，围绕广东省区域创新、新兴产业培育和重大创新平台建设等战略部署，多渠道引入地方政府资金、社会资本参与组建市场化运作基金，截至2020年底，已设立55支基金，累计吸引社会资本295亿元，对外投资项目（含子基金）350个，实现财政资金放大5.09倍，有效支持广东省创新创业和科技型中小微企业发展。

广州市科技成果产业化引导基金由广州市政府发起设立，总规模50亿元，重点支持科技成果产业化项目、孵化基金、天使投资、创业投资、跨境风险投资5个方向，拟通过母子基金架构带动超过1 000亿元的社会资金投入科技成果产业化及科技型企业孵化，推动形成省、市、区引导基金联动机制，破解科技创新中小企业融资难题。2019年9月，其首期子基金于第二届粤港澳大湾区创投50人交流会上完成签约，广州金控基金管理有限公司、和谐爱奇投资管理（北京）有限公司等16家首批拟合作机构（子基金管理人）进行了意向签约，合计申报子基金总规模75亿元，申请科技引导基金15.58亿元。

深圳市天使投资引导基金是深圳市政府投资发起设立的战略性、政策性基金，是深圳市对标国际一流，补齐创业投资短板，助力种子期、初创期企业的重大政策举措。该基金由深圳市政府投资引导基金出资设立，首期规模为人民币50亿元，委托深圳市天使投资引导基金管理有限公司按市场化方式运营。截至2019年底，深圳市天使母基金全年实际对外投资金额已超过8亿元，撬动社会资本实际出资超过13亿元，同比上年提升55.62%。截至2020年底，深圳市天使母基金已投资决策38支子基金，子基金总规模超过120亿元，天使子基金投资早期天使项目超过60个，预计将撬动超过73亿元的社会资本参与深圳早期投资，打造出以深圳市天使母基金为核心的天使投资基金群，为深圳打造国际金融中心、国际风投创投中心和国际科技产业创新中心提供有力支撑。

从广东省政府引导基金的运作实践来看，政府引导基金凭借政府信用背书，利用优秀的基金管理公司和团队的专业优势，在一定程度上弥补了市场失灵的缺陷，实现了引导扶持产业、助推企业发展、撬动社会资本、优化金融生态环境等多重目标。

三、部分地市科技金融财政专项资金概况

（一）广州市

2020年度广州市科技金融普惠补助专题共补助企业362家，补助总额达3 780.18万元。在科技保险保费补贴方面，为198家企业发放1 192.58万元补贴；科技型企业上市（挂牌）补贴130家企业共2 250.6万元；在创新创业活动方面，为34家企业发放337万元补贴。

（二）深圳市

2020年，深圳市持续完善“双创”金融支持体系，深化科技与金融合作。充分发挥财政资金的引导和放大作用，建立银政企合作项目库，对入库企业及获得合作银行贷款的入库项目予以贴息资助，全年下达212个贴息项目，累计贴息

金额达3 955.68万元，有效缓解了企业融资难、融资贵的问题；通过发放创新券等方式，全年支持5 086家中小企业申领创新券，发放金额达39 206万元；新入库服务机构166家，创新券兑现项目4 712个，兑现总额达9 850万元。企业申请数量、兑现项目数量和兑现金额创历年新高；科技金融服务体系建设项目9个，资助金额达408.7万元；科技保险项目27个，资助金额达196.44万元。

（三）佛山市

截至2020年底，佛山市创新创业产业引导基金市场化子基金总规模为90.7亿元，母基金实际出资额累计5.06亿元，投资项目共117个，投资总额69.06亿元，其中投资佛山地区项目32个，投资额12.69亿元；在落实普惠政策方面，通过落实创新券兑换政策，使4 870家企业享受到研发费加计扣除优惠，加计扣除额129.28亿元，2 624家高新技术企业获得研发费后补助，补贴金额超2亿元；对重点领域展开科技攻关，对智能家电、数控装备等多个重点项目立项支持，资助金额5 000万元；为加强人才经费储备，省市每年投入4 000万元，联合成立广东省基础与应用基础研究基金佛山市联合基金（简称“粤佛联合基金”）。2020年立项支持青年基金项目104个、重点项目20个、粤港澳团队项目1个，支持资金达3 340万元。

（四）东莞市

2019年，东莞市设立2亿元信贷风险补偿资金池，安排了首期5 000万元的种子基金，并于每年设立9 000万元的贷款贴息专项资金和2 000万元的创业投资机构风险补助资金，着重推动信贷风险池、创新创业种子基金、贷款贴息专项资金等运作。2020年，东莞市政府利用“三融合”科技金融政策，引导合作银行为科技型企业提供信用贷款超过170亿元，惠及企业3 000家左右，为企业提供贴息资助9 000万元，提供贷款风险补偿422.3万元，为科技型企业购买科技保险补贴超过890万元。

第三章

广东省科技金融综合服务平台建设*

* 本章第一执笔人为暨南大学产业经济研究院孙世杰。

广东省科技厅通过积极搭建“两个平台”，打造了覆盖广东省的科技金融服务体系。一是依托广东省生产力促进中心建设的广东省科技金融综合服务平台；二是依托广东省粤科金融集团建设的政策性投融资平台。

第一节 广东省科技金融综合服务平台发展概况

近年来，广东省依托广东省生产力促进中心建设广东省科技金融综合服务中心的线上和线下网络，在线下建立32个科技金融综合服务分中心，在线上建立并运行广东省科技金融综合信息服务平台。2020年，科技金融服务网络已经实现全省覆盖，通过创新科技金融服务模式，为发展壮大民营实体经济，加快建设创新型广东做出了积极贡献。

一、 建设历程

2014年，广东省提出探索建立覆盖全省的科技金融服务网络，支撑全省科技金融服务体系建设，经过六七年的发展，全省科技金融服务网络已具雏形，初步形成了覆盖全省的“线下实体+线上网络”的科技金融服务体系。具体发展阶段如下：

（1）2014年5月，广东省首个科技金融综合服务分中心在汕头挂牌运作，全省科技金融服务网络建设正式拉开帷幕。10月，依托广东省生产力促进中心组建的广东省科技金融综合服务中心正式成立，成为省科技厅推动全省科技金融服务网络建设的牵头单位及全省科技金融服务网络的中枢。

（2）2015年5月，广东省科技金融综合信息服务平台推广应用会召开，该服务平台正式上线运营，采用信息化手段为企业提供科技金融服务，实现了全省科技型企业与金融机构的信息互动与无缝对接。

（3）2020 年 4 月 9 日，广东省科技金融综合服务中心与广东股权交易中心签订《共建广东省科技创新专板工作合作协议》，双方将充分利用各自资源优势，共同在金融服务、创业服务、成果转化等方面开展深度合作，共建广东省科技创新专板。这是落实国务院关于科技金融创新改革部署的重要举措，也是全国 8 个省级区域性股权市场的试点探索，将推动资本市场助力广东省科技型中小企业高质量发展。

（4）截至 2020 年底，广东省科技金融综合服务分中心数量达到 32 个，已实现珠三角地区全覆盖，一个由省中心和 32 个分中心组成的全省科技金融服务网络布局已逐渐成熟。

二、 服务体系

广东省科技金融服务网络建立了“省中心—各地市分中心—工作站”的组织架构，逐步形成了市、镇（街道）、园区联动体系，并依托广东省科技金融综合信息服务平台实现企业与金融机构的线上对接，形成覆盖科技型企业成长全过程的科技金融业务链。

（一） 省级科技金融综合服务中心

广东省科技金融综合服务中心（以下简称“省中心”）负责牵头指导全省各地市、高新区、专业镇建设科技金融服务网络。省中心自成立运作以来，逐步建立覆盖全省的线上与线下相结合的科技金融服务体系。

1. 线上服务平台

省中心搭建了科技金融综合信息服务平台，为全省科技型中小企业提供贷款、股权融资等对接服务，重点解决科技型企业融资过程中的信息不对称问题，实现科技型企业和金融机构跨地域实时信息交互，促进融资对接。通过在线平台整合科技型企业、金融机构等多方资源信息，免费为企业和相关金融机构提供完整、真实的科技金融信息，实现网络互动、对接和交易。通过该平台，企业能够一站式获取金融机构的产品和服务信息；相关金融机构和服务中介能够动态掌握科技型企业的全方位需求，发现和挖掘潜在优质客户，进一步拓宽企业的融资渠道和融资手段。此外，省中心协助各地市在投融资对接系统的基础上开发了分中心网页，完善系统功能和优化平台服务。

2. 线下实体运营

省中心依托实体运营机构为科技型企业提供科技金融政策、信息以及投融资等服务。

（1）组织开展科技金融专场培训辅导。近年来，省中心联合各部门在省内外举办科技金融业务研修班，帮助相关从业人员提升专业化认知水平和服务能力，深化科技和金融结合，助推粤港澳大湾区国际科技创新中心的建设。2019年，省中心联合资本市场学院、省科技金融促进会、省风险投资促进会等单位，在深圳市成功举办广东省科技金融高级研修班，深入学习贯彻习近平总书记对广东重要讲话和重要指示批示精神，结合“不忘初心、牢记使命”主题教育的相关部署，以专家授课、案例剖析、现场参访等形式，深入学习资本市场服务实体经济发展、金融行业反腐与防范金融风险等内容。

（2）举办科技成果转化投融资对接会等交流活动。2021 年 1 月，省中心在广州市召开大湾区科技成果转化投融资对接会，旨在搭建政府部门、金融机构、科技型企业的交流对接平台，加快推进粤港澳大湾区国际科技创新中心建设，充分发挥金融对科技创新的支撑作用，引导社会和金融资本加大对早期科技型企业（项目）的投入，着力提升科技成果转化能力，推动优质科技成果在粤落地转化。会议还推出了粤港澳大湾区科技成果转化基金，主要聚焦先进制造、电子信息、能源环保和生物医药等领域，针对“卡脖子”技术，充分挖掘国家、省和市重大科技专项产生的科技成果，发挥资本和金融的助推作用，加速关键核心技术成果应用及产业化，培育形成一批有核心竞争力的战略性新兴产业。

（3）举办创新创业大赛港澳台赛、创新创业大赛军民融合专业赛等“双创”活动。省中心以及各地市分中心每年在广东省承办并组织开展各类“双创”赛事。省中心制定赛事政策，组织协调服务工作，充分发挥创新创业大赛平台的作用，更好地聚集服务资源，形成合力，大力推进大赛的组织开展、服务提升、投融资对接等，营造良好的创新创业氛围。各地市分中心负责参赛企业、创投专家的遴选及推荐工作，并提供优质参赛项目地方科技计划、科技信贷等政策支持，以及科技园区落地孵化、创业辅导、投融资对接等服务。各地市分中心还根据当地实际情况，申请设立“双创”地方赛，营造“大众创业、万众创新”的良好氛围。

（4）开展科技信贷、风险补偿贷款等科技金融服务。2020 年 1 月，省中心集合银行、担保、保险、风险投资、产权交易等多层次的融资服务机构资金优势，与中国银行广东省分行等 8 家合作银行、粤科担保公司、广东金融学院共同举办省级科技信贷风险准备金工作推进座谈会。针对科技型中小企业融资难的问题，加大融资力度，设立风险准备金，支持广东省科技型中小企业融资担保工作。同时，由省中心牵头，各地市分中心和银行机构也将组织系统的培训，开展政策宣讲、产品推广以及科技金融论坛等活动，搭建科技与金融的桥梁，增进投融资对接机会，促成更多优质科技型企业与银行、投融资机构对接。省中心还将与合作银行机构加强激励考核，建立信贷风险准备金额度动态调整机制。

（二）地市科技金融综合服务分中心

2014 年，全省初步建立了 32 个地市科技金融综合服务分中心（以下简称“分中心”），同时在有条件的地市（区、县）、镇（街道）和高新园区等建立工作站，通过组织科技金融特派员、开展科技金融专项培训、引进高端资源开展合作、提供多层次资本市场服务等，将省中心的力量下沉至第一线，打通科技型企业需求和投融资服务的“最后一公里”。

2020 年，全省 32 家分中心主要集中在珠三角地区，珠三角共 20 家；粤东、粤西、粤北分别为 5 家、5 家和 2 家（如图 3 - 1 所示）。此外，广州、东莞等地市在区（县）、镇（街道）和高新园区建立了科技金融服务工作站，逐步完善了省、市、镇（街道）、各产业园区的联动体系。

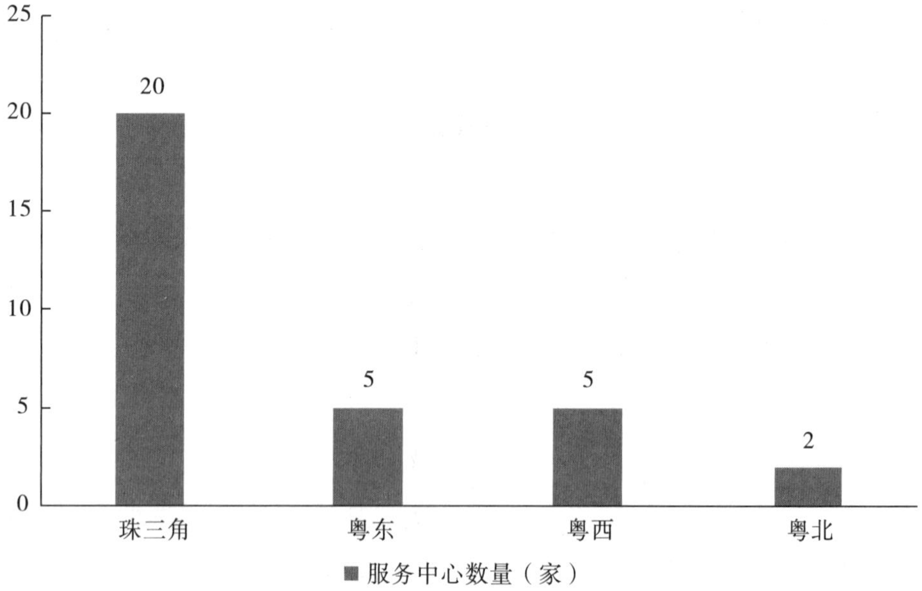

图 3－1　广东省各地市科技金融综合服务分中心区域分布情况

数据来源：广东省科技金融综合服务中心。

1. 广州市科技金融综合服务分中心

广州市科技金融综合服务分中心（以下简称“广州分中心”）以广州生产力促进中心为运营实体，遵循政府倡导、科技引导、金融主导的工作思路，精心策划、全面推进，深入开展科技金融服务工作。

（1）上下联动，紧密联系省、市、区相关政府部门，协同推进科技和金融结合工作。广州分中心与广东金融学院科技金融重点实验室合作，开发广州市科技企业信用融资平台，这是广东省科技金融综合服务平台的首个示范平台。平台通过发布科技金融的最新政策、资讯以及相关活动信息等，更好地发挥了其在科技型企业、金融机构和政府之间的桥梁作用。

（2）汇聚、整合政策、科技型企业、金融机构、行业协会等资源，形成专项数据库。2016 年，广州分中心建成广州市科技创新企业数据库，包含企业基本信息、企业项目信息、企业成果信息等，截至 2020 年底，库内已有超过 20 万条企业名录。数据库实现了在库企业信息的动态管理，为优化广州市科技资源配置、促进企业科技创新、推进广州市高新技术企业成长提供数据支撑，为后续建立广州市科技资源大数据库奠定基础。

（3）创新服务，“线上＋线下”双管齐下，提供基于科技型企业全生命周期的科技金融服务，并开展相关体系建设研究。广州分中心通过多次编印《广州市科技金融政策与产品汇编》、组织中小企业政策宣讲会与专题讲座、举办投融资洽谈会等方式，为科技型中小企业提供科技金融政策普及服务；还通过打造生产力科技金融线上对接平台，提供线上融资对接、线上路演直播等科技金融创新服务。

“十三五”期间，广州分中心共开展科技金融相关活动83场次，累计参加人员超过2万人次，参加企业3 000多家；通过组织投融资对接会、向银行机构推荐科技型企业、审核省风险补偿贷款等方式，帮助228家科技型企业获得融资贷款，融资金额累计约6.7亿元。

2. 深圳市科技金融综合服务分中心

深圳市科技金融综合服务分中心（以下简称“深圳分中心”）是深圳市国家自主创新示范区科技金融服务机构，致力于良好的科技金融生态圈的建设，是为科技型企业及各类金融机构提供优质服务的创新平台，其具有如下优势：

（1）创业投资广场。深圳市通过建设高新区创业投资广场，为入驻机构提供办公场地、优惠政策和专业化服务。广场建成后，引进专业风险投资基金，券商投行部和非上市业务部，产权交易所，评估机构，会计机构，律师事务所及担保、信用、专利服务中介机构入驻，形成了显著的聚集效应和完整的投融资服务链，为处于不同成长阶段的科技型中小微企业提供了“多层次、立体化、全过程”的融资服务。

（2）股权投资项目。深圳市率先实施科技金融股权投资资助计划，通过投资产业技术研发或成果转化项目得以阶段性持有股权的方式，对企业予以有偿资助。股权投资项目充分发挥政府科技资金的引导、放大和杠杆作用，解决科技型中小企业融资难的问题，改变了以往政府无偿资助和直接管理项目的方式，通过财政资金阶段性持有股权、适时退出，为财政资金保值增值、良性循环提供新路径。“十三五”期间，深圳分中心共完成股权投资项目 145 个，投资金额约 13.68 亿元，成功退出股权投资项目 27 个，收回股权投资本金 29 085 万元及政府税前收益 4 119.57 万元，共计 33 204.57 万元。

（3）投资联动机制。2016 年，深圳分中心对政府股权投资的 64 家企业进行了再融资需求的调研，其中 15 家企业提出了股权融资和债权融资相结合的需求。根据调研结果，深圳分中心分批次组织闭门式的投贷联动洽谈会，精准、有效地解决企业融资难的问题。2017 年起，深圳分中心和浦发银行累计举办了 20 多场次投贷联动交流会。深圳分中心还积极探索投贷联动与园区（工作站）相结合的新路径，在龙岗区召开了科技金融联盟工作交流会，对投贷联动模式的路径、思路进行两次座谈，并在龙岗区的中海信产业园区进行试点，达到投贷联动机构、园区管理服务机构、园区企业对接、分享、共赢的效果。

三、服务成效

省中心通过组织科技金融特派员、开展科技金融专项培训、引进高端资源开展合作、提供多层次资本市场服务等，将省中心的力量下沉至第一线，打通科技型企业需求和投融资服务的“最后一公里”，主要工作和成效包括以下三个方面：

（一）凝聚了一支科技金融服务队伍

在全省科技金融特派员队伍建设工作方面，省中心先后在高校、科研机构、金融机构遴选了两批科技金融特派员，他们利用自身的专业优势，下沉服务，深入一线跟踪了解企业需求，为企业融资发展提供个性化解决方案。

（二）持续开展科技金融专业培训和交流

省中心聘请中国科学技术发展战略研究院、科技日报社、深交所、港交所、香港生产力促进局、台湾中国生产力促进中心协会等专业机构的知名专家，围绕科技型企业融资、境外上市等问题，为省、市科技金融骨干开展专题培训、业务交流、高峰论坛，联合清华大学、浙江大学、中山大学、中国（深圳）资本市场学院等知名院校为特派员开展轮训，不断提升科技金融特派员的专业化服务能力。

（三）与专业机构打造线上线下服务平台

省中心以实施省级科技信贷风险准备金为抓手，与中国建设银行广东省分行等 8 家省级银行机构建立了长期合作关系，牵头搭建了网上科技银行，实现科技型企业和金融机构跨地域实时信息交互。截至 2019 年底，省中心共撬动合作银行为 312 家科技型企业提供超过 2. 8 亿元的银行贷款支持。

此外，省中心和各地市分中心积极承办中国创新创业大赛广东赛区、港澳台赛、军民融合专业赛等工作，指导华南技术转移中心借助“华转网”打造 8 分钟路演线上平台，引导社会资本投入参赛企业和团队，帮助参赛企业最大限度地获取资源、信息和资金支持，助推企业健康快速发展。

第二节　广东省粤科金融集团建设概况

一、 机构简介

广东省粤科金融集团有限公司成立于 2000 年 9 月，是广东省政府授权经营的国有独资企业。其既是国内最早成立的创投机构之一，也是国内首家省级科技金融集团。2019 年，广东省政府将粤科金融集团从省科技厅移交至省国资委统一监管，致力于将集团打造成服务整个广东省科技型企业创新发展的重要平台。近年来，粤科金融集团致力于为广东科技创新提供综合金融服务，通过构建基金业务、创投业务、金融业务、资产管理等业务体系，初步形成“创投为主、多业联动”的发展格局，努力打造国内知名创投机构，积极发挥广东建设国际风投创投中心的生力军作用，服务“大众创业、万众创新”，推动广东省创新驱动发展，建设国际一流科创中心。

截至 2020 年底，粤科金融集团注册资本 106 亿元，总资产 365 亿元，管理及参股基金 99 支，基金总规模超过 640 亿元，管理资产规模在全国备案创投机构中名列前三。集团累计为2 000多家科技型企业提供投融资服务，推动70多家企业IPO上市，先后获得广东省五一劳动奖状、国家优质投资项目奖、中国创投20年百强机构、金牛奖、金投奖、金优奖、金汇奖等多项荣誉，信用评级达到AAA的主体最高等级。

近年来，粤科金融集团的发展有以下鲜明特色：一是不断面向产业聚集区和创新载体覆盖服务。以粤科产业园和孵化器为抓手，形成覆盖“众创空间—孵化器—加速器—总部基地”全链条的产业创新载体，促进科技型中小微企业孵化培育和发展壮大。二是不断完备服务类型和业务手段。构建起支持早、中、后期科技型中小微企业发展全过程、全链条的基金体系，涵盖种子基金、天使基金、VC基金、PE基金、产业基金、区域基金、并购基金、母基金等多种类型。三是不断拓展投资业务行业覆盖面。紧紧围绕广东省建设粤港澳大湾区、广深港澳科技创新走廊、国家科技产业创新中心等战略，不断强化在新一代信息技术、高端装备制造、绿色低碳、生物医药、数字经济、新材料等战略性新兴产业领域的投资布局。四是不断将投资区域向全省覆盖。截至2020年底，集团公司受托管理及参股基金（不含母基金）99支，累计对外投资项目372个，被投企业已有18家挂牌上市；粤科金融集团共管理政府母基金9支，基金总规模超过640亿元。

1. 以组建区域基金促进地区创新发展

粤科金融集团贯彻落实广东省委、省政府的决策部署，围绕广深港澳科技创新走廊建设，设立科技创新系列基金、振粤基金、红土创业基金、广州知识产权基金等，总规模超过200亿元；围绕粤东西北地区振兴发展，设立潮州、汕尾、阳江、云浮、汕头、清远、茂名等区域基金；近期还积极推进韶关、揭阳、湛江等地区组建投资基金，助力广东省现代化经济体系建设和新旧动能转换。截至2020年底，粤科金融集团已在全省超过3/4的地市、7个国家级高新区设立了区域基金，如发起设立松山湖母基金、横琴母基金、粤港澳大湾区科技创新股权投资基金、季华基金等。

2. 以组建产业基金促进战略性新兴产业培育壮大

目前，粤科金融集团围绕广东省创新创业重点领域组建了各类投资基金，覆盖了新一代信息技术、高端装备制造、人工智能、生物技术、新能源汽车等战略性新兴产业领域；依托珠海格力、佳都科技、文化长城、红墙股份、南方传媒等上市公司平台，组建粤科格金基金、粤科佳都基金、文化产业并购基金、粤科红墙基金、南方传媒基金等一批创投基金。另外，还发起设立了绿色发展基金、新媒体产业基金等一批产业基金，整合优化产业链上下游资源，带动新兴产业发展壮大。

二、 投融资体系概况

近年来，粤科金融集团坚持以习近平新时代中国特色社会主义思想为指导，在广东省委、省政府领导下，服务创新驱动发展战略，抢抓建设粤港澳大湾区和支持深圳建设中国特色社会主义先行示范区等重大机遇，围绕产业链部署创新链、围绕创新链布局产业链，致力于打造服务全省科技创新的重要平台。集团已形成以粤科母基金管理公司为主体，以“四大基金”作抓手，政府引导基金、市场化母基金、区域化基金、产业化基金协同发力，多层次、全面覆盖广东省科技型企业的投融资战略布局。

（一） 粤科母基金管理公司

广东省粤科母基金投资管理有限公司（以下简称“母基金管理公司”）是粤科金融集团的全资投资管理公司，成立于 2014 年，注册资本 1 亿元，是广东省最大的国有母基金投资管理平台。母基金管理公司作为基金管理机构，主要受托管理广东省创新创业基金（以下简称“省创新创业基金”）、广东省粤科创新创业投资母基金（以下简称“粤科南海母基金”）、其他专项资金等，在争取良好投资收益的同时，通过投资发起设 VC/PE 基金、区域基金、产业基金等基金，引导 400 余亿元的社会资本进入创业风险投资领域。截至 2020 年底，省创新创业基金已设立的基金超 70 支，基金总规模超 400 亿元；粤科南海母基金已投资的子基金近 20 支，子基金总规模超 170 亿元，公司作为基金管理人管理的基金超 20 支，基金总规模约 190 亿元。

省创新创业基金为广东省政府引导基金，省财政出资 71 亿元，由 3 支财政出资基金整合而成，包括广东省科技创新基金（56 亿元）、广东省创业引导基金（5 亿元）、广东省新媒体产业基金（10 亿元）。2018 年 3 月，省创新创业基金转增为粤科金融集团注册资本，由粤科金融集团按市场化方式运作管理，围绕广东省 20 个战略性产业集群和 9 大领域关键核心技术攻关进行投资布局，培育一批本土领军企业和资助知名品牌。

粤科南海母基金为母基金管理公司在管的市场化母基金，规模 20 亿元，注册地为佛山南海区。截至 2020 年底，粤科南海母基金已投子基金包括投资宁德时代、侨银环保等项目的广发信德基金，投资奇虎 360、新产业等项目的红杉资本人民币第四期基金以及投资易瑞生物、傲科光电等项目的南山红土基金等一系列优质子基金。

近年来，母基金管理公司先后获得全球母基金协会“2020 年全球最具潜力母基金 TOP30”、投资中国“2020 年中国最受 GP 关注的母基金 TOP20”、清科集团“2017 中国私募股权投资机构 LP30 强”、中国母基金联盟“2020 年中国政府引导基金最佳风控 TOP50”第 15 名、第一财经“2020 年度股权投资有限合伙人 TOP50”、中国创投委“2019 年度创投母基金”、金融界“2019 年科创价值机构（母基金）十强”、中国证券报“金牛产业引导基金”奖等多项行业荣誉。

（二）集团四大基金

集团四大基金按照“引导基金—子基金集群—项目基金”三层架构运行，通过子基金和项目基金逐级放大基金规模，带动专业化投资。第一层引导基金为粤科金融集团出资平台，以发挥政策引导为主要目的；第二层子基金为项目基金出资平台，出资方除引导基金外，主要为地方政府和产业企业；第三层项目基金出资方除上级子基金外，主要为金融机构和社会资本，通过项目带动募集基金。

（1）广东省战略性新兴产业发展基金。主要瞄准生物医药、数字经济、海洋经济等广东战略性产业优先发展方向，以申请设立广东省海洋产业发展引导基金为抓手，培育、壮大、引进重大产业项目，推动设立一批战略性产业子基金群，带动一批国家级重大科技和产业项目落户广东。

（2）广东省科技基础设施基金。贯彻落实省委关于“加快提升科技实力和创新能力”的系列部署以及重大科技基础设施建设的布局，以加强与广东省重点实验室、中试验证基地、新型研发机构等的合作为纽带，开展科技基础设施投资和运作管理，着力培育、储备一批具有高成长性的未来型企业。

（3）广东省科技成果转化基金。积极响应省委、省政府“吸引全球科技成果来粤孵化育成转化”的号召，以推动设立粤港澳大湾区绿色技术银行和绿色技术成果转化基金为支点，整合产业龙头企业、科研院所、地方政府、金融机构等方面资源，着力发展、提升一批占据行业引领地位的创新型企业。

（4）广东省上市公司创新发展基金。立足于总结、优化民营上市企业纾困举措，借鉴龙头企业与中小企业“大手牵小手”模式，通过充分发挥投资机构的资源整合能力，帮助广东省上市公司注入优质资产、纾解深层次战略性困难，着力提升广东省上市公司创新发展能力、增强其发展后劲。

三、投资特点

粤科金融集团作为国内首家省级科技金融集团，自创立之日就担负了更多的行政职责，肩负着推动广东省高新技术产业发展的任务。此外，国有背景使其在发展的过程中会更多地考虑国家的战略产业布局以及业务主管部门对投资新兴产业的要求，由此，粤科金融集团在创投业务中形成了鲜明的特点。

（一）注重早中期

粤科金融集团自2000年成立起，作为业内早期的风险投资公司，投资便涉及多个阶段。其投资阶段以初创期和成长期为主，占比高达87%。对比前两年的投资方向，集团在项目的选择方面做了一系列的改变，从一开始的注重初创期、成长期项目，到后期转为寻找一些成熟期或者是快要上市的项目，现在回归到以初创期、成长期为投资重点阶段。

（二）注重产业聚焦

投资注重产业聚焦，是粤科金融集团响应国家扶持初创期科技型企业的政策导向的表现。其投资领域以国家重点发展的战略性新兴产业为主要投资方向，包括信息技术、新材料、高端装备、生物医药、节能环保等八大行业。

（三）注重科技金融全链条管理服务

粤科金融集团积极延伸科技服务链条，争取金融牌照及新业务资格，不断拓展业务领域；通过接入全国征信系统、中征应收账款融资服务平台等各类国家服务系统，打造全国投资中后期全链条服务体系，有效地拓宽了科技金融的服务地域和行业范围。在投后管理服务上，集团成立的八大行业投资小组都分配了法律、会计等相关人员，以专业化的投后管理和服务赋能，为在投企业提供各类增值服务，打造以退出为导向的投后服务机制。集团积极推动投后的企业上市和挂牌新三板，优化资本运作，提升企业价值。一方面，帮助持股上市公司开展资本运作，推动企业完善产业链布局，例如积极主导持股上市公司广东鸿图顺利完成公司债券发行，收购宁波四维尔，并完成股权激励首次股票授予工作等重大资本运作，推动其完善汽车产业链布局。另一方面，集团积极为投资的新三板挂牌企业提供相关增值服务，推进企业 IPO 转板、进入创新层，为其引入做市商和开展上下游产业链收购等，大力提升投资企业的价值。

（四）注重多策并举加速科技金融深度融合

近年来，粤科金融集团按广东省政府的要求，积极配合省科技厅等有关部门整合省科技创新基金、省创业引导基金、省新媒体产业基金 3 支财政出资基金，组建 71 亿元的省创新创业基金，已引导带动社会资本累计 165 亿元，实现财政资金放大 3.7 倍，对外投资项目 125 个。此外，粤科金融集团还承接了 6 亿元广州知识产权基金，进一步扩大财政资金的受托管理范围，截至 2020 年底，其受托管理省财政资金超 100 亿元，管理政府引导基金 13 支、投资基金 46 支，管理基金总规模超 500 亿元。此外，粤科金融集团围绕广深港澳科技创新走廊建设和粤东西北地区振兴发展战略，布局组建了一批市场化运作基金。

第四章

多层次资本市场建设*

* 本章第一执笔人为暨南大学产业经济研究院孙世杰。

我国多层次资本市场的结构主要分为四个层次：一板市场（主板市场）、二板市场（创业板市场、科创板市场）、三板市场（新三板市场）和四板市场（区域性股权交易市场）。在广东省内，主板市场中的深圳证券交易所坐落于广东，同时还拥有创业板板块，是广东多层次资本市场的重要组成部分；广东省股权交易中心作为区域性股权交易市场，主要服务于广东省内处于成长初期的小微企业。

多层次资本市场针对企业的发展阶段、成长阶段、经营模式打造层次分明的融资服务平台。具体来说，主板市场主要服务行业龙头、大型和骨干型企业；创业板市场主要为创新型企业提供融资平台，服务于成长中后期具有自主创新能力的企业；科创板市场主要服务于符合国家战略、突破关键核心技术、市场认可度高的科技创新型企业；新三板市场上接主板市场、下连区域性股权交易市场，是多层次资本市场的中间枢纽，主要服务于创新型中小企业；区域性股权交易市场是主要服务于所在省级行政区域内中小微企业的私募股权市场，是多层次资本市场的塔基。本章将重点介绍广东省企业在多层次资本市场的上市融资情况。

第一节　多层次资本市场发展概况

多层次资本市场作为资源配置的枢纽平台，对促进科技创新、资本形成和服务实体经济具有重要意义，一直以来多层次资本市场都是我国资本市场发展的重点之一。广东省作为国际金融枢纽，近年来持续强化资金配置能力，引导信贷资金向重点领域倾斜，拓展直接融资渠道，打造功能互补、内外联通的多层次资本市场，搭建境内外资金跨境流通桥梁。

截至2020年底，全国IPO企业共有3 747家，广东以619家位居第一，占比16.5%，总市值达115 227亿元。广东省的IPO企业中，主板418家，创业板185家，科创板16家。2020年，广东省新增上市企业33家，其中创业板10家，科创板9家，中小板7家，主板4家。广东省近5年来的新增上市企业数量均保持两位数的增长，企业进入板块以主板、创业板为主。

表4-1　2020年部分省市资本市场上市企业数量比较

（单位：家）

省市	主板	创业板	科创板	新三板	四板
广东	418	185	16	1 341	3 365
浙江	359	89	9	797	7 103
江苏	309	105	16	1 091	5 102
北京	227	107	16	1 211	4 955
上海	243	48	14	732	693
山东	171	34	4	5 55	3 715

数据来源：CSMAR、Wind数据库。

广东省新三板挂牌企业累计1 341家，占全国新三板企业总量的14.73%，远超江浙两地，较北京挂牌企业多130家，挂牌企业数量全国第一。广东省新三板挂牌企业中，基础层1 250家，创新层91家；高新技术企业548家，占总量的40.87%；共有1 252家位于粤港澳大湾区范围内（香港、澳门除外），占总数的93.36%。广东省挂牌企业营收平均值为1.64亿元，净利润平均值为478万元，近12月累计融资达34.7亿元。

全国34家区域性股权交易市场共有挂牌企业2.96万家，广东省区域性股权交易市场挂牌企业3 365家，占全国的12.32%。此外，广东省区域性股权交易市场展示企业达13 189家，托管企业3 873家，累计实现融资1 132.93亿元，各项指标均领先全国。广东省区域性股权交易市场挂牌企业90%以上集中在广州、汕头、佛山、中山等地。全国区域性股权交易市场挂牌企业中累计转沪深交易所上市的有10家，转新三板挂牌的有510家，其中广东省转创业板上市的有1家，转新三板挂牌的有72家。

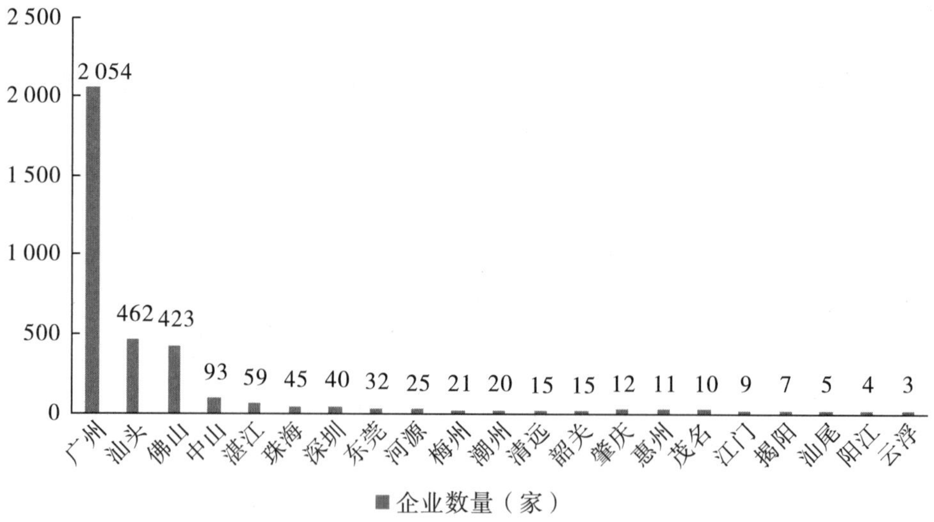

图 4－1 2020 年广东省各地市区域性股权交易市场挂牌企业数量对比

数据来源：Wind 数据库。

第二节 主板市场

一、 深交所主板市场概况

深圳证券交易所（以下简称“深交所”）成立于 1990 年 12 月 1 日，是经国务院批准设立的全国性证券交易场所，受中国证监会监督管理。深交所履行市场组织、市场监管和市场服务等职责，主要包括：提供证券集中交易的场所、设施和服务；制定和修改本所的业务规则；审核、安排证券上市交易，决定证券暂停上市、恢复上市、终止上市和重新上市；提供非公开发行证券转让服务；组织和监督证券交易；组织实施交易品种和交易方式创新；对会员进行监管；对证券上市交易公司及相关信息披露义务人进行监管；对证券服务机构为证券上市、交易等提供服务的行为进行监管；设立或者参与设立证券登记结算机构；管理和公布市场信息；开展投资者教育和保护；法律、行政法规规定的以及中国证监会许可、授权或者委托的其他职能。

近年来，深交所主板上市公司数量、总发行股本、总流通股本、上市公司市价总值和上市公司流通总值都在不断增加，吸引力和影响力持续提升，多项指标位居世界前列，是全球最具活力的新兴市场之一。截至2020年底，深交所主板共有上市公司1 453家，总市值约37万亿元；挂牌债券（含资产支持证券）7 965个，挂牌面值2万亿元；挂牌基金487支，资产规模2 696.63亿元。2020年，深交所股票成交金额122.8万亿元，股票融资额5 638亿元，固收产品融资额1.9万亿元。据世界证券交易所联合会（WFE）2020年12月31日统计，深交所成交金额、融资金额、股票市价总值分别位列世界第三、第四和第七位。

表4－2　2019—2020年深交所主板基本数据指标

项目	2019年	2020年
上市公司数量（家）	1 404	1 453
总发行股本（亿股）	17 293.97	18 223.33
总流通股本（亿股）	14 127.42	15 249.36
上市公司市价总值（亿元）	175 543.36	232 043.52
上市公司流通总值（亿元）	141 458.96	193 431.58

数据来源：深交所。

二、广东省企业深交所主板上市情况

（一）区域分布

截至2020年，深交所主板上市公司共有1 453家。其中广东省的深交所主板上市公司最多，共有353家，占深交所主板总数的24.29%，其次是浙江162家，江苏128家（如图4－2所示）。在广东省内，深圳、广州、佛山、东莞、汕头5个城市拥有较多深交所主板上市公司，数量分别达到185家、51家、24家、19家、19家（如图4－3所示）。

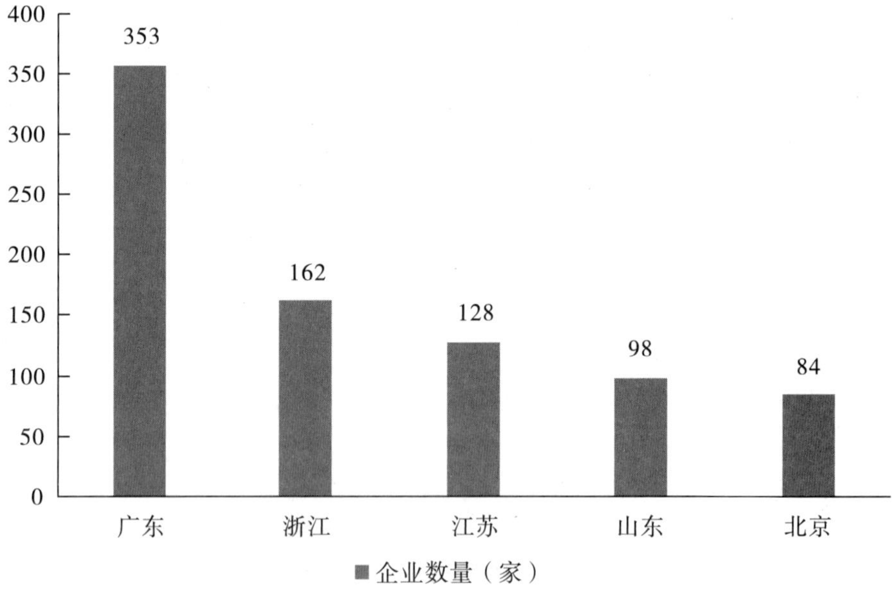

图 4－2　2020 年主要省市深交所主板上市企业数量

数据来源：CSMAR 数据库。

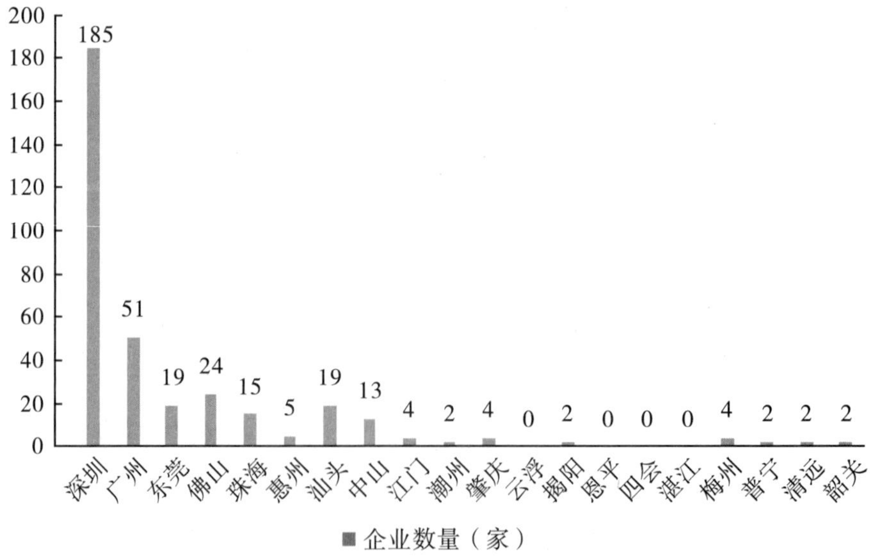

图 4－3　2020 年广东省各市深交所主板上市企业数量

数据来源：CSMAR 数据库。

（二）行业分布

在广东省深交所主板上市企业中，主要是制造业企业，共有230家，占比达64.43%，其次是信息传输、软件和信息技术服务业，共有18家，占比5.04%。此外，广东省深交所主板上市企业还涉及建筑业、房地产业、批发和零售业等行业（如图4－4所示）。

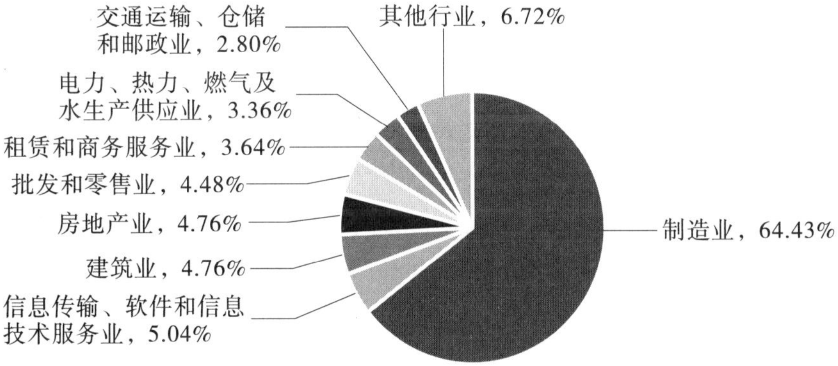

图4－4　2020年广东省深交所主板上市企业行业分布

数据来源：CSMAR数据库。

（三）龙头企业

作为中国两大证券交易市场之一，深交所主板市场的上市公司大多是行业龙头、大型和骨干型企业，是当地乃至全省经济发展的支柱。其中包括广东省内最大的三家主板上市公司：美的集团、比亚迪和立讯精密，公司总市值分别达到6 920.30亿元、5 300.78亿元和3 938.40亿元。这几家龙头企业都是各自领域中的领军者，2020年分别实现营业收入2 857.10亿元、1 565.97亿元和925.01亿元。

第三节　创业板市场

一、 创业板市场概况

创业板市场又称二板市场，即第二股票交易市场，是指主板之外专为暂时无法上市的中小企业和新兴公司提供融资途径与成长空间的证券交易市场，是对主板市场的有效补给，在多层次资本市场中占据着重要的位置。创业板市场完善了我国的证券市场结构，使得资本市场与风险投资相结合，有效促进金融支持科技发展机制的形成。创业板市场以“低门槛进入，严要求运作”为原则，为有潜力的中小企业提供便捷、低成本的融资渠道，解决中小企业融资难的问题，有助于企业健康发展。此外，创业板市场为风险资本提供了退出渠道，吸引、带动了大量政府和社会资金流向科技创新型中小微企业，缓解其发展初期的资金难题，并帮助其建立规范的现代公司治理结构。

近年来，创业板上市公司数量、总发行股本、总流通股本、上市公司市价总值和上市公司流通总值都在不断增加，市场规模在不断扩大。截至 2020 年底，创业板市场已发展到 941 家上市公司，市价总值 109 338.54 亿元，总发行股本 4 510.43 亿股，总流通股本 3 482.30 亿股（如表 4－3 所示）。

表 4－3　2019—2020 年深交所创业板基本数据指标

项目	2019 年	2020 年
上市公司数量（家）	791	941
总发行股本（亿股）	4 097.11	4 510.43
总流通股本（亿股）	3 061.86	3 482.30
上市公司市价总值（亿元）	61 347.61	109 338.54
上市公司流通总值（亿元）	40 231.73	69 630.41

数据来源：深交所。

二、 广东省企业创业板上市情况

创业板自成立以来，不断发展壮大，持续完善板块功能，构建了多维立体创新的资本生态体系。时至今日，创业板已经成为资本市场服务实体经济的重要组成部分，有力地支撑创新创业企业健康成长，助力经济高质量发展，为深入实施创新驱动发展战略和推进供给侧结构性改革提供了重要保障。广东省在创业板上市的公司逐步呈现“两高六新”的特点，即高成长性、高科技含量，新经济、新服务、新农业、新材料、新能源和新商业模式。

（一） 区域分布

截至2020年，深交所创业板上市公司共有941家。其中广东省的上市公司最多，共有219家，占23.27%，其次是江苏127家，北京与浙江同为114家，上海54家（如图4－5所示）。在广东省内，深圳、广州、东莞、佛山以及珠海5个城市拥有较多的创业板挂牌公司，公司数量分别达到117家、32家、16家、11家、11家。粤东西北地区创业板挂牌公司数量偏少，仅15家，占广东省挂牌公司总数的6.85%（如图4－6所示）。

未来，广东省应积极引导科技型企业上市二板市场，采取建立创业板后备企业数据库、开展投融资路演、对接会等活动，挖掘更多有意愿、有潜力上市创业板的科技型中小企业，并因企施策，为不同阶段的企业提供上市辅导。同时，针对粤东西北地区挂牌企业数量偏少的问题，当地政府应积极承接珠三角核心区域创新要素转移，建立“港澳孵化—珠三角承接”“珠三角孵化—粤东西北承接”的科技型中小企业培育体系；充分利用大湾区核心城市产业外溢优势，提高本地创新能级，使整个大湾区乃至广东省协同发展。

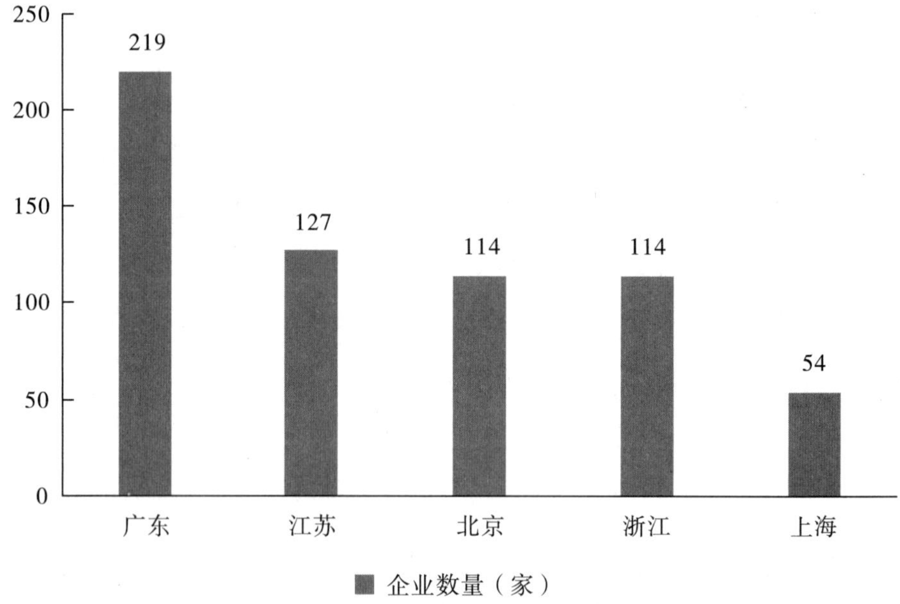

图 4-5　2020 年主要省市创业板上市企业数量

数据来源：CSMAR 数据库。

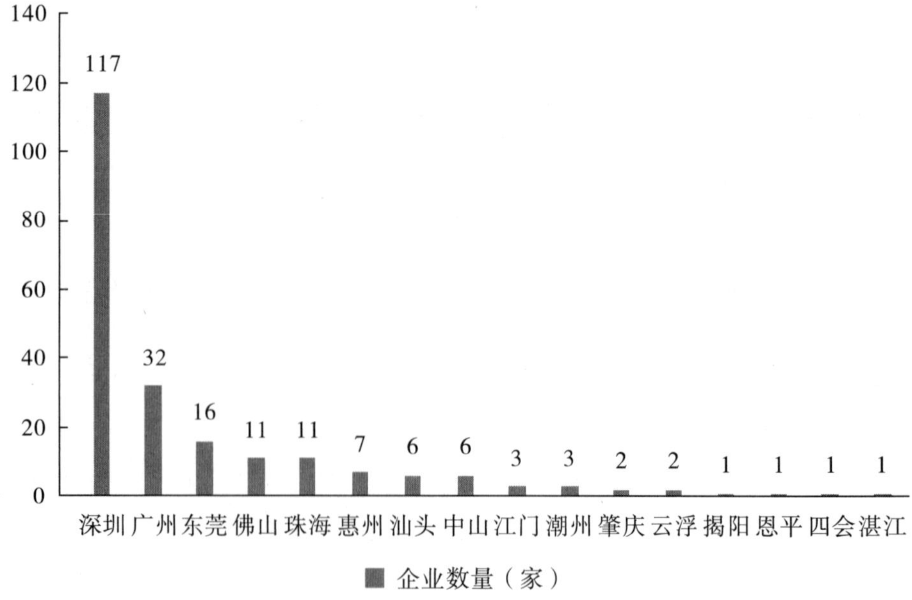

图 4-6　2020 年广东省各市创业板上市企业数量

数据来源：CSMAR 数据库。

（二）行业分布

广东省创业板上市的企业大多集中在制造业与信息传输、软件和信息技术服务业两大类，其中又以制造业挂牌企业数量最多，为157家，占比达71.69%，其次是信息传输、软件和信息技术服务业，挂牌企业数量34家，占15.53%。再次是科学研究和技术服务业、租赁和商务服务业以及批发和零售业等行业（如图4-7所示）。广东省还应继续加大力度支持战略性新兴产业企业增资扩产、提质增效，对于掌握核心技术但受限规模无法扩张的企业，省政府应该积极引导社会资本、银行、政府引导基金以及省财政专项资金流入其中，并推荐其挂牌区域性股权交易市场、新三板市场，加速孵化一批掌握核心技术、创新意愿强烈的科技型中小微企业。

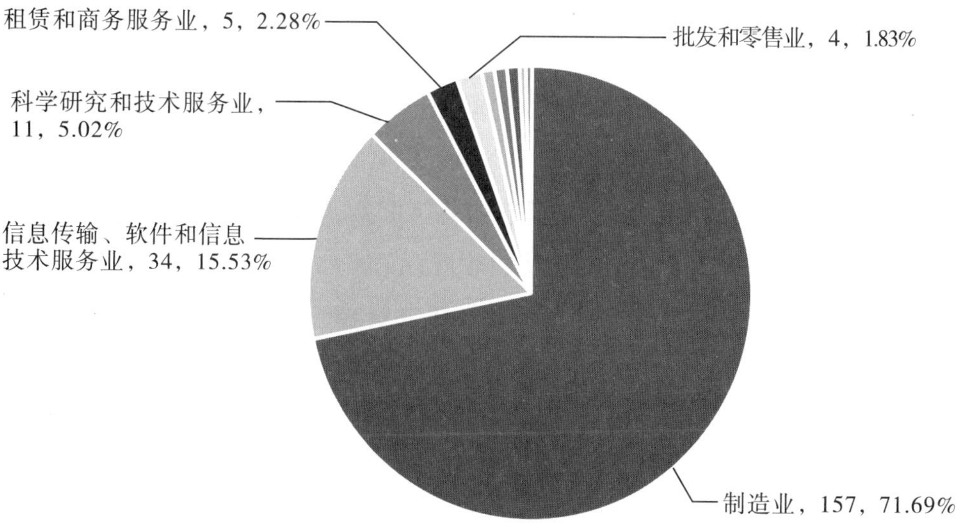

图4-7　2020年广东省创业板上市企业行业分布

数据来源：CSMAR数据库。

（三）龙头企业

作为创新驱动发展的主战场，创业板在所有上市公司的板块中以新兴产业和成长性著称，培育了多家高速成长的细分行业龙头，这些企业成为经济发展中的重要成长力量。其中包括广东省内最大的3家挂牌企业，分别是注册在深圳市的迈瑞医疗、汇川技术以及注册在惠州市的亿纬锂能，公司市值分别达到5 178.84亿元、1 604.5亿元和1 539.43亿元。这些龙头企业以科技创新为核心竞争力，凸显极强的成长型特征，2020年分别实现营业总收入210.26亿元、115.11亿元和81.61亿元。

第四节　新三板市场

一、新三板市场概况

新三板市场是我国多层次资本市场中的重要组成部分，是继上海、深圳证券交易所之后的第三个由中国证监会统一监督管理的全国性股权交易市场，是我国重要的场外市场。自2013年成立以来，新三板市场坚持改革创新，不断提升服务功能。2015年，为满足企业挂牌需求与化解市场服务不足、效率不高的矛盾，新三板市场对挂牌审查机制、定价功能等进行了完善；2016年，为应对日益累积的市场风险，新三板市场加强了风险排查和管控，同时加大违规处置力度；2017年，针对发行功能不强、流动性不足等问题，新三板市场适时推出市场分层、信息披露、交易制度三项改革。特别是分层制度的推出，使新三板市场中的挂牌企业被分为创新层和基础层两大类，这不仅有利于股转系统自身吸引优质公司，还对多层次资本市场的深化发展影响深远。随着这一系列创新举措的推出，新三板市场的队伍不断壮大，挂牌企业数量快速增加，在资本市场体系中扮演着重要角色。截至2020年底，新三板挂牌公司数量为8 187家，其中创新层企业1 138家，占比为13.90%；基础层企业7 008家，占比为85.60%；其他企业41家，占比为0.5%。新三板挂牌公司总股本为5 335.91亿股，相比2019年5 616.44亿股的总股本下降5.00%（如图4－8所示）。

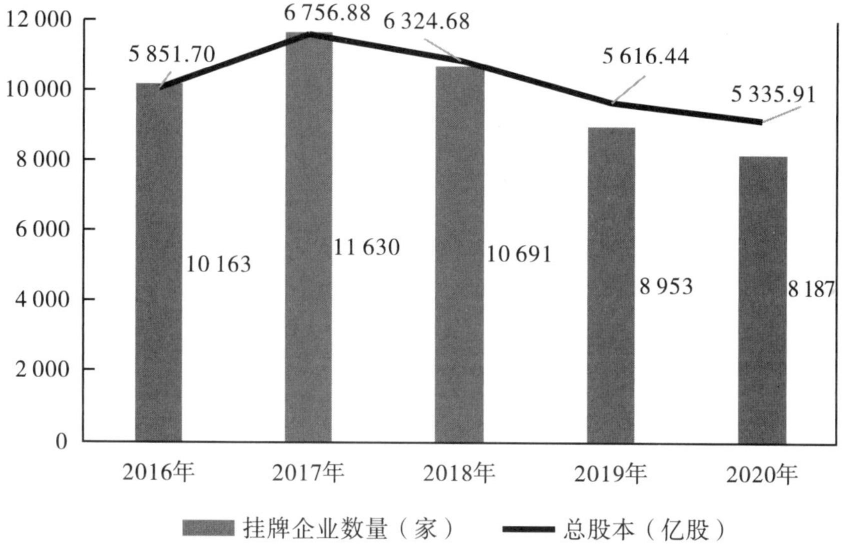

图 4-8　2016—2020 年新三板挂牌企业数量和总股本

数据来源：Wind 数据。

从挂牌公司地域分布来看，2020 年股转系统挂牌企业已经涵盖国内 31 个省、市、自治区。其中广东省挂牌企业数量居首位，2020 年共有 1 180 家，占比为 14.41%。北京、江苏、浙江、上海等地区的挂牌企业数量比广东省略少，分别为 1 073 家、986 家、712 家以及 646 家，挂牌企业集中于东部经济较发达的地区。

从挂牌企业行业分布来看，股转系统与 A 股市场有较大不同，体现了其服务于创新型、创业型企业的定位。2020 年挂牌企业的行业分布涵盖 18 个门类，其中制造业挂牌企业数量最多，为 4 004 家，占比达到 48.94%；代表新兴产业的信息传输、软件和信息技术服务业共 1 605 家，占比为 19.60%，新兴产业挂牌企业的比例超过 A 股市场。

2020 年股转系统共有 540 家公司进行增发融资，占股转系统挂牌企业的 6.60%，与 2019 年的 438 家相比，参与增发融资的企业数量增加了 23.29%，融资活跃度有较大提升；2020 年挂牌企业共增发股份 5.79 亿股，比 2019 年增发的

6.38 亿股减少 9.25%；募资总额达 198.29 亿元，比 2019 年募资的 199.19 亿元减少 0.45%，增发融资情况欠佳。

二、 广东省企业新三板上市情况

（一） 企业总量

近年来，广东省新三板挂牌企业数量持续下降，2020 年减少 137 家，总量减少至 1 180 家，为 2016 年来最低值，这说明随着大量企业从新三板转板至主板、创业板等市场后，新企业补充不多（如图 4－9 所示）。但广东省新三板挂牌企业数量一直以来都是全国第一，可见广东省依旧在全国新三板业务发展布局中处于极其重要的地位，新三板企业已经成为支撑全省经济和产业发展的重要力量。

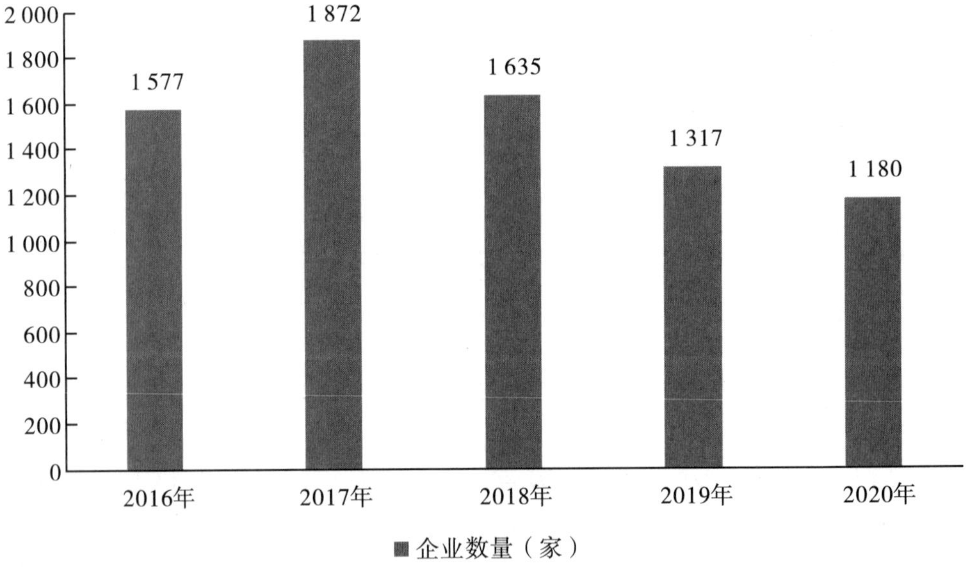

图 4－9　2016—2020 年广东省新三板挂牌企业数量

数据来源：Wind 数据。

（二）区域分布

广东省新三板挂牌企业主要集中在珠三角地区发展，且主要以深圳和广州为主。深圳、广州、东莞已挂牌企业合计 840 家，占全省的 71.19%，其余 17 个地市合计挂牌企业数量占全省总数的比例仅为 28.81%。粤东西北地区发展较为落后，新三板挂牌企业共 99 家，占比仅为 8.39%，且主要集中在汕头和梅州两市（如图 4－10 所示）。

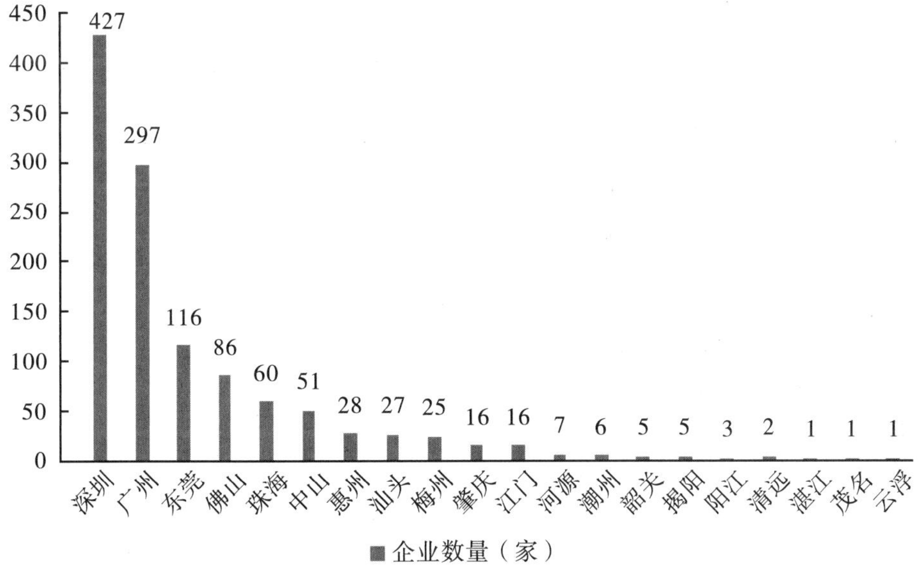

图 4－10　2020 年广东省各市新三板挂牌企业数量

数据来源：Wind 数据。

（三）行业分布

广东省新三板挂牌企业行业分布相对集中，以制造业、信息服务业为主。截至 2020 年底，在广东省新三板挂牌企业中，制造业领域的挂牌企业数量最多，达到 632 家，占比为 52.67%；其次为信息传输、软件和信息技术服务业，企业数量达到 226 家，占比 18.83%；批发和零售业、租赁和商务服务业、科学研究和技术服务业三个行业领域的企业数量占比均达到 2% 以上，企业数量分别为 62

家、61 家、41 家，占比分别达到 5.17%、5.08%、3.42%。建筑业、金融业等其他 12 个行业占比较少，均未超过 2%，12 个行业企业数量总计占比 14.83%（如图 4－11 所示）。

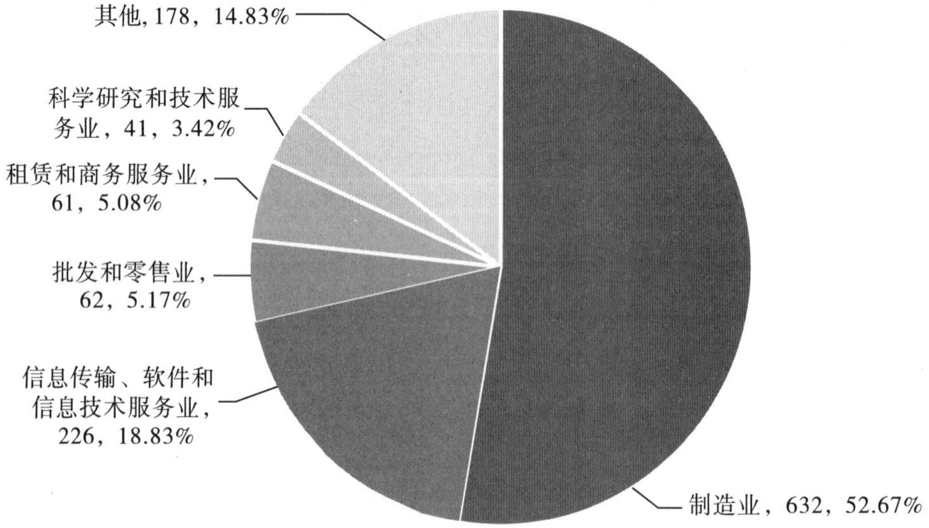

图 4－11　2020 年广东省新三板挂牌企业行业分布

数据来源：Wind 数据。

（四）市值 TOP100 企业

截至 2020 年底，广东 1 180 家新三板挂牌企业中，总资产超过 1 亿元的企业有 530 家，占比 44.92%。广东省新三板挂牌企业总资产 TOP100 中，总资产超过 100 亿元的企业有 4 家，而总资产在不足 10 亿元、10 亿～20 亿、20 亿～50 亿元、50 亿～100 亿元的企业分别有 59 家、27 家、8 家、2 家（如图 4－12 所示）。

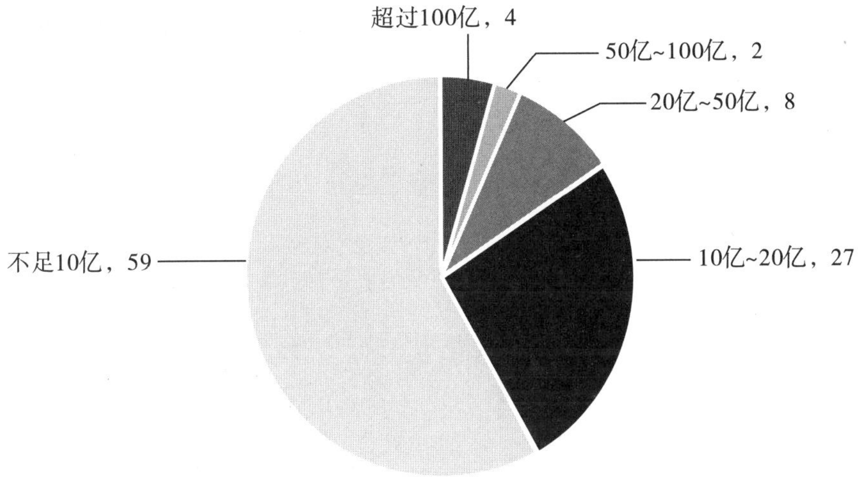

图4－12　广东省新三板挂牌企业TOP100总资产分布

数据来源：Wind数据。

总资产排名分列TOP100榜单1～10位的企业及其总资产分别是华强方特237.07亿元、天图投资157.15亿元、粤开证券153.26亿元、贝特瑞106.56亿元、巨正源77.06亿元、客家银行51.73亿元、混沌天成49.04亿元、众诚保险48.50亿元、广州塔29.99亿元、天地壹号28.73亿元。

（五）存在问题

新三板市场自成立以来，作为资本市场服务中小微企业的重要平台，逐步形成了“小额、快速、灵活、多元”的发行融资制度，挂牌企业融资规模持续扩大，为解决创新、创业、成长型小微企业融资难、融资贵的问题，促进中小微企业创新发展，完善直接融资体系发挥了积极作用。同时，新三板在为中小企业提供融资支持过程中也面临不少问题和挑战，就广东省企业在新三板挂牌的情况来看，主要存在着融资交易功能弱化，挂牌企业区域分布不平衡和缺乏中介服务机构等问题。

1. 融资交易功能弱化

新三板市场交易低迷，流动性不足，融资功能减弱，大部分挂牌企业的股份转让甚至为零，一些挂牌企业前10大股东的股份占比达到100%，只有个别挂牌企业的交易相对活跃。尤其是挂牌新三板基础层的企业，难以实现获得融资、提高股份流动性的目的，因此，许多企业主动放缓挂牌新三板的步伐或终止挂牌。从近年广东省企业的新三板挂牌情况来看，自 2017 年以来，广东省新三板挂牌企业数量持续下降，从 2017 年的 1 872 家下降至 2020 年的 1 180 家，企业对挂牌新三板积极性不高。

2. 挂牌企业区域分布不平衡

广东省新三板市场挂牌企业主要集中在珠三角地区。截至 2020 年底，珠三角地区新三板挂牌企业数量为 1 081 家，占全省的比例达到了 91.61%；粤东西北地区发展较为落后，新三板已挂牌企业共 99 家，占比仅为 8.39%，且主要集中在汕头和梅州两市。因此，如何推动粤东西北地区企业加快新三板挂牌步伐，补齐短板，是广东省亟待解决的一个重要问题。

3. 缺乏中介服务机构

中介机构在企业上市挂牌过程中起到至关重要的作用，一个地区服务企业上市挂牌的中介机构数量的多少，从某种程度上决定了当地多层次资本市场的效率高低。广东省针对企业新三板挂牌的中介服务机构偏少，服务内容比较单一，缺乏能够涵盖金融、财务、管理等业务的综合服务机构，因此，广东省需要进一步加强新三板挂牌中介服务的系统性，促进其专业化发展。

第五节　区域性股权交易市场

一、 区域性股权交易市场概述

区域性股权交易市场是为特定区域内的企业提供股权、债券的转让和融资服务的私募市场，是我国多层次资本市场的重要组成部分，是服务中小微企业、促进创新创业的重要平台。通过为当地非上市企业特别是中小微企业与全国投资者提供投融资对接服务，区域性股权交易市场有效拓展了中小微企业融资渠道，促进当地特色产业的发展，对于弥补交易所场内市场金融服务不足、满足区域化投融资需求、缓解地方金融服务需求和供给之间的矛盾、优化金融结构具有重要意义。截至 2020 年底，全国共设立区域性股权交易市场 36 家，挂牌企业共 118 538 家。服务企业数量最多的前 5 位区域性股权交易市场为深圳前海、上海、江苏、浙江以及广东（如图 4 – 13 所示）。

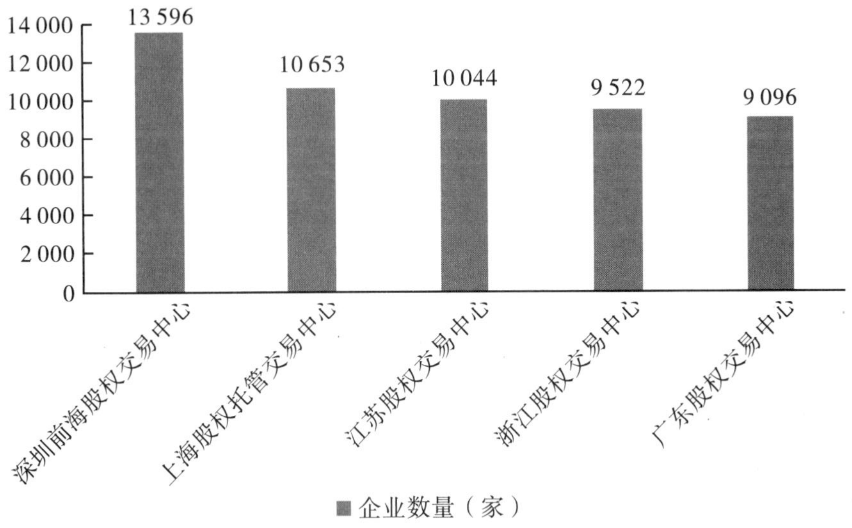

图 4 – 13　2020 年五大区域性股权交易市场概况

数据来源：Wind 数据。

区域性股权交易市场与新三板市场同属于我国的场外交易市场，两者主要的区别有：

1. 挂牌主体要求不同

新三板挂牌的企业可以是非上市公众公司和非公众公司的股份有限公司，挂牌企业股东可以超过 200 人。区域性股权交易市场的挂牌对象只能是非公众公司，往往是未达到新三板挂牌要求，或是处于新三板挂牌等待期的企业。区域性股权交易市场的挂牌企业性质更加多样化，不仅可以是股份有限公司，还包括有限责任公司、合伙制企业等，股东不能超过 200 人。

2. 交易方式不同

新三板市场可以采取协议、做市商、集中竞价三种交易方式，区域性股权交易中心只能采用协议方式。

3. 监管主体不同

新三板市场受中国证监会监管，有中国证券业协会发布的明文规定作为指导，体系完备，监管严格；区域性股权交易中心受地方政府部门监管，没有统一的监管规则（如监督管理办法及风险防范办法），只对挂牌企业实行报备制。

4. 托管登记机构不同

新三板市场由中国证券登记结算有限公司进行托管登记，区域性股权交易中心则是由各区域市场负责相关工作。

二、 广东省区域性股权交易市场发展现状

截至2020年底，广东省共有2家区域性股权交易市场，分别是位于广州的广东股权交易中心以及位于深圳的前海股权交易中心。整体来看，广东省的区域性股权交易市场已颇为成熟，在企业规范培育、产品创新、融资服务、推动地方经济发展、促进产业转型升级和经济高质量发展等方面取得了积极成效。

一是规范培育市场主体，促进挂牌企业成长壮大。广东省区域性股权交易市场加强市场资源有效配置、企业主体培育孵化，组织动员非上市股份有限公司、有限责任公司挂牌，不断扩大挂牌企业范围；引导社会资源特别是金融资源向具有竞争力的新兴行业、高成长性企业集聚；促进中小企业做优做强，带动产业集群集聚发展，打造区域经济发展新优势。截至2020年底，广东省区域性股权交易市场挂牌企业近2.3万家，展示企业7万余家。

二是创新融资方式，解决挂牌企业融资难题。广东省区域性股权交易市场综合运用私募股权、可转债、股权质押等多种融资工具和方式，探索建立多元化投融资服务体系，帮助中小企业解决融资难题。2020年深圳前海股权交易中心为各类企业实现各类融资963.46亿元。

三是多元化培育孵化，加快企业上市步伐。企业通过在区域性股权交易市场

挂牌，实现规范培育并获得融资，加上地方政府在土地、税收、房产等方面的政策支持，企业获得了快速成长。各省区域性股权交易市场都在努力探索与新三板市场、沪深证券交易所合作的有效途径，助推挂牌企业进入更高层次的资本市场。

四是推动并购重组，促进经济高质量发展。广东省区域性股权交易市场有效促进科技与资本结合，形成以企业为主体的自主创新体系。企业通过区域资本市场平台，进行同行业的并购重组，拉长产业链，实现企业价值的成倍增长。

（一）广东股权交易中心

2018 年 7 月 3 日，广东省政府根据《国务院办公厅关于规范发展区域性股权市场的通知》（国办发〔2017〕11 号）、《区域性股权市场监督管理试行办法》（证监会令第 132 号）有关要求，在原广东金融高新区股权交易中心有限公司、原广州股权交易中心有限公司的基础上组建了广东股权交易中心。广东股权交易中心是广东省服务全省的地方金融基础设施平台、中小微企业综合金融服务平台、广东省（除深圳外）唯一的证券交易平台，下设 8 个特色板块，分别是：科创专板——重点面向战略性新兴产业，致力打造科技创新能力突出和具有巨大发展潜力的科技型企业集聚地、科创板和创业板的孵化助推器；华侨板——依托汕头经济特区华侨试验区特设板块，发展跨境金融；科技板——提供挂牌展示、股权托管、股债权融资等综合性金融服务；农高板——重点面向省内地市级以上农业龙头企业，提供孵化培育、股份制改造、培训辅导、投融资对接等一系列综合性金融服务；高校双创板——大学生创新创业项目特色板块；中国青创板——为青年创业项目和创业企业提供综合金融服务的平台；人才板——为创新创业人才及其创建的初创型企业设立的特色板块；高成长板——专为省内“专精特新”企业、高成长性企业、工业规模以上企业和“小升规”重点入库企业打造的特色板块。广东股权交易中心的特色板块现共有 2 247 家企业、1 933 个青创项目挂牌。

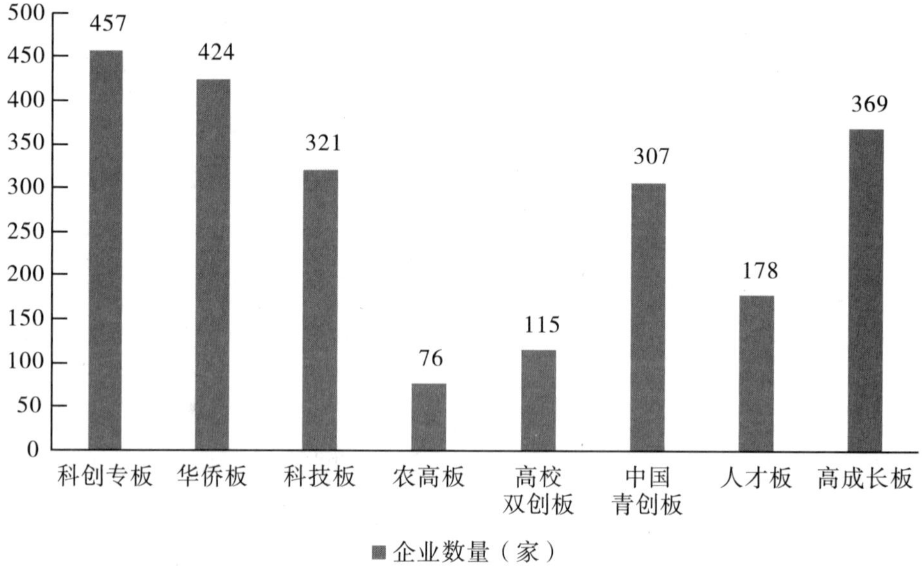

图 4－14　广东股权交易中心各板企业数量

数据来源：广东股权交易中心公开数据。

截至 2020 年底，广东股权交易中心共有 9 096 家企业挂牌，93 家企业托管；中小企业融资平台共有 1 696 家企业注册，入驻金融机构 148 家，共提供 418 种金融产品；为企业申请融资 27. 14 亿元，银行授信金额 9. 95 亿元。挂牌企业行业分布广泛，截至 2020 年底，广东股权交易中心挂牌企业中，软件与服务业企业数量最多，达到 2 203 家，占比为 24. 22%；其次是资本货物业、商业和专业服务业，两个行业领域的挂牌企业数量分别为 1 506 家、955 家，占比分别为 16. 56%、10. 50%；其他行业中，挂牌企业数量超过 500 家的有材料Ⅱ业、技术硬件与设备业、耐用消费品与服装业，分别为 683 家、575 家、529 家，占比分别为 7. 51%、6. 32%、5. 82%（如图 4－15 所示）。

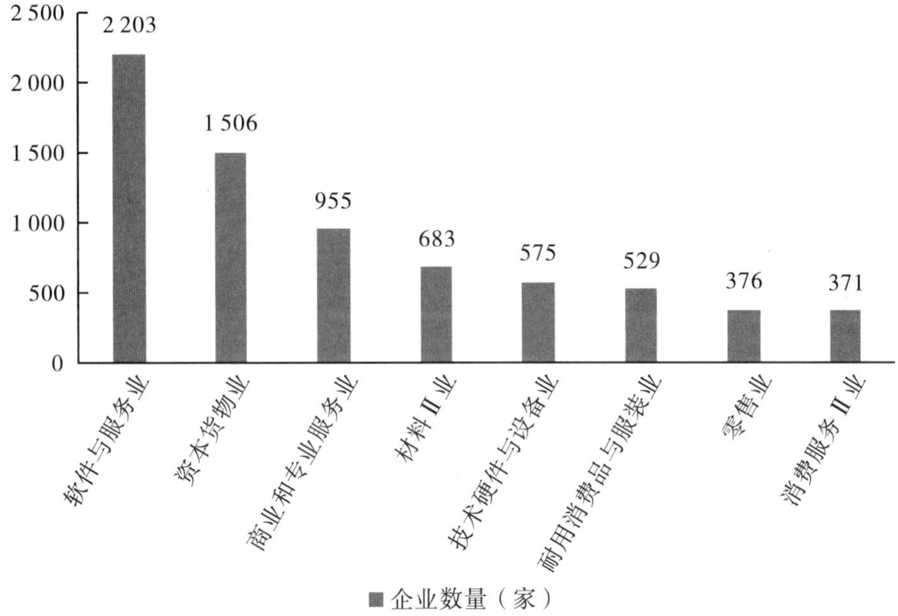

图4－15　广东股权交易中心企业行业分布（TOP8）

数据来源：Wind数据，Wind行业分类标准。

2020年1月，省地方金融监管局、省发改委、省科技厅等部门联合印发了《广东省科技创新专板建设实施方案》（粤金监函〔2020〕7号），支持在广东股权交易中心创设以“一板两层六平台”为主要内容的科技创新专板，通过完善区域性股权交易市场建设，更好地缓解科技型中小企业融资难的问题。其中，“一板”是指广东省科技创新专板；“两层”是指设立展示层和挂牌层；“六平台”是指重点打造科创企业股权发行及转让平台、私募创投机构服务平台、跨境股权交易平台、科技成果展示与转化平台、科技企业综合金融服务平台、金融创新先行先试平台。板块围绕帮助企业普及资本市场知识、引入各类资源赋能、对标规范辅导上市的目标，为企业提供“基础＋专属”服务，即规范股权管理、资本运作辅导、融资转让、投融路演对接、信息咨询对接、提升资本知识、诊断估值、提升企业形象8项基础服务，以及专属服务团队、专家挂钩、专属融资工具、专属综合4项板块专属服务。

（二）深圳前海股权交易中心

2012 年 5 月，为促进中小企业发展解决“中小企业多、融资难；社会资金多、投资难”的“两多两难”问题，中国证监会研究并推动在沪深交易所之外进行场外资本市场实验。2013 年 5 月 30 日，深圳前海股权交易中心正式开业，这是服务中小微企业的金融基础设施和公共平台，为广东省内中小微企业证券非公开发行、转让及相关活动提供设施与服务，也是地方人民政府扶持中小微企业政策措施的综合运用平台。前海股权交易中心引入中信证券、国信证券、安信证券 3 家国内顶级证券公司，采取公司制经营、职业化管理、团队化运营、市场化运作的模式。2020 年 9 月，前海股权交易中心获广东省工业和信息化厅认定为首批 3 家“广东省中小企业公共服务示范平台（融资服务）”之一。

截至 2020 年底，前海股权交易中心挂牌企业数量达 13 596 家，资产合计 2 108. 14 亿元；挂牌企业来自中国 31 个省市自治区（如图 4 - 16 所示，未全部列出），涉及 23 个不同行业，资本货物业、软件与服务业、材料Ⅱ业等行业均占很大比重（如图 4 - 17 所示）。当前，前海股权交易中心已成为国内最大的区域性股权交易市场。

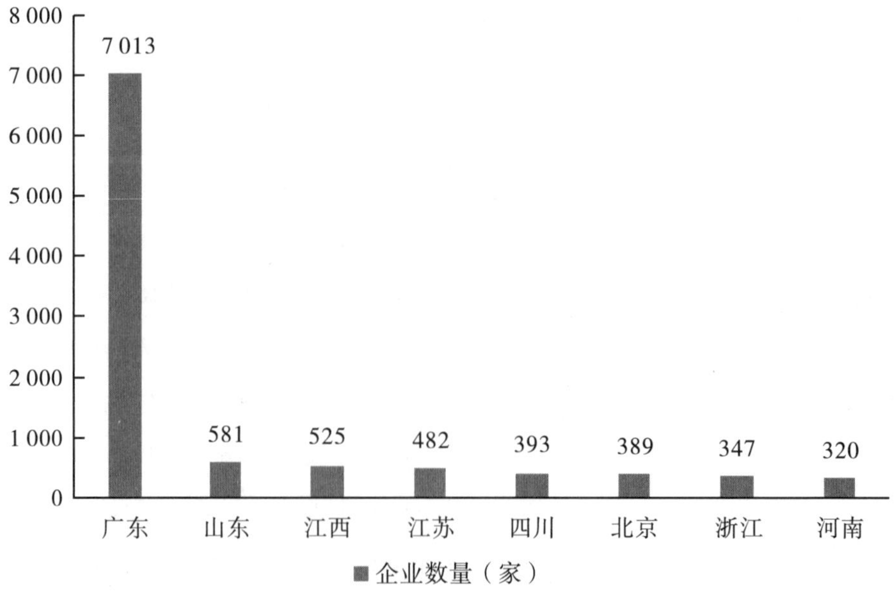

图 4 - 16 前海股权交易中心企业区域分布（TOP8）

数据来源：Wind 数据。

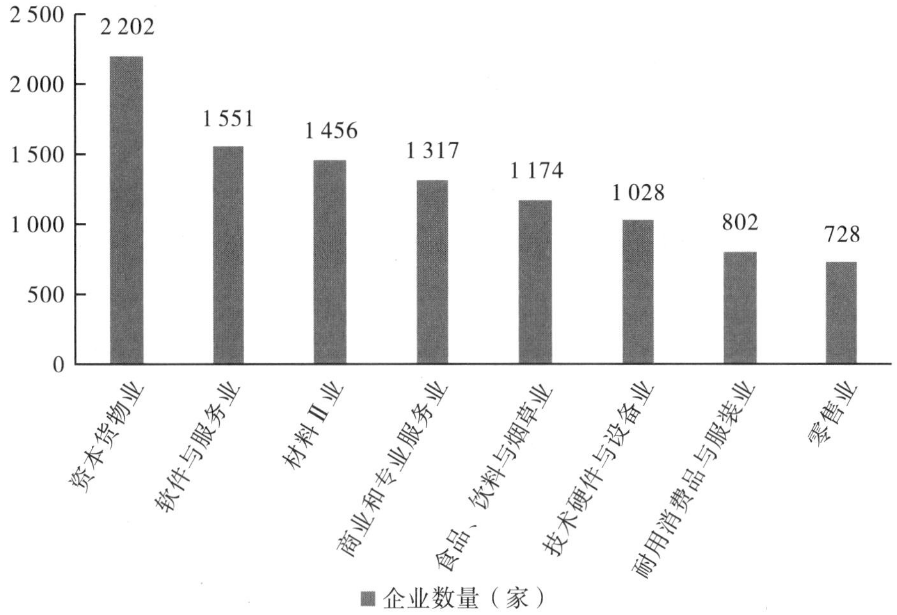

图 4－17 前海股权交易中心企业行业分布（TOP8）

数据来源：Wind 数据，Wind 行业分类标准。

前海股权交易中心根据深圳金融市场环境，与银行、券商、基金、信托等机构合作，不断创新推出有地方特色的产品及相关服务。前海股权交易中心联合政府职能部门，打造新型融资模式，通过成立产业基金，将政府的财政扶持资金与民间资本相结合，以财政撬动社会资本，放大财政扶持资金的使用效率与受惠范围，使财政扶持也变成有偿的投资行为。前海股权交易中心支持金融创新，带动民间资本、创新团队、优惠政策等各种资源，为中小企业融资开拓新的模式与途径，推动当地经济发展，解决中小企业融资难题。并且，为适应中小企业经营特征，前海股权交易中心发行系列私募债，首次将非公开发行方式分成“定向发行”和“募集发行”，并且允许融资者一次备案，有效期内多次发行，在风险可控的前提下，融资者可以自主发行，大大提高了企业的融资效率。

在上市服务方面，前海股权交易中心采取“注册制”与“自荐”相结合的挂牌模式，充分利用挂牌上市低门槛的特性，短时期内聚集了众多企业，促进企业圈子交流：“梧桐聚会”就是针对挂牌企业定期开展的专题培训研讨会，旨在打造一个供企业家学习交流、促进合作的平台，企业家聚在一起，探索企业经营发展之道；“总裁沙龙”旨在共同探讨如何打造卓有成效的领导，使其能够控制情绪，解决敏感问题；“梧桐私董会”旨在创造一个安全、信任、坦诚、私密的学习环境，构建一个相互学习、激发智慧的平台。这些企业圈子有助于企业扩展渠道、增进学习和交流。

第六节　广东省推动科技型企业上市的经验做法

一、 广东省层面

“十三五”期间，广东省围绕创新发展战略，积极完善科技金融政策体系，加大资本市场对科技型企业的支持力度。《广东省科技创新“十四五”规划》明确提出，要支持科技型企业与多层次资本市场对接，建立全省科技型企业上市后备数据库，建立健全与深交所、上交所南方中心、港交所共同建设优质科技型企业上市协调工作机制，探索建立科创板、创业板等科技型企业上市服务绿色通道，力争到2025年，新增上市科技型企业200家。广东省政府、省科技厅等先后颁布了《支持“专精特新”中小企业挂牌上市融资服务方案》（以下简称《方案》）、《广东省促进建筑业高质量发展的若干措施》、《广东省促进科技企业挂牌上市专项行动战略合作协议》等政策，举办“科创板上市后备企业培训班”，开展“资本市场服务粤东西北企业行动”，积极鼓励、辅导企业挂牌上市，降低企业融资成本，推进科技与金融深度融合创新。

其中，《方案》提出，将按“发现一批、培育一批、成熟一批、上市一批”的工作思路，建立分层分类梯度培育库，通过靶向培育、免费培训、资本对接等前瞻性、全程式、多元化培育服务，力争未来五年推动300家“专精特新”中小企业登陆沪深交易所主板、创业板、科创板、新三板等资本市场，助力广东制造业高质量发展。具体做法包括：

广东各地级以上市工业和信息化局将对现有的“专精特新”中小企业开展全面摸查，积极发动并推荐相关企业名单，形成初步培育库。初步培育库经脱敏处理后，由上交所、深交所、全国股转公司综合运用大数据分析，判断企业在远、中、近期挂牌上市的成熟度以及市场定位和要求等，制作企业画像和企业标签，按照“潜在拟挂牌上市企业”“重点拟挂牌上市企业”“优先支持拟挂牌上市企业”等不同成熟度层次，以及沪深交易所主板、创业板、科创板、新三板等不同目标板块类别，形成企业梯度培育库，并对库内企业实行动态管理。

根据企业拟挂牌上市不同目标板块类别，提供“五助推”：助推符合国家产业政策、发展前景好、盈利能力强的行业龙头企业在沪深交易所主板上市；助推各类成长型创新企业在创业板上市；助推科技创新实力突出企业在科创板上市；助推创新性强、具有发展潜力的企业在新三板精选层公开发行，或在新三板创新层、基础层挂牌融资；助推潜在拟挂牌上市企业利用区域性股权交易市场进行上市对接和“预热”，待条件成熟时申请登陆其他板块。

除分类指导和靶向培育外，《方案》还提出强化挂牌上市前金融支持的资本对接服务。利用“星启航”企业信息服务平台（上交所）、深交所创新创业投融资服务平台、新三板华南基地（全国股转公司）等平台，根据培育库不同层级，为拟进入各层次资本市场的企业匹配相应的“线上 + 线下”路演服务，实现“应演尽演”；定期组织相应政府投资基金、风险投资（VC）、私募基金（PE）、商业银行，进行股权融资、非公开发行可转债、知识产权质押融资等专场或点对点融资服务对接。

二、 地市层面

近年来，广东省各地市在推动企业上市融资，促进科技与金融结合，推动多层次资本市场发展方面进行了丰富的实践和探索，并出台了一系列政策。

（一） 广州市

2020 年，广州市各区政府出台了各项支持企业上市的政策。例如，南沙区政府出台了《关于落实“三区一中心”战略部署优化提升广州南沙新区（自贸片区）“1 +1 +10”产业政策体系文件的通知》，提出对后备上市企业于国内主板、创业板、科创板、中小板或境外上市的，分阶段给予最高800万元的奖励。同时，加强对重点拟上市企业的专业化、个性化、全过程跟踪指导服务，对当年新上市的企业予以奖励补贴。番禺区政府出台了《广州市番禺区加快推进企业上市工作扶持奖励办法》，提出建立后备上市企业制度，设置“绿色通道”，为后备上市企业提供免排队叫号、专窗受理、专人全程代帮办等便捷高效政务服务，积极为企业上市创造条件。对后备上市企业给予奖励扶持，后备上市企业在国内主板、创业板、科创板、中小板上市成功的，给予奖励资金300万元，并将其下一年度对番禺区新增经济贡献的50%奖励给企业，最高奖励资金500万元；后备企业成功在境外上市的，以其上市当年度对番禺区经济贡献的100%给予奖励，最高奖励资金300万元，将其下一年度对番禺区新增财政贡献的50%奖励给企业，最高奖励资金500万元；对于新引进落户到番禺区的上市企业，以其按迁入年度起（含迁入年度）3年内对番禺区经济贡献的100%给予奖励，累计最高奖励资金300万元，给予招商单位200万元的一次性奖励。

（二）深圳市

2020年3月，深圳市委、市政府出台《〈关于支持企业提升竞争力的若干措施〉实施细则》，进一步明确了各项政策措施的适用对象、申请条件、资金安排、支持标准等，以确保政策公开透明、执行有力，提高资金使用效益。针对利用金融专项资金鼓励企业挂牌上市，给予科技创新型企业财政金融方面的支持这一方面，深圳市积极出台相关政策，多策并举，增强深圳多层次资本市场活力。一是支持在前海股权交易中心设立创新型中小企业单独板块，设置和引入符合深圳市科技创新型中小企业特点的挂牌条件、审核机制、交易方式、融资工具等制度安排，引导深圳市战略性新兴产业、现代服务业、先进制造业中有成长潜力的科技创新型中小企业利用多层次资本市场。二是对以收购、借壳上市以及换股吸收合并等市场化运作方式重组外地上市公司，在完成重组后一年内将注册地迁入深圳市并满一年，且申报资助时迁入深圳市的上市公司上一年度在深圳市的纳税总额不低于1 000万元的，给予最高500万元奖励。三是对在经国务院清理整顿各类交易场所部际联席会议验收合格的深圳市区域性股权交易市场挂牌一年以上，连续三年经营规范、年利润不低于300万元且年营业收入不低于4 000万元的深圳市企业，每家予以10万元资助，用于接受区域性股权交易市场提供的挂牌展示、培训咨询、登记托管、债权融资、场外投行等资本市场培育服务。

（三）汕头市

近年来，汕头市高度重视资本市场建设，积极鼓励和推动优秀企业进入多层次资本市场，采取一系列有效措施，努力促进创新链、产业链、资本链联动融合，推动企业合理运用资本市场做大做强。

2020年10月，汕头市政府与深交所达成战略合作，成立了深交所汕头基地。汕头市将以此次战略合作为契机，与深交所加强信息交流共享，引导更多汕头市企业运用资本市场做大做强，有力促进汕头市科技优势、产业优势加速转化为资本优势和经济优势；汕头市将强化企业辅导培育，推动汕头市重点产业通过整体上市、并购重组等方式发展壮大，把汕头市打造成粤东地区培育企业上市的沃土和创新驱动发展高地，更好地服务和促进地方经济发展。截至2020年底，汕头市共有上市公司32家，其中25家在深交所挂牌上市，总市值逾1 400亿元，拟上市企业中也有约80%计划赴深交所上市。

第五章

广东省创业投资*

* 本章第一执笔人为暨南大学产业经济研究院柯荣荣。

创业投资是促进科技创新成果转化的强大助推器，是落实新发展理念、实施创新驱动发展战略、推进供给侧结构性改革、培育发展新动能和稳增长、扩就业的重要举措。2016 年 9 月，国务院印发《关于促进创业投资持续健康发展的若干意见》（国发〔2016〕53 号），强调拓宽创业企业投融资渠道、提高直接融资比重，扎实推进科技创新成果转化，加快形成有利于创业投资发展的良好氛围和“创新创业 + 创业投资”的协同互动发展格局。这体现了国家支持创业投资行业发展与推动“大众创业、万众创新”的决心。

针对创业投资行业的税收问题，财政部、税务总局等部门发布了多项优惠政策，包括《关于创业投资企业和天使投资个人有关税收政策的通知》（财税〔2018〕55 号）、《关于创业投资企业个人合伙人所得税政策问题的通知》（财税〔2019〕8 号）等，鼓励和扶持种子期、初创期科技型企业成长，促进创业投资持续、健康、高质量发展。

第一节　广东省创业投资发展概况

一、总体情况

根据中国证券投资基金业协会统计数据，截至 2020 年底，协会已登记私募股权、创业投资基金管理人 14 986 家，较 2019 年末增加 104 家，同比增长 0.7%。管理私募基金 40 261 支，较 2019 年末增加 3 053 支，同比增长 8.2%；管理基金规模 11.64 万亿元，较 2019 年末增加 1.43 万亿元，同比增长 14.0%。2020 年当年新登记私募股权、创业投资基金管理人 709 家，占当年登记私募基金管理人总数的 61.8%；与 2019 年相比，新登记私募股权、创业投资基金管理人数量减少 83 家，同比下降 10.5%。

从各地区创业投资机构数来看，2020 年广东省有 1 722 家创业投资机构，数量位于全国首位，其次是上海，有 1 399 家，北京、浙江、江苏紧跟其后，创业投资机构数分别为 1 367、1 224 和 1 057 家（如图 5－1 所示）。

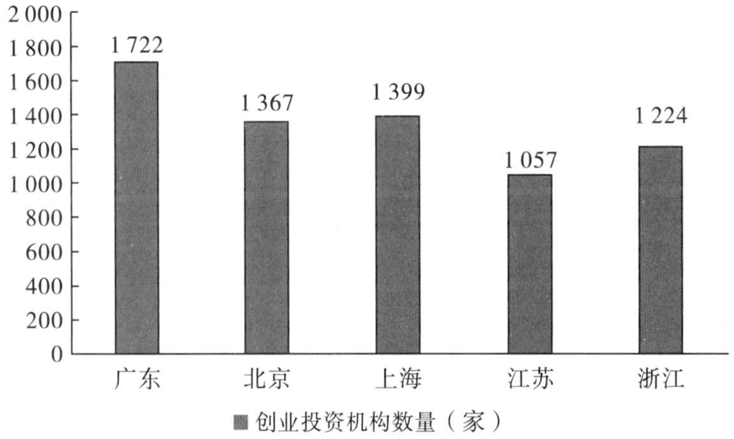

图 5－1　2020 年全国排名前五地区创业投资机构数量

数据来源：清科私募通。

从投资情况看，2019 年全国创业投资总投资金额达 1 584.83 亿元，披露案例共 7 375 个，投资总企业 3 596 家，平均投资金额 0.32 亿元。到 2020 年，全国创业投资总投资金额为 1 336.85 亿元，披露案例 5 223 个，投资总企业 2 254 家，平均投资金额 0.39 亿元。与 2019 年相比，2020 年投资金额及案例数量分别下降 15.65% 和 29.18%，市场投资呈现回归理性、单笔融资额不断扩大的态势。

二、广东省创业投资市场情况

2017 年，广东省政府发布《广东省加快促进创业投资持续健康发展的实施方案》，提出要通过加强政府引导、政策支持，大力培育市场主体，多渠道拓宽创业投资资金及项目来源，通过完善创业投资退出机制、优化市场环境，推动创业投资行业双向开放。文件还指出，接下来将进一步促进广东省创业投资持续健康发展，要着力将广东打造成为华南风险创业投资中心。

（一）投资金额及案例数量

2020 年，广东省创业投资金额达 333.45 亿元，占总投资金额的 24.94%，相比 2019 年上升了 13 个百分点。披露案例 908 个，占总披露案例的 17.38%，相比 2019 年上升了 2.76 个百分点，位列全国首位。

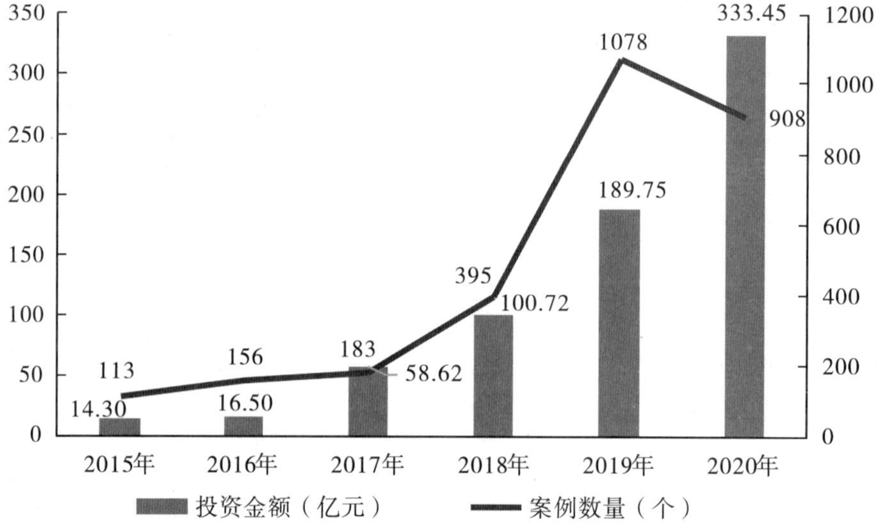

图 5－2 广东省历年创业投资金额及案例数量

数据来源：清科私募通。

（二）投资阶段

2015—2020 年，广东省创业投资市场得到快速发展，对于初创期和扩张期的投资规模不断扩大。2020 年，广东省创业投资金额有 78.24% 投向了扩张期，达 260.9 亿元，较 2019 年增长近两倍。其次是种子期，为 35.28 亿元，初创期和成熟期分别获得 20.75 亿元和 16.1 亿元的投资，资金投向符合市场规律。

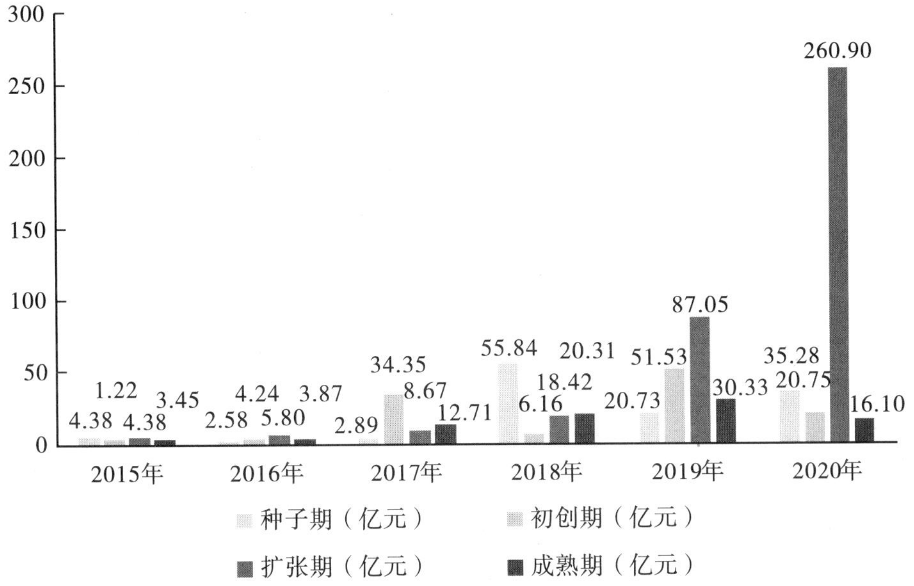

图5－3　广东省历年创业投资案例金额分布情况

数据来源：清科私募通。

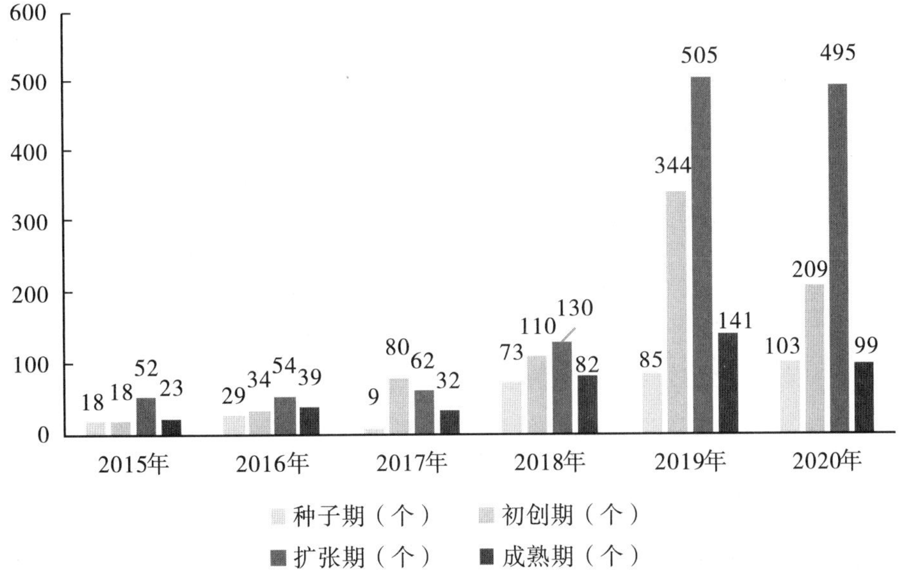

图5－4　广东省历年创业投资案例数量分布情况

数据来源：清科私募通。

从案例数量来看，各阶段有不同程度的增加。2019 年扩张期的投资案例数量达到历史新高，为 505 个，相较 2018 年增长了 288.46%。受到市场情绪影响，2020 年初创期、扩张期和成熟期的投资案例数量略有下降。

整体而言，广东省创业投资行业大幅跨越了前些年创业投资市场低水平、负增长的“寒冬期”，回暖复苏、快速发展态势明显，并且在投资强度上结束了持续走低的趋势，彰显了行业投资者逐步增强的信心。

（三）基金募集情况

2020 年我国股权投资市场新募集金额为 11 971.14 亿元，同比下降 3.8%，新募集基金数为 3 478 支，同比上升 28.3%。从季度数据来看，下半年得益于国内疫情的有效控制，募资活动逐步恢复正常水平，募资节奏明显加快。整体而言，2020 年募资格局呈现两极分化态势，54.7% 的基金规模小于 1 亿元，且小基金占比逐年提高。与此同时，大额基金数量不减，50 亿以上的基金达 35 支，总募资金额为 3 493.57 亿元，占比高达 29.2%。

分市场来看，PE 机构的新募基金数和总规模占据绝对优势，但相比往年，超大规模的 PE 基金设立数量增速略有放缓，2020 年 PE 募资总额同比下降 7.4%，而中小型基金设立数量逐渐增多，部分机构选择设立单项目基金，以投资带动募资。与之相对的是，早期投资机构和创业投资机构的募资情况良好，新募基金总规模分别同比增长 9.4% 和 12.4%，美元基金募集活跃成为主要原因。

从募资情况看，广东省创业投资募集基金数量和规模自 2016 年以来一直稳居全国前三位。2018 年，中国人民银行等四部门联合发布了《关于规范金融机构资产管理业务的指导意见》（即“资管新规”），这给国内创业投资机构的资金链带来了挑战。受国家加强金融监管、严控金融风险的影响，创业投资行业 2019 年整体募资规模呈现下滑态势，全国及广东省创业基金募集数量及募资总规模均为近 3 年来最低。在创业投资市场总体募资量急剧下降、投资节奏明显放缓的艰难处境中，资金更加集中地流向了具有品牌影响力和专业实力的头部创业投资机构。

在这一形势下，2019 年，广东省新增完成募集的创业基金 384 支，占全国的 26.54%，居全国首位；当年完成募集的创业基金规模为 345.41 亿元，占全国的

15.10%，排名全国第二位。到2020年，广东新增完成募集的创业基金414支，募集规模达478.15亿元，较2019年增长5%，创业投资市场回暖。其中外资性质的管理机构有4家，基金数量为6支。

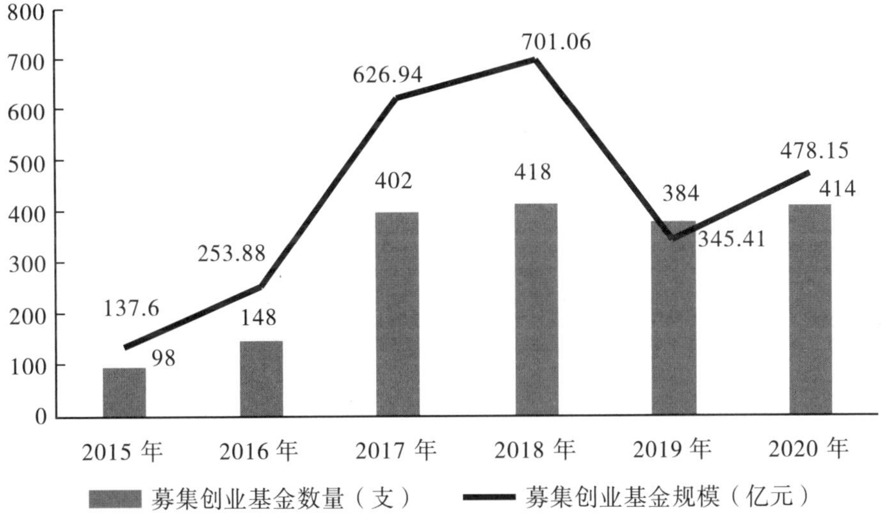

图5-5 广东省历年募集创业基金数量及规模

数据来源：清科私募通。

（四）创业投资退出情况

退出方式的正确选择是创业投资效率的重要体现，也是地区良性引导科技金融高效发展和获得多渠道退出机制工作成效的市场检验。创业投资市场退出方式具体包括以下几种：

1. IPO上市

首次公开募股（IPO）上市退出是指当企业发展成熟以后，企业将会选择通过在证券市场挂牌上市，使私募股权投资资金实现增值和退出。采用IPO上市这种退出方式，对于企业而言，不仅可以保持自身的独立性，还可以获得在证券市场上持续融资的渠道。而对于风险资本家来说，则可以获得较高的投资回报。

2. 并购

并购是指一个企业或企业集团通过购买其他企业的全部或部分股权或资产，从而影响、控制其他企业的经营管理，其他企业保留或者消灭法人资格。

3. 回购

对于企业而言，回购退出可以保持公司的独立性，避免因创业资本的退出给企业运营造成大的震动。通过回购，企业家既可以获得已经壮大了的企业的所有权和控制权，交易复杂性和成本也较低。对于投资机构而言，创业资本通过管理层回购退出的收益率远低于 IPO 上市，但它是最稳定的退出方式。回购还要求管理层能够找到好的融资杠杆，为回购提供资金支持。

4. 股权转让

股权转让指的是投资机构依法将自己的股东权益有偿转让给他人，可以理想的价格实现快速套现退出的一种方式。常见的有私下协议转让、在区域性股权交易中心公开挂牌转让等。

5. 其他退出方式

其他退出方式包括上市后减持、借壳、分红、并购减持等。

2020 年广东省创业投资退出总体情况良好，数量依旧保持在高位水平，年度退出案例数量达 310 起。退出方式上既多元又有重点，以回报率最高的 IPO 上市退出方式为主，进一步体现了地区大力支持科技金融优质投资标的优先上市的决心。

从广东省内退出情况看，广东省创业投资行业退出主要通过 IPO 上市、并购、股权转让 3 种渠道。广东省创新型企业在全球资本市场的 IPO 数量一直居于全国前列，且主要集中在深圳、广州、佛山、东莞、中山等地。截至 2020 年底，深交所拥有主板、中小板、创业板，再加上前海股权交易中心、广东股权交易中心，广东资本市场建设较为完善，可以服务处于不同发展阶段的创业公司，为其提供便利的融资市场，同时也为众多创业投资机构提供更加快捷的退出渠道。清科私募通披露的统计数据显示，2020 年广东省创业投资行业一共录得 310 起退出事件，其中 IPO 上市退出占 72.90%，股权转让退出占 7.42%，并购退出占

6.45%。2019 年，广东省共有 39 家企业在 A 股（27 家）、港股（7 家）、美股（5 家）IPO，募资总额达 410.90 亿元。

表 5-1　广东省创业投资基金历年退出情况

（单位：起）

退出方式	2015 年	2016 年	2017 年	2018 年	2019 年	2020 年
IPO 上市	31	71	146	49	129	226
股权转让	23	32	83	90	26	23
并购	52	40	45	33	27	20
回购	5	14	31	41	5	20
上市后减持	—	—	—	—	—	12
借壳	—	1	3	—	1	2
分红	—	—	—	—	—	4
并购减持	—	—	—	—	—	2
其他	—	3	3	2	3	1
总计	111	161	311	215	191	310

数据来源：清科私募通。

第二节　广东省创业投资行业分布

投资行业分布体现了当前社会科技创新热点，也是科技金融支撑发展和布局的重点领域。2020 年，广东省创业投资市场各行业融资分布结构更加合理，逐步向高新技术、民生技术领域靠拢，重点聚焦半导体及电子设备、生物医药/医疗健康、IT 和互联网四大行业，融资规模实现跨越式增长。

从行业投资规模来看，半导体及电子设备、生物技术/医疗健康、IT 的创业投资融资规模处于广东省全行业领先地位，2020 年度投资金额分别为 18.38 亿元、12.24 亿元、7.12 亿元，其中前两大行业环比增长速度分别达 186.38%、128.52%，而 IT 行业投资规模相较 2019 年下降 33.11%。生物技术/医疗健康行业作为新兴产业和重点民生产业，行业投资额自 2016 年起持续保持高增长，截至 2020 年，投资规模已扩大了 17 倍。

从行业投资案例数来看，与 2016 年相比，各行业创业投资案例数普遍增加，多行业保持持续高增长趋势。半导体及电子设备、生物技术/医疗健康和 IT 等新兴行业长期作为热点创业投资行业，投资案例数继续保持增长并创新高，三个行业案例数合计占全行业总数的 66.75%。连锁及零售、清洁技术、娱乐传媒等新兴行业投资案例数波动上升，相较于 2016 年，三个行业投资案例数分别增长 2 倍、1 倍、4 倍，这表明广东新兴行业市场正茁壮成长，涌现出了大量获得创业投资市场青睐的创新型企业。

表 5－2　广东省历年创业投资行业分布情况

行业（一级）	2020 年		2019 年		2018 年		2017 年		2016 年	
	投资金额（亿元）	案例数量（个）	投资金额（亿元）	案例数量（个）	投资金额（亿元）	案例数量（个）	投资金额（亿元）	案例数量（个）	投资金额（亿元）	案例数量（个）
半导体及电子设备	18.38	95	6.42	66	4.27	29	1.16	12	1.55	10
生物技术/医疗健康	12.24	93	5.36	68	3.89	27	0.90	14	0.67	11
IT	7.12	91	10.64	118	1.06	27	0.38	23	0.86	17
互联网	3.79	33	4.19	37	0.84	13	—	6	0.60	11
清洁技术	3.36	8	2.36	26	0.95	4	0.2	4	0.09	4
机械制造	3.32	24	3.73	25	0.97	10	1.25	8	0.12	2

(续上表)

行业(一级)	2020 年		2019 年		2018 年		2017 年		2016 年	
	投资金额(亿元)	案例数量(个)	投资金额(亿元)	案例数量(个)	投资金额(亿元)	案例数量(个)	投资金额(亿元)	案例数量(个)	投资金额(亿元)	案例数量(个)
金融	1.40	9	1.82	10	0.70	3	—	2	—	1
化工原料及加工	1.39	20	1.31	15	0.67	7	1.94	8	0.35	3
建筑/工程	1.36	8	0.30	4	0.60	4	0.15	1	—	1
连锁及零售	1.17	6	0.19	5	—	2	0.30	3	0.54	2
娱乐传媒	0.77	5	1.89	14	—	4	0.41	5	—	1
食品 & 饮料	0.46	6	0.26	4	3.00	—	0.42	1	—	—
汽车	0.44	2	—	1	0.49	4	0.30	2	—	1
教育与培训	0.43	1	0.10	3	—	1	—	—	—	—
电信及增值业务	0.41	7	0.36	11	—	1	0.12	3	—	1
能源及矿产	0.30	2	—	—	—	1	—	—	—	—
物流	0.15	4	1.42	7	—	—	0.20	3	—	—
纺织及服装	0.10	1	—	—	—	—	—	—	—	—
其他	0.05	2	0.08	3	—	1	0.25	3	0.21	1

数据来源:清科私募通。

第三节 广东省与其他省市比较

一、 创业投资金额及数量

从全国主要省份和地区来看，在创业投资金额上，2020 年，广东省创业投资市场投资金额以绝对优势超越其余各省市，位居全国第一，上海、北京分别位列第二、第三，江苏、浙江省紧随其后。前五个地区的投资金额分别为 333.45 亿元、174.25 亿元、139.20 亿元、107.24 亿元和 60.60 亿元。

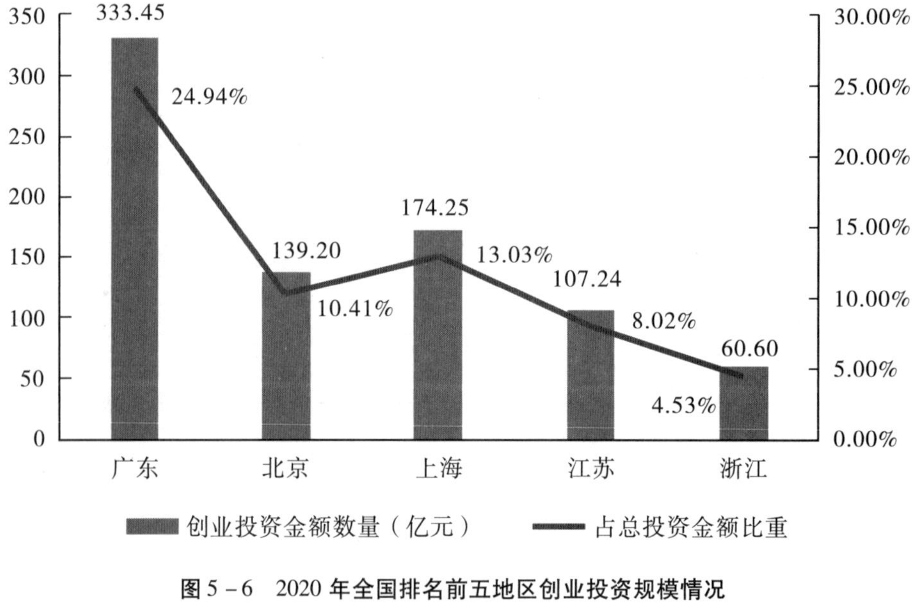

图 5－6 2020 年全国排名前五地区创业投资规模情况

数据来源：清科私募通。

从投资案例数量来看，2020 年排名前三的地区分别是北京、广东和上海，北京以 946 个案例数量位居全国第一，其次是广东，为 908 个，略低于北京。上海紧随其后；与前三个省市相比，江苏和浙江的案例数落后较多。

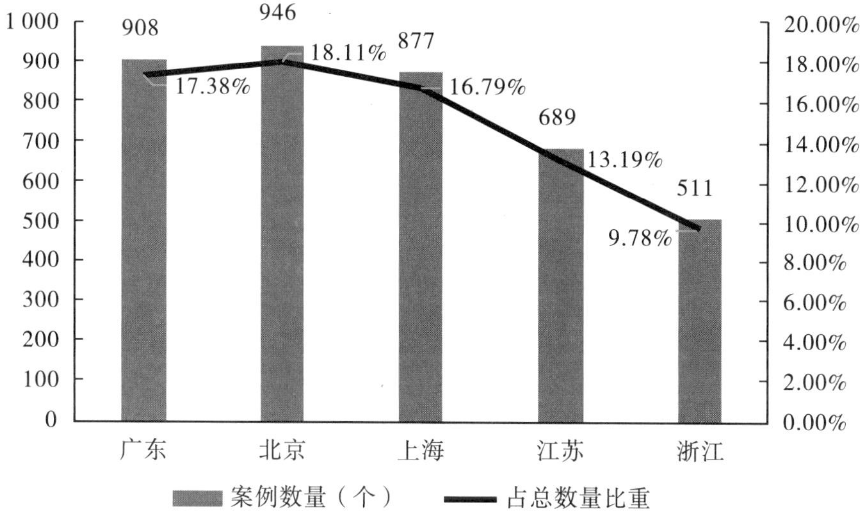

图 5－7 2020 年全国排名前五地区创业投资案例数量

数据来源：清科私募通。

二、 投资阶段分布

具体到各投资项目的企业成长阶段分布，2020 年广东省创业投资项目中扩张期的项目数量最多，其次为种子期；与广东省投资方向类似，北京、上海、江苏和浙江创业投资金额较多投向企业成长阶段中的扩张期，其中，2020 年上海市加大了对种子期企业的扶持力度，投资金额达 67.23 亿元。

表 5－3 2020 年全国排名前五地区各投资金额阶段分布

（单位：百万元）

阶段	广东	北京	上海	江苏	浙江
种子期	3 528.14	2 835.10	6 723.32	1 310.32	740.22
初创期	2 074.91	3 003.13	3 317.25	3 164.06	2 431.70
扩张期	26 090.44	6 952.64	6 461.23	4 925.18	2 209.02

（续上表）

阶段	广东	北京	上海	江苏	浙江
成熟期	1 609.62	1 110.61	383.68	923.18	678.58
其他	39.85	—	—	—	—

数据来源：清科私募通。

三、从退出方式来看

从项目退出行为的全国重点地区来看，2020 年全国排名前五位地区的项目退出方式主要为 IPO 上市、股权转让和并购。广东 IPO 上市占比最高，北京、上海次之，这三个地区以 IPO 上市方式退出占比分别为 72.90%、70.49%、73.20%（如表 5 -4 所示）。但从投资项目的退出平均回报率来看，广东省位居五个地区的第二位，低于北京，表明年度退出的项目中，北京市的项目质量较高（如表 5 -5 所示）。

表 5 -4 2020 年全国排名前五位地区创业投资退出方式比较

（单位：起）

退出方式	广东	北京	上海	江苏	浙江
IPO 上市	226	203	183	85	59
股权转让	23	35	20	29	2
并购	20	21	19	20	11
回购	20	14	13	10	1
上市后减持	12	8	13	4	7
借壳	2	5	2	1	2
分红	4	1	—	1	2
并购减持	2	—	—	—	—
其他	1	1	—	2	—
总计	310	288	250	152	84

数据来源：清科私募通。

表 5-5　2020 年全国排名前五位地区历年创业投资退出平均回报倍数

（单位：倍）

年份	北京	上海	广东	江苏	浙江
2015 年	4.25	3.58	2.89	2.67	3.51
2016 年	3.23	5.15	3.93	2.58	2.42
2017 年	10.92	3.08	3.18	2.23	2.28
2018 年	5.48	9.59	3.59	4.91	4.05
2019 年	4.75	3.42	3.34	5.19	2.10
2020 年	6.44	4.40	5.88	4.54	3.96

数据来源：清科私募通。

第四节　广东省创业投资区域分布

一、机构区域分布特征

广东省创业投资活动主要集中在珠三角地区，逐步向粤东西北地区扩散。从地域分布情况看，省内创业投资机构集中分布在深圳、广州、珠海、东莞、佛山，约占全省创业投资机构总量的 96.76%。截至 2020 年底，总部设在广东省的创业投资机构有 1 480 家，其中深圳 1 077 家，省内占比达 72.77%，稳居首位；其次是广州 246 家、珠海 49 家，省内占比分别为 16.62%、3.31%。从投资情况看，2020 年北京、广东、上海、江苏、浙江分别以 946、908、877、689、511 个的创业投资案例数量排名全国前五位，而在广东省投资案例数量中，深圳达 612 个，占全省案例数量的 67.40%，其他地区案例总数不及深圳市一半。可见，广东省创业投资行业主要集中在珠三角地区。

从 2016 年至 2020 年已披露的地区创业投资机构入驻数量来看，珠三角地区仍是投资机构首选地，广州、珠海、深圳、佛山新入驻机构数量位列前四，2020

年分别为50家、20家、19家、16家。总体而言，全省创业投资机构区域分布呈现以深圳为核心、广州和珠海为两翼的"一核两翼"特征（如表5－6所示）。

表5－6　广东省主要地区历年创业投资机构入驻数量

（单位：家）

层级	城市	2016年	2017年	2018年	2019年	2020年
第一梯队	广州	47	43	500	99	50
	深圳	25	21	21	20	19
第二梯队	佛山	6	11	23	11	16
	东莞	6	4	4	0	0
第三梯队	中山	3	4	6	7	10
	惠州	1	3	2	2	1
	珠海	0	0	0	2	20
	茂名	0	0	0	2	0
	江门	0	0	0	1	0
	湛江	3	2	—	—	—
第四梯队	汕头	0	0	0	0	0
	肇庆	0	1	1	0	0
	揭阳	0	0	1	2	0
第五梯队	阳江	—	2	1	1	—
	韶关	4	6	1	3	1
	云浮	1	1	0	3	0

数据来源：相关部门调研数据。

二、投资规模区域特征

创业投资作为科技金融的重要组成部分，其投资行为具备高风险、高潜在回报的特性，重点关注具有创新性、高成长性的中小型高新技术企业的投资标的，且受地区科技资源、金融市场资源、创新创业活性、政府政策等宏观环境影响。根据2020年清科私募通的数据，广东省年度创业投资资金规模的区域分布呈现以下特征（如表5-7所示）。

表5-7 广东省各地区历年创业投资资金规模

（单位：亿元）

地区	城市	2015年	2016年	2017年	2018年	2019年	2020年
珠三角经济区	广州市	2.97	5.83	19.17	59.40	54.75	242.56
	深圳市	5.32	7.59	35.18	25.11	122.16	63.69
	珠海市	—	2.10	2.52	4.26	1.66	8.89
	佛山市	—	—	—	0.05	1.63	2.70
	惠州市	—	—	<0.01	—	0.10	0.33
	东莞市	—	—	1.35	2.44	8.60	3.32
	中山市	0.13	0.36	3.00	0.96	1.42	0.36
	江门市	0.49	0.50	0.52	0.10	0.98	1.20
	肇庆市	—	—	—	—	—	—
	小计	8.91	16.37	<61.74	92.32	191.30	323.04
粤东西北地区	汕头市	—	—	—	0.40	0.40	—
	韶关市	—	—	—	—	—	—
	梅州市	—	—	—	—	—	—
	清远市	—	—	—	—	0.74	—
	潮州市	—	—	—	—	—	—
	云浮市	—	—	—	—	—	—
	小计	—	—	—	0.40	1.14	—

数据来源：清科私募通。

珠三角地区创业投资基金规模继续在广东省区域分布上保持绝对优势，达到323.03亿元，占全省总额的80%以上；广州和深圳两核心城市依然强劲，两市合计创业投资额占珠三角地区总额的94.8%，且有进一步加大趋势。其中，广州市作为我国创新创业最为活跃的城市之一，近年来创业投资规模发展迅速，2020年投资额达到242.56亿元的历史新高，与2019年相比增长了343.05%。近年来佛山市保持快速增长趋势，而随着珠海横琴新区、广州南沙新区的加速建设，接下来两市的投资规模将出现加速攀升。此外，2020年由于疫情冲击，市场经济低位运行，东莞市创业投资规模出现显著下滑，由2019年的8.60亿元下降至3.32亿元。

未来广东省要在持续加强珠三角地区创业投资市场稳定发展的同时，积极探寻有益于粤东西北地区创业投资发展的新模式，缓解省内区域发展不平衡的问题。

三、 投资项目区域特征

广东省投资案例区域分布与投资额特征相似，同样是以珠三角地区为主，粤东、西、北处于低位水平的区域分布特征。根据已披露的数据，2020年广东省创业投资的433项投资案例中，431项发生在珠三角地区，占全省的99.54%。

在珠三角经济区的九个市中，深圳、广州两市继续保持全省领先地位，分别实现投资案例283项和94项，受宏观环境影响，两市案例数较2019年出现明显下降，合计占全省比重为87.06%；珠海市和佛山市紧随其后，2020年分别为18项和10项，同比均有所增长，但碍于两市投资案例总数都较小，对珠三角整个创业投资市场影响不大；其他地市则相对变化不大；粤东西北地区创业投资基金案例数继续保持低位走势（如表5-8所示）。

表 5-8 广东省各地区创业投资项目数

（单位：项）

地区	城市	2015 年	2016 年	2017 年	2018 年	2019 年	2020 年
珠三角经济区	广州市	15	13	24	45	150	94
	深圳市	48	50	52	125	390	283
	珠海市	—	5	2	8	16	18
	佛山市	1	1	1	2	7	10
	惠州市	—	—	1	1	1	3
	东莞市	—	2	4	10	30	15
	中山市	11	3	1	1	7	2
	江门市	10	2	1	1	5	6
	肇庆市	—	—	—	—	—	—
	小计	85	76	86	193	606	431
粤东西北地区	汕头市	—	—	—	1	1	—
	韶关市	—	—	—	—	—	—
	梅州市	—	—	—	—	1	—
	清远市	—	—	—	—	3	1
	潮州市	—	—	—	—	—	—
	云浮市	—	—	—	—	—	—
	小计	—	0	0	1	5	1

数据来源：清科私募通。

根据已披露数据，2015—2020 年广东省年新增创业投资项目集中于珠三角地区，以广州、深圳为第一梯队，佛山、东莞为第二梯队的创业投资市场发展良好，总体来看，全省投资案例数及服务企业数总体呈上升趋势。从表 5-9 可以看出，2018 年广州新增投资项目数及新增服务企业数实现历史新高，分别达到 50 项和 1 300 家，较上年增长了 733.33% 和 333.33%。深圳、佛山、东莞三市在新增数量上较为稳定。与此同时，其他城市也实现了不同程度的增长。

表5-9 广东省各地区历年新增创业投资项目数量及服务企业数量

层级	城市	2016年		2017年		2018年		2019年		2020年	
		项目数（项）	服务企业数（家）	项目数（项）	服务企业数（家）	项目数（项）	服务企业数（家）	项目数（项）	服务企业数（家）	项目数（项）	服务企业数（家）
第一梯队	广州	9	172	6	300	50	1 300	32	943	15	350
	深圳	5	23	6	28	8	39	8	46	7	37
第二梯队	佛山	2	70	1	88	6	79	6	90	2	94
	东莞	27	18	76	64	39	36	25	24	28	28
第三梯队	中山	1	2	1	3	1	3	2	5	2	6
	惠州	6	41	9	56	9	79	11	86	16	105
	珠海	—	—	—	—	—	—	1	30	5	30
	茂名	0	5	0	10	0	10	2	175	0	581
	江门	10	121	5	188	4	203	1	174	3	153
	湛江	—	—	—	—	—	—	—	—	—	—
第四梯队	汕头	—	—	—	—	—	—	—	—	—	—
	肇庆	0	0	0	8	3	3	4	4	1	1
	揭阳	0	20	0	28	1	39	3	41	2	55
第五梯队	阳江	—	—	—	62	—	60	—	5	—	47
	韶关	—	12	—	15	—	18	3	20	—	19
	云浮	7	7	11	24	7	19	12	30	2	20
	顺德	—	—	—	—	—	—	31	31	45	50

数据来源：相关部门调研数据。

第五节　广东省创业投资发展存在的问题及对策

一、 广东省创业投资发展存在的问题

广东省创业投资起步早、发展快，整体水平位居全国前列，但与北京、上海等先进省市相比还有一定差距。近年来，山东青岛、浙江杭州在创业投资行业方面力度空前，给广东省在投资规模、引导基金、区域协同、发展环境、人才培养等方面带来了发展压力，具体表现在以下几个方面：

（一） 创业投资机构规模有待提升

近年来，与快速发展的行业需求相比，广东省缺乏知名创业投资机构，现有机构的资金管理规模和服务水平也与国内外龙头创业投资机构存在一定差距。广东省应学习引进国内外领先创业投资机构的先进管理模式与运行机制，积极培育深圳、广州等地优秀创业投资机构做强做大，打造一批具有市场竞争力的本土创业投资品牌。同时，应广泛吸引、集聚全球有实力的知名创业投资机构落户广东，设立分支机构或注册基金，发挥其行业地位优势及品牌效应，带动广东省创业投资生态良性发展。

（二） 政府引导基金运作不畅

一方面，财政出资的政府引导基金不仅投资审批流程烦琐、投资决策效率偏低，而且由于缺乏统筹规划，其设立出现同质化现象，此外大多数基金还要求大部分投到本地，但很多地方产业创新项目资源不足，导致基金使用效率不高，基金运营效果未达预期。另一方面，基金管理人的市场化专业化运作能力薄弱，基金管理水平有待提高，基金市场化运作机制和绩效考核体系都有待完善。

（三） 政策支持力度有待加强

一方面，广东省鼓励创业投资发展的政策法规建设尚未到位，管理体制还需

畅通，存在多头管理、政出多门的情形。如国有创业投资机构相较于民营创业投资机构最大的劣势在于投资决策限制过多、流程烦琐，难以应对行业快速变化的挑战。另一方面，相关部门对创业投资行业的引导带动作用不够，受经济结构性调整、相关政策趋紧趋严等多重因素叠加影响，社会资本对创业投资的热情不高，中小创业投资机构募资难，项目退出渠道仍然不畅，众创金融街、私募小镇、基金小镇等重要窗口和平台发挥作用有限，政府需发挥引领作用，出台有力政策为中小机构保驾护航。

（四）发展格局亟待优化

整体来看，广东省创业投资市场依然呈现以深圳为中心、广州和珠海为两翼的“一核两翼”发展格局，其中，深圳集聚了全省 72.77% 的创业投资机构，广州和深圳两市创业投资基金规模合计占了珠三角总额的 90% 以上。但从年度投资项目案例数等投资行为数据来看，广州和深圳两市的创业投资集聚优势未能对珠三角及全省形成有效辐射作用。如，2020 年全省 908 个创业投资案例中，广州、深圳两市合计占了 789 个，占比达 86.89%。优化区域间的协同合作，强化全省创业投资资源的跨区域流动与辐射带动，将对广东建设现代化经济体系、推动经济高质量发展提供新动能。此外，大湾区创业投资领域跨境合作尚处于探索阶段，协同机制还有待完善，这需要各方协同共进，合力促进金融要素充分流动，不断提高粤港澳地区资本市场服务功能。

（五）缺乏专业人才，人才培养机制不健全

创业投资行业对从业人员综合素质有较高要求，而懂得技术、投资、经营管理、创业辅导的复合型人才数量不多。从创业投资从业人员数量来看，广东省从业人员规模小于北京和上海，仅为两地从业人员数量的 70%，尤其是具备 10 年以上创业投资经验的高端人才紧缺，这在一定程度上限制了创业投资市场的发展。

二、广东省创业投资发展对策

创业投资是中小微企业发展的重要资本来源和成长动力，可以为难以从银行

获得贷款但具有发展前景的中小微企业提供较大支持，在解决中小微企业融资难的问题上发挥着重要作用。为进一步促进广东省创业投资市场发展，打造华南风险投资与创业投资中心，要持续加强政府引导、政策支持，推动各类创业投资主体做强做大。具体包括如下措施：

（一）构建区域创业投资体系

强化广州—深圳双核驱动引领作用，支持广州充分发挥市场主导作用，加大创业投资政策扶持力度。推动深圳对标国际一流，做大做强本土创业投资机构，加快机制体制创新。到 2022 年，实现广州、深圳共培育管理资金规模 100 亿元以上的风投创业投资机构超过 20 家，珠三角其他地市各培育管理资金规模 50 亿元以上的风投创业投资机构 1 家，粤东、粤西、粤北地市各培育管理资金规模 20 亿元以上的风投创业投资机构 1 家。

（二）推动创业投资机构高质量发展

一方面，要以深圳风投创业投资机构为辐射源，带动其他地市开展风投创业投资机构培育计划。重点培育深圳市创新投资集团、广东省粤科金融集团等优秀风投创业投资机构做优做强，引进国外先进风投创业投资机构的管理模式与运行机制。到 2022 年，推动广东省 15 家以上风投创业投资机构进入全国 50 强。另一方面，吸引、集聚境内外知名风投创业投资机构落户广东。鼓励各地市引导并积极培育各类创业投资基金、并购投资基金、产业投资基金和母基金等专业化风投创业投资机构来粤发展。

（三）加大创业投资财政激励政策力度

一方面，积极落实国家和广东省有关支持创业投资的政策，对创业投资企业投资省内初创期科技型企业的案例给予财政奖补，引导投资机构聚焦科技型企业开展早期投资、长期投资和价值投资。对新设立或新迁入广东省的创业投资机构，鼓励各地市按照其实缴注册资金或实际管理资金规模的一定比例给予奖励，省财政将根据其实际管理的资金规模按万分之一的比例给予一次性奖励。

另一方面，支持创业投资人才集聚广东，提升全省创业投资队伍的专业投资能力和行业研判能力。从2020年到2022年，引导全省创业投资机构投向设立5年以内的初创期科技型企业超过1 000家，投资金额达50亿元，帮助提升初创期科技型企业的存活率和成长率。

（四）建立地方政府股权投资基金退出让利机制

约定由政府政策性基金参与的股权投资，在一定条件下允许创新创业团队按投资本金和同期商业贷款利息回购股权，将归属财政出资部分的未来收益让利创新创业团队，有效激发创新创业积极性，活跃风投创业投资市场。

（五）发展壮大本土天使投资人群体

优化社会资本对初创期科技型企业的金融供给结构，拓宽民间资本进入天使投资人群体的渠道。鼓励省实验室、高校、科研机构、科技园区、孵化器和行业龙头企业发起或参股设立天使投资基金，构建包括设立天使投资子基金和直接股权投资的天使投资母基金管理体系。支持成立天使投资人联盟等各类平台组织，促进天使投资人与初创期科技型企业的信息交流与合作。鼓励有条件的地级市对符合广东省产业发展方向的初创期科技型企业按照当年实际投资额的一定比例给予风险补贴。

专栏二 《关于创业投资企业和天使投资个人有关税收政策的通知》政策要点

一、创业投资企业所得税政策

（1）公司制创业投资企业采取股权投资方式直接投资于种子期、初创期科技型企业满2年（24个月，下同）的，可以按照投资额的70%在股权持有满2年的当年抵扣该公司制创业投资企业的应纳税所得额；当年不足抵扣的，可以在以后纳税年度结转抵扣。

（2）有限合伙制创业投资企业采取股权投资方式直接投资于初创期科技型企业满2年的，其法人合伙人可以按照对初创期科技型企业投资额的70%抵扣法人合伙人从合伙制创业投资企业分得的所得；当年不足抵扣的，可以在以后纳税年度结转抵扣。

二、个人所得税政策

（1）有限合伙制创业投资企业采取股权投资方式直接投资于初创期科技型企业满2年的，其个人合伙人可以按照对初创期科技型企业投资额的70%抵扣个人合伙人从合伙制创业投资企业分得的经营所得；当年不足抵扣的，可以在以后纳税年度结转抵扣。

（2）天使投资个人采取股权投资方式直接投资于初创期科技型企业满2年的，可以按照投资额的70%抵扣转让该初创期科技型企业股权取得的应纳税所得额；当期不足抵扣的，可以在以后取得转让该初创期科技型企业股权的应纳税所得额时结转抵扣。

天使投资个人投资多个初创期科技型企业的，对其中办理注销清算的初创期科技型企业，天使投资个人对其投资额的70%尚未抵扣完的，可自注销清算之日起36个月内抵扣天使投资个人转让其他初创期科技型企业股权取得的应纳税所得额。

（资料来源：国家税务总局网站。）

第六章

广东省科技信贷*

* 本章第一执笔人为暨南大学产业经济研究院柯荣荣。

中小微企业是经济发展的重要组成部分，在吸纳就业、推动创新、增强市场活力和促进经济发展等方面发挥着积极作用，而流动资金贷款是中小微企业的主要融资工具。近年来，《中国银监会关于完善和创新小微企业贷款服务　提高小微企业金融服务水平的通知》（银监发〔2014〕36 号）、《中国银监会、科技部、中国人民银行关于支持银行业金融机构加大创新力度开展科创企业投贷联动试点的指导意见》（银监发〔2016〕14 号）、《国务院办公厅关于推广第三批支持创新相关改革举措的通知》（国办发〔2020〕3 号）等文件陆续印发，通过推动科技信贷的发展，积极疏通金融服务实体经济的“血脉”，大力推动银行业向小微企业“输氧供血”。

针对科技型企业知识密集程度高、可抵押资产少，相对于传统的银行信贷标准风险较高的特点，广东省着力推动银行等金融机构针对科技型企业的特点设计信贷产品，引导银行机构向科技型中小微企业提供信贷服务。加快开展面向科技型中小企业的省市联动、政企协作的科技信贷和担保服务新模式，建立多主体风险分担机制，在促进科技与金融深度融合、推动金融资源与科技资源有效对接方面取得了显著效果。

第一节　广东省科技信贷发展概况

一、广东省科技信贷规模

据不完全统计，2020 年广东省银行金融机构新增科技型企业贷款 649.95 亿元，其中惠州位居全省各地级市首位，占全省总数的 49.39%，为 321.00 亿元。接下来排名依次为东莞、广州、茂名，新增信贷余额分别为 171.99 亿元、63.30

亿元、25.38亿元，前两市同比增长达60.51%、42.00%，相比2019年，茂名新增科技信贷余额同比下降76.56%。从区域分布来看，珠三角九市新增科技信贷余额占全省总数高达92.66%，额度达602.23亿元。粤东西北各地市科技信贷余额在全省占比仅为7.35%。主要原因是粤东西北部分地区对该项数据存在统计缺失，仅以纳入地区风险补偿资金池的贷款项目为统计数值，导致粤东西北地区整体数据偏低。

表6-1　广东省各地区历年新增科技信贷余额

（单位：亿元）

层级	城市	2016年	2017年	2018年	2019年	2020年
第一梯队	广州	41.16	60.57	54.37	44.58	63.30
	深圳	—	—	1.16	1.85	2.75
第二梯队	佛山	19.86	7.96	6.87	4.59	0.69
	东莞	0.00	0.01	86.19	107.15	171.99
第三梯队	中山	3.67	23.48	32.50	16.23	8.59
	惠州	1.35	1.53	1.70	5.30	321.00
	珠海	—	—	—	2.29	0.94
	茂名	—	—	—	108.27	25.38
第四梯队	江门	4.11	6.54	7.66	14.35	17.97
	湛江	1.13	0.87	0.92	0.84	0.44
	汕头	0.32	0.56	0.28	0.60	0.37
第五梯队	肇庆	—	—	—	—	15.00
	揭阳	2.30	3.57	4.16	5.72	6.52
	阳江	—	0.14	0.43	0.15	0.14
	韶关	1.06	2.16	3.28	5.59	8.87

（续上表）

层级	城市	2016 年	2017 年	2018 年	2019 年	2020 年
第五梯队	云浮	0. 13	0. 12	0. 03	0. 04	0. 16
	顺德	—	—	—	9. 13	4. 52
	河源	0. 00	0. 46	0. 44	1. 28	1. 31
	清远	0. 75	1. 48	0. 54	0. 70	0. 02

数据来源：相关部门调研数据。

二、 广东省科技信贷发展经验

为加快推动银行等金融机构加大面向科技型中小企业的信贷支持力度，促进科技与金融深度融合，广东省科技厅针对科技型企业知识密集程度高、可抵押资产少，根据传统银行信贷标准风险较高的特点，创新科技信贷风险分担机制，设立科技信贷风险准备金制度。科技信贷风险准备金包括省级科技信贷风险准备金和省市联动科技信贷风险准备金。省级科技信贷风险准备金主要通过广东省科技金融信息平台，对科技型企业信贷予以支持；省市联动科技信贷风险准备金主要来源为广东省科技专项资金，用于配套各地市科技信贷风险准备金，共同组成省市联动科技信贷风险准备金，为科技型中小企业科技信用贷款所产生的风险损失按照一定比例进行补偿，扶持当地科技型中小微企业信用担保体系建设等。

（一） 共建科技型企业信用信息及融资对接平台

2016 年，由中国人民银行广州分行牵头，广东省发展和改革委员会、广东省政务服务数据管理局、广东省地方金融监督管理局等部门支持，广州银行电子结算中心承建成立了广东省中小微企业信用信息和融资对接平台——“粤信融”。截至 2020 年，“粤信融”是广东省唯一入选国务院服务贸易发展部际联席会议办公室（商务部）服务贸易创新发展试点第一批“最佳实践案例”的平台。其向银行精准推送重点支持企业，2020 年以来新发贷款企业 2 724 家，金额 631. 58 亿元，支持企业就业人数超 99. 62 万人。

2020 年，该平台在帮助银企精准对接，推动金融支持稳企业、保就业工作上取得成效。省内金融机构在“粤信融”上发布“抗疫贷款”对接类产品 473 个，签订授信合同 1 062 笔，金额达 104.73 亿元。依托“粤信融”稳企业保就业平台搭建重点支持企业库，佛山市全年银行机构成功对接重点企业 1 942 家，授信总额 277 亿元，新发放融资金额共 102.4 亿元。该平台通过跨层级、跨部门、跨地域的信用信息互联互通，健全优化金融机构与企业信息对接机制，实现了资金供需双方线上高效对接，提高了企业金融服务的可得性、覆盖率和满意度。

通过共建科技型企业融资对接平台，推介相关科技项目、金融产品和服务，搭建促进科技与金融深度融合发展的平台，将推动科技型企业和金融机构进一步对接，助力广东省科技型企业创新发展。

（二）成立信贷风险损失补偿资金池

2015 年，广州市成立科技型中小企业信贷风险补偿资金池，市财政出资 4 亿元，公开征集 8 家合作银行，通过风险共担方式，引导合作银行为科技型企业发放不低于 10 倍风险补偿金规模的额度。到 2019 年，共有 23 家补偿资金池合作银行入选名单。

2020 年，面对疫情冲击，广州市科技局部署资金池受托管理单位——广州市科技金融综合服务中心充分发挥资金池作用，联合资金池合作银行，强化科技信贷供给，助力科技型中小企业抗击疫情，加快恢复生产。对受疫情影响遇到困难且纳入资金池的科技型企业，要求合作银行不得随意抽贷、断贷、压贷，要通过完善转贷安排、降低贷款利率、实施信贷重组等多种方式予以支持。在市科技局的大力推动下，资金池 23 家合作银行积极响应国家、省、市抗疫号召，均第一时间开通了线上业务办理渠道，全力保障疫情期间企业信贷需求，帮助企业渡过难关。截至 2020 年底，广东省损失补偿资金池共提供贷款授信累计 370.53 亿元，合作银行累计发放贷款 300.99 亿元，服务企业超 2 500 家。资金池贷款呈现以下特点：

1. 银行对科技型企业支持力度逐步提升

2020 年新增放款达 150.49 亿元，同比上一年增长 167.67%，增长速度明显。

2. 企业贷款成本总体降低

为助力企业复工复产，合作银行将对科技型中小企业的贷款平均利率维持在5.0%左右，低于一般贷款平均利率，获得资金池授信的企业，平均利率为4.5%。

3. 信用贷款占比高，缓解轻资产企业融资难题

2020年，获得纯信用贷款的企业占比达73.83%，通过发挥资金池作用，加大信用贷款的投放力度。

4. IAB、NEM等新兴产业的科技型企业占比高

获得科技信贷的企业中有1 369家为IAB（新一代信息技术、人工智能、生物医药）及NEM（新能源、新材料）企业，占比超过50%，其中，分布于新一代信息技术产业的企业最多。

除了省市联动科技信贷风险准备金外，广东省还单独设立面向广东省科技金融综合信息服务平台（又称“网上科技银行”）的省级科技信贷风险准备金，与相关银行机构开展合作，对网上科技银行的科技型中小企业贷款出现的坏账项目实际产生的风险损失按一定比例进行补偿或追加补偿。

专栏三　2020年广州市科技型中小企业信贷风险补偿资金池助力打赢疫情防控阻击战

中国银行广东省分行出台了进一步加强金融服务、做好疫情防控工作的10项举措。对于生物制药、医疗器械、公共卫生基础设施建设等防疫领域企业，积极支持其生产、建设和科研资金需求，加大应急贷款或专项贷款等信贷支持力度，给予特别利率优惠，并减免相关手续费用。

中国工商银行广州分行着力做好对小微企业的接续金融服务保障、专项规模保障、专门业务审批保障以及小微优惠利率保障等措施，在春节假期期间已累计为近300户小微客户发放融资超过1亿元。

中国建设银行广州分行充分利用线上渠道开展普惠金融业务，倡导客户使用网上银行、手机银行、“建行惠懂你”App等线上渠道自助办理业务。对从事药

品、医疗器械及相关物资科研、生产、流通和购销等各环节的小微企业，以及从事保障人民群众基本生活的农产品等生产、加工、储存等类型的中小微企业客户提供绿色通道。受疫情影响导致临时无法还本付息的重点行业企业客户，在符合监管规定的前提下，可申请临时调整还款计划。

中国农业银行广州分行全面加强疫情防控相关领域信贷支持，对受疫情严重影响的企业，采取简化审批流程、优化担保条件、执行最优惠利率等多项差异化政策，开启信贷服务“绿色通道”，并对疫情相关业务全流程均按照“特事特办、急事急办，优先办理、即来即审”的原则，切实提高疫情期间办贷效率。

中国邮政储蓄银行广州市分行对国家发改委、工信部名单内的抗疫企业开通小企业贷款应急流程，相关企业可享受专属通道审批，获得最高达 3 000 万元、利率不超一年期 LPR 定价的信用贷款。

招商银行广州分行开启绿色通道，助力企业进口医疗设备驰援抗击疫情。2020 年 1 月 31 日，招商银行广州分行获悉广州津润咏康国际贸易有限公司需要紧急修改进口信用证，以确保医用抗菌设备以最快时间进口到境内，供收治新冠肺炎患者的指定医院使用。适逢春节假期，相关单证系统及信贷系统关闭，为确保业务顺利处理，招商银行广州分行立即与客户紧急沟通，共同拟订便利化方案，并协调招行总行临时紧急开放系统，不到半小时便完成信用证修改的条款审核与发电，确保了相关抗疫医用设备得以及时发货。

广州银行总行推出六大举措战“疫”：安排专项信贷额度；推出应急综合服务方案“广济贷”；开通绿色审批通道；给予特别利率优惠；提高线上融资服务效率；优化服务方式。允许互联网金融贷款“普惠贷”涉及湖北地区的客户申请延期还款，并建立征信异议快速处理机制，通过“一户一策”缓解疫情对小微企业的影响。

（资料来源：广东省生产力促进中心。）

（三）创新普惠性科技金融服务模式

广东作为我国首批科技和金融结合试点地区之一，在科技金融的创新实践上一直走在全国前列，先后进行了诸多有益的理论探索与实践创新。近年来，广东省全力推广普惠性科技金融工作，先后出台了《关于发展普惠性科技金融的若干意见》和《关于开展普惠性科技金融试点工作的通知》，积极构建风险补偿机制、强化科技信贷受益面、开发普惠性科技金融产品、引导创业投资向前段发展、建设专业化政策性金融服务平台与构建服务生态，有力提升了科技金融的普惠面、渗透率和效率，大力支持民营科技型企业发展壮大，为建设创新型省份提供有力支撑。

普惠性科技金融工作在全省深入开展，持续完善普惠性科技金融政策、创新科技金融服务模式、深入推动银行科技信贷机制改革，促进了科技型中小企业创新。针对小微企业普遍存在抵押品不足的情况，省内银行与税务部门加强银税互动，联合创新推出“税融通”项目，向诚信纳税的制造业企业提供“流动资金贷款”“承诺抵押贷款”等融资产品，降低企业融资成本。

广东省科技厅与建设银行广东省分行共同启动了普惠性科技金融试点工作，选择广州、珠海、佛山、东莞、汕头、湛江、清远 7 个地市作为试点，共建立 615 个科技型小微企业融资业务营业网点，累计发放科技型小微企业贷款 5 480 笔，贷款金额 55. 90 亿元，做到普惠性科技金融服务触手可及的“点点通”效果。建设银行广东省分行在全国首创的“云税贷”项目实现了银行系统与纳税系统直连，在了解小微企业纳税情况后给予其纳税额一定放大倍数的信贷额度，最高可达 200 万元。此外，地方科技部门通过搭建广东省科技金融综合信息服务平台，整合多方资源信息，联合银行为科技型中小微企业提供科技创新贷款。截至 2020 年底，该平台已促成近 150 家企业获得银行 2 亿多元的科技贷款。东莞市科技部门以 6 000 多家科技创新企业大数据库作为资源共享着力点，向建设银行推送符合条件的科技型企业名单，对企业提供上门的“一站式”服务，开辟绿色通道限时办理，有效扩大了普惠性科技金融工作的适用面。

广东省科技金融综合服务中心广州分中心长期以来梳理研究各个金融产品特性，实时更新“广州市主要信贷产品一览表”，通过专题培训、信息平台发布等方式，为企业提供较全的科技信贷产品清单和办理条件。2020 年初新冠肺炎疫情暴发，广州分中心也即时行动，积极对接各金融机构，整理抗疫专属金融产品，帮助广大科技型企业走出疫情困境。

表 6－2　广州市主要科技贷款产品梳理

主要金融机构	适用企业类型	主要融资产品	产品介绍
中国银行，招商银行，光大银行，华夏银行，建设银行，浦发银行，广发银行，广东省粤科科技小额贷款股份有限公司	初创期企业	选择权贷款，科技专项过桥贷，科技立业贷，孵化器风险池，孵化科融通，孵化贷，股权融易贷，科技信用贷，科技助保贷	根据企业引入首轮融资、获得政府科技立项项目、是否孵化器首贷企业、是否高新技术企业等情况，提供信用贷款
	成长期企业	科技知识产权质押组合贷，风险池贷款，科技项目贷款，科技投联贷，科技投贷通，政府订单融资，科技智慧贷，科技成果转化贷，税易贷，结算贷，科技外贸贷，供应链融资，合同能源融资	根据企业知识产权授权情况、是否纳入风险池、是否获得创业投资、是否获得风险投资、科技成果是否转化、纳税额、政府订单、大企业订单等情况，提供融资贷款
	成熟期企业	挂板贷，挂板补偿贷，三板贷，上市通，股融通	针对企业在广州股权交易中心和新三板挂牌情况，启动国内主板、中小板、创业板 A 股上市情况，是否引入做市商等因素提供信用贷款

资料来源：相关部门调研报告。

三、广东省科技信贷发展模式

近年来，科技信贷作为科技金融工作的重要抓手，聚焦粤港澳大湾区国际科技创新中心建设和科技强省建设，大胆创新出台一系列支持改革的政策文件，为广东省推进科技与金融深度融合提供了强大动能，为国家实施全面创新改革试验提供了先进经验。到2020年底，已取得初步成效的有以下四种机制或模式：

（一）财政出资与银行建立贷款风险分担机制

早在2005年，广东省科技厅即与国家开发银行开展科技贷款风险准备金试点工作。经过十多年的实践和不断探索，省科技厅在风险分担比例、分担机制、贷款审批流程、科技信贷产品方面，与银行开展了广泛的合作。截至2020年，省科技厅已建立1个省级科技信贷风险准备金池，并联合14个地市建立了16个省市联动科技信贷风险准备金池，累计投入3.323亿元，共撬动银行机构为3 475家科技型企业提供授信292.02亿元，授信杠杆率达1∶88，面向2 250家科技型企业实际发放贷款172.42亿元，信贷杠杆率达1∶52，极大地发挥了财政资金的引导带动作用。

（二）建设银行广东省分行探索开展的普惠性科技金融模式

建设银行广东省分行在全国首创科技型企业“技术流+能力流”专属评价体系，针对科技型中小企业具备较强科技创新实力和轻资产的特点，量身定制“小微科技企业科技创新综合实力评分卡”，并利用大数据技术搭建了科技型企业“技术流”系统分析平台，将知识产权和团队研发能力转换成10多项可量化指标，将“技术流”和“能力流”转化为资金流。自2017年初开展普惠性科技金融试点服务以来，建设银行广东省分行已运用“技术流”专属评价体系服务国家高新技术企业超3万家，授信超1.2万家；为全省高新技术企业提供资金支持1 518.29亿元，比开展前增加1 155.06亿元，增长318%；其中贷款余额372.56亿元，比开展前增加224.8亿元，增长152%。2020年2月，国务院办公厅第三批支持创新相关改革举措中提及的“建立科技型企业信贷审批授权专属流程、信用评价模型和‘技术流’专属评价体系”即来源于广东省的实践。

（三）中国银行广东省分行探索建立的科技银行模式

中国银行广东省分行成立了广东省金融业首家科技支行，截至2020年底，该行科技支行的数量已达26家，覆盖广东省粤港澳大湾区的核心城市，形成了以“科技支行”“政银风险分担机制”“投贷联动”为特色的科技金融服务模式，服务了广东省（不含深圳）近万家国家级高新技术企业和近7成新三板挂牌企业，获得该行贷款支持的科创型企业整体实现销售收入和净利润年均增长超过20%的喜人成绩（如专栏四所示）。

（四）工商银行广东省分行探索推出的科技信贷创新产品模式

工商银行广东省分行在中山、东莞创新推出科技型小微企业专属产品“科技贷”，转变传统信贷理念，建立新型客户分析、风控体系，以政府风险补偿金、知识产权、股权等作为增信措施，用于满足企业开展技术攻关、科技成果转化、科技成果产业化等的资金需求，对于纳入政府风险担保金担保的科技型企业，最高可提供1 000万元信用贷款支持。截至2020年底，全省“科技贷”产品业务余额已超过3亿元。

专栏四　广东试点科技银行解决融资难问题

中国银行广东省分行从2009年开始建设科技银行，即广州番禺天安科技支行（以下简称“天安科技支行”），展开专门针对科技银行的贷款融资试点。在对科技型中小企业融资需求进行调研时发现，“轻资产，缺少实体抵押物；专利多，但难以抵押融资”几乎是众多科技型中小企业面临的共同“痛点”。

针对这一“痛点”，天安科技支行从客户准入、贷款产品设计、风险分担、贷款评审等方面设立了不同于传统贷款的“八项单独机制”，将部分传统贷款模式下无法放贷的企业纳入客户范围，提供贷款支持。

首先是降低贷款准入门槛，增加技术实力等指标。实践中，大量科技型中小企业由于固定资产缺乏、财务资料不完整等，在贷款准入资格审核这一道关卡便被挡在银行服务范围之外。

其次，降低抵押门槛，开展知识产权质押融资。天安科技支行创设“科技通宝”系列产品，帮助企业通过专利权、商标权等知识产权价值获得银行贷款。

最后，降低贷款风险，创建风险共担机制。天安科技支行与广东省、广州市、番禺区科技部门共同签署了广州市联合科技贷款风险准备金项目协议，贷款损失由银行和科技部门按照事先约定比例承担，天安科技支行向试点地区科技型中小企业发放不低于10倍科技贷款风险准备金数额的贷款授信额度。

此外，为了保障科技贷款的科学性和贷款规模，天安科技支行还引入政府、专家、银行三方联席会议联合评审贷款项目的机制，并且为天安科技支行设立了单独的贷款规模支持制度、单独的不良贷款容忍度。

（资料来源：相关部门调研报告。）

第二节　重点省市科技信贷发展经验

一、天津市银行支持科技型企业情况

截至2020年，天津市已经在各个区成立了33家科技金融对接服务平台，其中有5家银行参与，金融科技服务平台通过举办常态化的开放服务日活动，旨在帮助创新创业团队、企业与银行、投资担保机构、孵化器等科技型企业服务机构对接，满足融资、政策支持等多方面的需求。为促进金融机构更好地服务科技型企业，天津市进行了多方面的探索，具体成效有以下几个方面：

（一）银行科技信贷管理机制不断完善

一是搭建科技金融专营机构。通过组建专业团队、下放审批权限、匹配激励资金等方式，在政策、财务、人力等资源方面向科技金融专营机构倾斜，专门为科技型企业客户提供审查审批、产品企划及综合管理等服务。二是贷款审批效率不断提高。有17家（占比53%）银行建立了科技信贷审批绿色通道，对符合一定条件的科技型企业的贷款审批明确时限、快速办理。三是内部激励考核机制持

续健全。部分银行通过提高考核权重、设立专项奖励、落实尽职免责、放宽不良容忍度等措施，提升信贷人员投放科技信贷的积极性。四是贷款利率定价机制不断优化。有22家（占比69%）银行针对科技型企业推出了利率优惠政策。

（二）科技信贷担保增信措施不断健全

一是银担合作进一步深化。部分银行通过与政府性担保机构建立对接合作机制，并在此基础上开展金融产品创新，有效打通了科技型企业缺乏抵押物的融资难点。二是企业抵押担保相关成本保持在较低水平。72%的被调查企业表示目前担保费率低于1.5%，总体来看，评估、担保等费用支出约占企业融资总成本的15%，部分银行在办理抵押类贷款时通过减免评估费、登记费等方式降低企业成本支出。三是知识产权质押融资得到进一步推广运用。近半数银行开展了知识产权质押贷款业务，部分银行通过与评估机构合作等方式，探索建立知识产权质物处置机制，推动破解知识产权处置难题。

（三）科技金融产品服务体系不断丰富

一是科技信贷产品覆盖企业成长全周期。近年来，金融机构针对不同成长阶段的科技型企业的融资需求特点，已经形成了较为完善的科技信贷产品体系，能够为各个生命周期企业提供融资支持。二是信用类贷款产品不断丰富。银行通过完善信用信息数据支撑、创新大数据风险分析模型等科技赋能手段，有效缓解了银企信息不对称，进而支撑其为科技型企业提供更多纯信用融资支持。三是积极开展股权融资探索创新。部分银行通过投贷联动，或同产业基金、创业投资、证券、保险、信托等机构开展合作等方式，为科技型企业提供综合化金融服务，进一步提升了金融机构服务科技创新的能力水平。

二、江苏省支持科技型企业情况

江苏省为引导银行支持科技型中小微企业贷款，缓解科技型中小微企业融资难的现状，于2009年在全国首创风险补偿资金使用新模式，充分发挥财政资金杠杆作用，推出了科技信贷产品“苏科贷”。由财政资金作为信用保障，向科技型中小微企业提供贷款支持的银行在贷款出现损失时，按照约定比例从风险补偿资金中给予银行一定比例的贷款损失补偿，鼓励银行加大对科技型企业贷款的投入力度。

“苏科贷”的主要特点是根据企业年销售收入规模的不同，以财政资金作为信用保证，建立差别化的风险补偿比例体系，贷款风险责任由省、合作地区和合作金融机构共同承担。根据企业规模的不同，省、地风险补偿资金共同承担30%～90%的贷款本金损失风险，合作金融机构承担10%～70%的本金损失和全部利息损失风险，其中支持企业的销售收入规模越小，省、地风险补偿资金承担贷款本金损失的比例越大，银行承担贷款本金损失的比例则越小。截至2020年，“苏科贷”累计引导合作银行发放低息贷款超17 000笔，贷款金额达630亿元，成为全国具有较大影响力和较高知名度的科技信贷品牌。在“苏科贷”政策带动下，江苏信贷融资风险补偿类政策日益丰富，如省级层面支持创业人才的“人才贷”，支持中小微外贸企业的“苏贸贷”，支持小微企业创新创业的“小微创业贷”，支持农业中小企业的“富农贷”“金农贷”等；地方层面，江苏省13个设区市中10个设区市针对科技型中小微企业出台了地方性的科技信贷政策，如南京的“宁创贷”、无锡的“锡科贷”、苏州的“科贷通”等。这些政策在学习借鉴“苏科贷”政策的基础上，也突出了自身的特点。

1. 人才贷

“人才贷”于2016年设立，通过设立专项风险补偿资金池，重点支持列入省辖市及以上人才计划的人才个人或人才企业，引导银行为各级政府及部门认定的人才提供无抵押、无担保、低利率、期限灵活的纯信用贷款，个人贷款总额最高可达1 500万元。

2. 苏贸贷

“苏贸贷”于2018年设立，主要支持江苏中小微外贸企业，支持承办银行向企业发放出口信用保险项下的贷款，融资风险专项资金提供30%～90%的贷款本金损失风险补偿。

3. 宁创贷

“宁创贷”是南京市设立的10亿元风险代偿资金池，采用风险补偿和贷款增量补贴相结合的方式。“宁创贷”重点鼓励银行发放基准利率贷款，并且根据上年末信用贷款等弱抵押、弱担保贷款余额占比的不同予以不同比例的代偿，其中对于占比20%以上的给予高达90%的补偿比例。“宁创贷”不仅采用了风险补偿政策，还叠加了贷款增量补贴，进一步促进银行加大对科技型中小微企业的贷款支持。

4. 科贷通

苏州科技信贷风险补偿资金根据人才企业、瞪羚计划企业等不同的科技型企业类型，予以500万～1 000万元不同限额的风险补偿，引导银行、科技小额贷款公司等金融机构加大对科技型中小微企业的贷款支持。

三、 上海市支持科技型企业情况

2010年上海市被国家列为首批科技金融试点城市后，上海市科委联合市金融办等各委办局，研究制定了一系列科技金融政策和措施，以鼓励金融支持科技创新和科技型企业。

上海科技金融工作在制度和模式上做了许多创新的探索，为不同类型的科技型企业量身定制科技信贷产品，按照企业销售规模和风险特征，上海市科委设计了“3+X”科技信贷产品，并匹配了不同的风险补偿比例和运行模式。所谓“3”，是指经市科委审核推荐的信用贷款产品，并给予一定风险补偿或补贴的项目，包括以下三种信贷产品：

1. 微贷通

针对上年度销售额在1 000万元以下的科技型小微企业，最高贷款额度200万元。由于这类企业处于初创期，经营稳定性较差，风险较大，政府主动增加风险承担比例，即按政府承担60%、银行和保险公司各承担20%的比例执行。

2. 履约贷

服务销售额在1 000万～1.5亿元以下科技型中小企业，最高贷款额度800万元。这类企业大多数处于成长期，经营较稳定，风险可控，政府需承担一定的风险补偿比例，即按政府承担25%、银行承担30%、保险公司承担45%的比例执行。

3. 小巨人信用贷

服务销售额在 5 000 万 ～ 3 亿元的科技型小巨人企业，最高贷款额度 2 000 万元。这类企业大多数处于发展期或成熟期，经营情况较好，风险较小，上海市科委只做企业推荐，不实行贷款风险补偿。

所谓“X”是指经市科委认定的具有行业或企业特点的信用贷款产品。2016 年上海市科委联合市发改委开发了“创业投资贷”信贷产品，这是一款政策性的投贷联动信贷产品，最高贷款额 1 000 万元，期限为两年，执行基准利率 + 10% 的优惠利率，凡市创业投资引导基金及其子基金投资的科技型企业均可申请。

其他方面的举措包括：一是创新科技金融财政性资金支持模式，通过设立 3 亿元科技型中小企业贷款风险补偿准备金，实行政府、银行、保险担保公司贷款风险分担机制，财政性资金杠杆规模达 33 倍，撬动中小微企业科技信贷规模百亿元；二是将政府政策、信贷和保险要素有机组合在“3 + X”科技信贷产品上，既体现政府解决小微科技型企业贷款难的政策导向，又符合银行金融机构风险与收益匹配的商业利益，充分发挥了市场配置资源的作用；三是通过以科技金融信息服务平台为载体，建设“科技金融专员 + 科技金融服务站 + 科技信贷员”三位一体的服务网络，促进了科技与金融信息交互，缓解了科技型企业融资过程中信息不对称的问题，是科技金融服务中重要的环节。

第三节　广东省科技信贷发展存在的问题及对策

一、 广东省科技信贷发展存在的问题

虽然近年来广东省科技、金融、银监等部门为解决科技型企业贷款难、贷款贵和贷款慢的问题做出了积极探索和大量工作，也取得一定成效，但是从长远来看，科技型企业的科技信贷业务仍然面临以下几个问题：

（一） 信贷产品种类少

广东省的科技金融产品主要以传统的资产抵押质押贷款为主，适合科技型企

业轻资产特点的科技信贷产品种类不多，难以满足科技型企业特别是科技型中小企业的贷款需求。现有的银行机构信贷策略多向大企业倾斜，其信贷流程和信贷方式多是依据大企业、大项目客户的特点设计，而使用大企业的评价体系不能反映科技型企业的潜力与风险，其贷款产品也就无法为科技型企业提供实质帮助。

（二）科技贷款综合费率高

虽然 2015 年央行宣布下调金融机构存贷款基准利率，但相较科技型企业经营不稳定、信息不对称等因素带来的风险，仍然不足以让银行放心承担全部风险，导致银行机构惜贷的现象普遍存在，倾向对优质企业提供贷款；而大多数前景不明朗的科技型企业因达不到银行要求，需要加上抵押物和担保、再担保、反担保等各种费率，增加了融资成本。

（三）地区间信贷融资环境差别大

广东省科技信贷资金在不同地区间的分布严重不均，如珠三角地区科技产业发展较好，融资环境佳，形成了良性互动循环，银行和担保机构有多余的资金，就主动向科技型企业提供各类信贷服务；粤东西北地区信贷融资体系相对薄弱，科技型企业资金普遍得不到满足，在申请贷款时还需经过银行相关部门层层审批，授信额度小，贷款门槛高。

二、广东省科技信贷发展对策

（一）鼓励银行持续加大科技信贷投放力度

支持银行聚焦重点产业领域和战略性新兴产业，探索建立科技银行，开展针对性科技金融服务。持续开展科技型企业贷款全覆盖行动，对符合条件的科技型企业申请的贷款，银行要做到应贷尽贷、应贷快贷。省财政按照自然年度银行机构实际的科技信贷额度，按一定比例予以奖补。从 2020 年到 2022 年，各地区内银行科技信贷年增长率应保持在 15% 以上。

（二）建设政策性融资担保体系，推广普惠性科技金融试点工作

政府集中遴选科技型中小企业并建立银行、担保等多方合作的风险分担机

制，充分发挥各级政府融资担保基金作用，鼓励担保公司集中提供贷款担保，优化现行担保定价模式，地方财政视财力情况给予担保公司适当补偿，形成“统一管理、统一授信、统一担保、分别负债”的信贷新机制。

扩大普惠性科技金融政策惠及范围，联合合作银行把普惠性科技金融试点工作推广到全省范围。支持省内其他银行制定新型普惠性科技金融政策，在有条件的地市、高新区探索开展普惠性科技金融改革创新试验区建设。建立科技型企业信贷审批授权专属流程、信用评价模型和“技术流”专属评价体系，将科技型企业创新能力作为审贷和评价的核心指标。引导金融资源向粤东西北地区农业农村科技领域相关中小微企业倾斜，推动全省区域平衡发展。

（三）完善风险准备金池运作机制，简化审批手续

支持地市设立科技信贷风险准备金池，改进入池企业贷款业务申请流程，将科技型企业上市后备数据库企业直接纳入科技信贷风险准备金池支持范围，提高省、市各级科技信贷风险准备金池使用效率。到 2022 年，实现地市级科技信贷风险准备金池覆盖全省。

（四）鼓励科技信贷产品创新，加大利率优惠

推进企业知识产权和信用评价体系建设，优化风控审批、授信增信制度，加大力度开展科技型企业“上市贷”“科技立项贷”“科技人才贷”“科学仪器设备贷”等科技贷款业务，探索开展科技创新券、技术合同质押等融资贷款模式，拓宽科技型企业信用贷款渠道。

鼓励银行探索“LPR＋科创”优惠定价方案，采用“贷款＋外部直接投资”“贷款＋远期权益”等利率定价新机制，为符合条件的科技型企业提供最优惠利率报价水平，免除合同约定贷款利率之外的融资费用，切实降低科技型企业融资成本。

（五）探索建立粤港澳科技信贷深层次合作

搭建粤港澳资源交流及协同创新平台，充分发挥港澳金融优势，完善粤港澳科技信贷跨境合作机制，支持境内外银行合作开展跨境科技信贷服务，促进资本、信息等创新要素跨境流动，提高粤港澳大湾区配置全球创新资源的能力。

第七章

广东省科技担保*

* 本章第一执笔人为暨南大学产业经济研究院柯荣荣。

科技担保不仅是科技金融的重要组成部分，也是传统融资担保的一种创新模式。针对科技型中小微企业前期投入风险较大，与银行信息不对称、缺乏抵押物等问题，广东省地方政府鼓励发展科技担保机构，重点推进政策性担保、互助性担保类科技担保服务，并以补偿方式开展商业担保，完善中小微企业资金援助体系，为科技型企业开拓了新的融资模式。

为规范担保机构管理，促进担保行业的健康、稳健发展，各监管部门下发了多项政策文件。其中，2010 年多部门联合颁布的《融资性担保公司管理暂行办法》，为我国担保行业发展提供指引性文件。预期未来各级监管机构将加强落实最新监管政策，政府性融资担保公司将坚守“支小支农”的担保主业，行业整体运行将更为规范。2020 年，广州市财政局、市科学技术局联合发布《广州市科技型中小企业贷款担保资金管理办法》，提出由政府出资设立担保资金，转向作为担保机构为广州市科技型中小企业向银行贷款提供担保支持的资金，进一步拓宽科技型中小企业融资渠道，支持科技项目产业化。

第一节　广东省融资担保市场发展概况

近年来，我国社会融资规模存量逐年增长，据统计，截至 2020 年，我国社会融资规模存量达到 284. 83 亿元，同比增长 13. 3%。

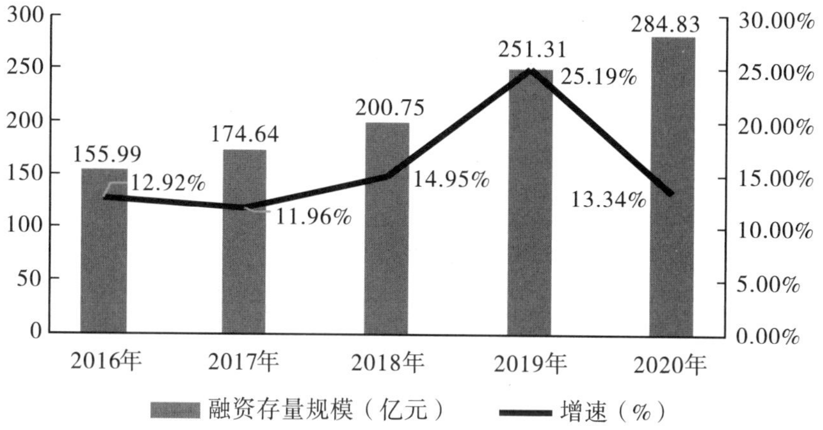

图 7－1 近五年中国社会融资规模

资料来源：商务数据中心网站。

一、 广东省融资担保市场发展情况

近年来，广东着力构建多层次、全覆盖、有差异的政府性融资担保体系，发挥省级再担保机构的龙头作用，探索高效率、低成本的“银担”批量化担保业务，拓展融资担保覆盖面。

截至 2020 年底，广东省共有融资担保法人机构 220 家，融资担保在保余额 2 255 亿元，行业融资担保在保余额放大倍数 3.01 倍；“支小支农”业务规模 556 亿元，行业直接融资担保年化综合费率降至 1.38%，政府性直接融资担保年化综合费率降至 1.26%；行业资产负债率为 15.3%，年度融资担保代偿率为 1.33%。此外，截至 2020 年底，广东省加入国家融资担保基金业务合作项目的融资担保机构有 52 家。

二、 科技担保业务类型

担保行业主要包括担保机构、被担保企业和资金供给方三类市场主体。其中担保机构是担保行业最重要的市场主体，是担保业务的供给者。2020 年末，我国担保机构类型主要分为政策性担保机构（代表企业有中债信增、中投保、安徽担保等）、商业性担保机构（代表企业有武汉信用、瀚华担保等）与互助性担保机构（代表企业有萧山义桥镇担保等）。相应地，科技担保业务也分为政策性担保、补偿性商业担保和互助性担保。

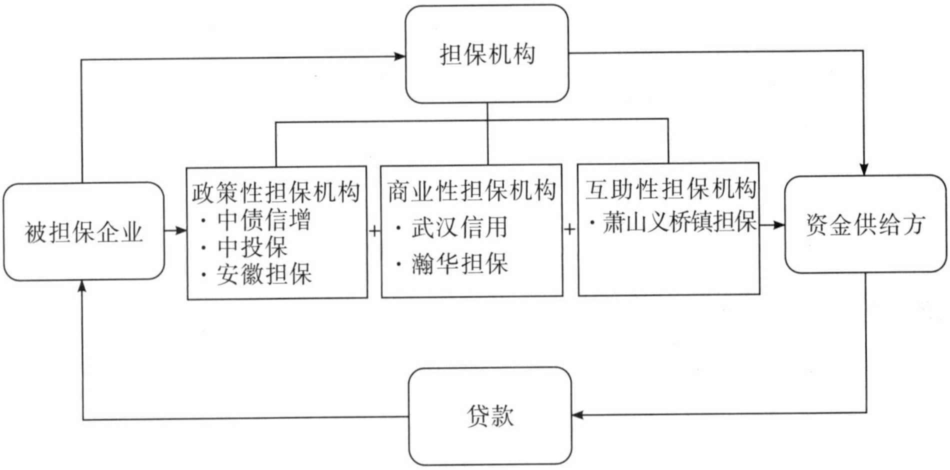

图7－2　担保产业链全景图

资料来源：公开资料整理。

（一）政策性担保

政策性担保主要是指以科技型中小企业为服务对象，由以政府出资为核心、同时吸收部分社会资金成立的担保信用机构提供的担保服务。在国家层面高度支持创新创业的环境下，科技创新日益得到各地方政府大力支持，政策性担保也逐渐成为一种主要支撑手段。广东政策性融资担保业务近年来获得了快速发展，对科技型中小企业融资的支持力度日益增强。

2016年以来，在粤财控股的强力支持下，广东省融资再担保有限公司积极配合省财政厅、省经信委安排给全省15个地市的担保股权投资基金7.5亿元，与湛江、清远、汕头、汕尾、潮州、揭阳、珠海、中山、江门、惠州10个地市政府合作成立了独立的政策性担保公司，专注开展单户500万元以下的中小微企业担保业务，并于2017年实现全面运营，注册资本合计13.71亿元。其中广东再担保利用自有资金出资 7.36 亿元，初步构建起了广东省普惠金融担保服务体系。

2020 年，广东省财政厅公布政府性融资担保、再担保机构（第一批）名单 35 家，实现地市全覆盖。2020 年末，全省政府性融资担保机构实收资本 113 亿元，占比 15%；融资担保金额 384 亿元，占比 17%；为小微企业和“三农”提供融资担保服务 223 亿元，占比 40%，成为服务小微企业和“三农”的行业先锋。担保按行业整体运营，颇见成效，有效缓解了科技型中小微型企业融资难的问题。

专栏五 广东省融资再担保有限公司

广东省融资再担保有限公司（原名“广东省中小企业信用再担保有限公司”，以下简称“广东担保”）是根据省政府第十一届 18 次常务会议精神，于 2009 年 2 月 17 日以广东粤财投资控股有限公司为依托成立的省级担保机构，注册资本人民币 24.1 亿元。广东担保主要从事国家法律法规允许的担保及再担保业务、投资及资本运作以及与信用担保有关的中介服务、企业财务顾问、咨询服务等，是广东省首家获得融资性担保业务经营许可证的担保机构，也是省内唯一资本市场长期主体信用为 AA 等级的担保机构。

广东担保坚持“通过市场化运作、专业化保障，实现政策性目标和可持续发展”的经营方针，按照“增信—增值”的模式拓展担保及再担保业务，主动参与、积极引导和全力推进全省信用担保体系建设，致力于为广东中小企业发展和重大项目建设提供融资服务。同时，公司还充分利用资本、行政、业务三个纽带，通过打造政府、广东担保、担保机构、银行、中介和中小企业“六位一体”的行业生态联盟，构建中小企业综合金融服务平台，以期以担保为纽带，发挥广东粤财投资控股有限公司旗下信托理财、股权投资、资产管理等多金融工具的协同效应，为中小企业成长提供一站式、定制化的综合金融服务。

广东担保先后荣获全国担保行业“业务创新奖”、“全国担保机构三十强”、

“全国最具公信力中小企业信用担保机构”、广东省“金融创新奖”、广州金交会“最佳中小企业金融服务商”等荣誉，在规模、风控、团队、创新等各个方面均居全国再担保行业领先地位。

截至2018年11月底，广东担保累计担保发生额2 574亿元，在保余额541亿元，累计服务中小微企业和“三农”超过3万户次，担当着全省融资担保行业的“稳定器”和“放大器”；在服务高质量发展方面，累计服务战略性新兴产业和高新技术企业超过4 500户次，服务绿色金融企业超过200户次，近年来扶持约30家企业上市（含新三板）。

（资料来源：广东省融资担保业协会。）

（二）补偿性商业担保

商业担保一般由商业性有限责任公司或股份责任制公司提供，以私营机构为主，按照市场化方式运作，通过为科技型企业提供担保而获取利润。由于科技型企业的高风险性，商业担保机构很难从科技担保业务中获利，因此，需要政府通过税收、补贴、基金等方式来对商业担保服务机构进行补偿，降低商业担保机构的业务风险，以此鼓励商业担保支持科技型中小企业，此类业务便是补偿性商业担保。

补偿性商业担保是广东省科技担保行业的重要业务类型之一，政府通过支持商业担保机构的发展，一方面弥补了商业担保机构为高风险科技型企业提供担保造成的损失，另一方面相对政策性担保业务弱化了政府的支持作用，减轻了政府的财政负担。商业担保机构与广州市开发区政府等单位合作，在省内多个地市地区成立了合资企业和分公司。

专栏六 可鉴之举：用活金融服务工具，力促科技金融融合

2020年，肇庆市高新区拥有中、农、工、建、邮储及广发等7家银行业金融机构，还有一家小贷公司和一家政策性融资担保公司，建设银行和四会农商行已

在该区成立了科技支行。为了更好地促进当地中小微企业融资发展，该区开展了以下工作措施：

一是支持小贷、融资性担保公司发展，解决企业融资信用和渠道不足问题。鼓励担保公司积极参与金融创新，推出符合该区中小企业实际的担保业务品种。协调区内小额贷款公司，引导小贷公司业务开展和资金流向，使其以支持中小微企业发展为宗旨，以开拓和巩固高新区市场、培植区内稳定优质客户为重点。

二是加大对区内科技型企业的融资支持力度。区财政设立3 000万元科技型企业风险补偿基金，对于发生的风险损失，由财政风险补偿基金和科技银行各按规定比例分摊。

三是鼓励支持发展直接融资。鼓励优质中小企业、科技型企业改制上市，参与国内多层次资本市场融资。不断加强对上市后备企业的服务，及时协调解决企业上市（挂牌）过程中遇到的困难。市区两级财政共同给予区内成功参与国内多层次资本市场融资的企业以一定财政扶持奖励，给予在A股、创业板、中小板上市的企业以50万～700万元的财政扶持；对在“新三板”成功挂牌的企业，分阶段合计补贴200万元资金。

四是成功设立战略性产业投资基金。区内投资控股公司与广州银行、广东粤财投资控股有限公司旗下的广东粤财基金管理有限公司共同组建“肇庆高新区粤财新兴产业投资基金”，总规模为25亿元，2020年募集资金24.75亿元，用于新能源动力产业小镇项目的投资建设；肇庆市高新区投资控股有限公司、粤科金融集团共同组建的“广东粤科大旺新兴产业投资基金”，总规模3亿元，第一期1.5亿元已募集到位。2019年两支基金合计服务企业数6家、撮合投资项目5项、撮合投资金额343 878万元，将继续借助粤科金融集团在金融创新、资本运作和项目资源等方面的优势和经验完成区内外优质股权项目投资，最大化地实现国有资本保值增值。

（资料来源：广东省融资担保业协会。）

（三）互助性担保

互助性担保业务的核心是降低担保风险和扩大机构集聚效应，具体表现为多个中小型融资担保机构成立基于行业协会或其他自治性组织的互助性担保网络，协同开展互保联保，共同制定行业协会或协同组织的管理规章制度，规范融资担保行为，并自出资金、自担风险，这种担保兼具商业性担保和政策性担保的功能，同时也是为科技型中小企业提供融资担保的主要形式之一。广东主要是一些互助性担保组织在行业协会或自治性组织体内部为其成员或会员提供融资担保，一方面提升了担保机构的担保能力，另一方面也增强了会员或企业的融资能力，有效缓解了科技型中小企业融资难题。不可忽视的是，企业相互之间进行互保联保或连环担保，虽然在一定程度上缓解了企业融资难的问题，但也可能加剧银行信用风险，因此，在具体运营中需加强市场监管、提高准入门槛和加强规章制度建设的安排。

专栏七 广东省融资担保业协会

广东省融资担保业协会是经由广东省民政厅批准，在广东省金融办和广东省民政厅的指导和支持下，由广东省融资再担保有限公司、广东省粤科融资担保股份有限公司等10家融资担保机构于2016年3月9日正式发起成立的。协会首批会员单位有59家，其中包括融资性担保机构55家，银行3家（广发银行总行、建设银行广东省分行、邮储银行广东省分行），中介服务机构1家（鹏元资信）。协会是经广东省社团登记机关核准登记的具有独立法人资格的全省性非营利性社会团体，接受政府相关职能部门广东省地方金融监督管理局和社团登记管理机关广东省民政厅的业务指导与监督管理。

（资料来源：广东省融资担保业协会。）

第二节 广东省各地区融资担保机构情况

一、 广东省担保机构发展概况

2019年，广东省国有控股或参股融资担保公司增速加快，业务规模稳步上升，成为行业骨干。2019年末，国有控股的融资担保公司有40家，占全省机构数的26.5%，注册资本140.1亿元，占全省注册资本的45.9%。2019年，广东省融资担保行业继续发挥支持小微企业和“三农”融资作用，累计为5.4万户次小微企业新增融资担保金额196.6亿元，小微企业融资在保余额201.9亿元。“三农”新增融资担保金额46.9亿元，“三农”融资在保余额55亿元。

二、 代表性机构简介

（一） 广州白云融资担保有限公司

广州白云融资担保有限公司（以下简称“白云担保”）经广东省地方金融监督管理局审批，2019年5月14日于广州市白云区市场监督管理局注册成立，注册资金人民币2.1亿元。批准业务范围包括：为被担保人提供贷款担保、票据承兑担保、融资租赁担保、商业保理担保、信用证担保、发行债券担保、发行基金产品担保、发行信托产品担保、发行资产管理计划担保、发行资产支持证券担保等融资性担保；兼营诉讼保全担保、投标担保、工程履约担保、工程预付款担保、工程款支付担保、与担保业务有关的融资咨询、财务顾问等中介服务，以自有资金进行投资。

白云担保是广州白云金融控股集团有限公司（以下简称“白云金控”）全资子公司。白云金控是广州市白云区人民政府批准设立的国有独资金融控股集团。白云金控以战略眼光设立白云担保，立足白云区，面向市场，为符合国家产业政策及地方经济发展方向的中小企业提供各类担保业务。重点扶持方向为：新一代信息技术、人工智能、生物医药、高端装备制造、新能源汽车信息服务业、航空服务业、现代物流业、高端商务业及其他区政府需扶持的产业等，为中小微企业提供全方位、多层次“一站式”金融服务，包括融资担保、融资租赁、小额贷款等，打造金融综合服务链。对广州市白云区内的中小企业发展将起到巨大的推动作用。

作为一家国有全资政策性担保公司，白云担保战略定位为服务白云区经济与中小微企业发展，打造区域领先、在广东省具有影响力的担保公司。本着阳光、务实、感恩的宗旨，为区内企业发展、经济腾飞贡献自己的力量。白云担保通过产品设计，对接银行渠道，与区内园区行业协会合作，“基金 + 担保”联动等多种方式来推进业务开展。到 2020 年底，其产品设计基本覆盖担保类业务需求，与多家银行达成合作确定授信意向；与区内园区行业协会沟通顺畅，达成了一定意向，取得了一定的成效。其担保公司产品分为融资类业务和非融资类业务两大类，拟发行融资类业务包括：完备产权抵押担保、集体产权抵押担保、租赁收益权质押担保、产业链融资担保、高新技术企业融资担保、政府补助企业融资担保、个人消费融资担保；拟发行非融资类业务包括：工程投标保函、工程履约保函、工程预付款保函、工程支付款保函、诉讼保函。产品基本上涵盖了 90% 的担保业务，为今后大力开展工程保函业务、重点开展融资担保业务、择机开展委贷业务奠定了良好的基础。

（二） 佛山汇银恒信融资担保有限公司

佛山汇银恒信融资担保有限公司（以下简称“汇银恒信担保”）创立于 2011 年 11 月，是一家经广东省融资性担保公司准入审核委员会第七次会议审批同意，在佛山市工商行政管理局登记注册的专业融资担保公司，注册资本为人民币 10 010 万元。

汇银恒信担保为企业及个人提供贷款担保、票据承兑担保、贸易融资担保、项目融资担保、信用证担保等融资性担保；兼营诉讼保全担保、履约担保业务，与担保业务有关的融资咨询、财务顾问等中介服务，以自有资金进行投资等。作为佛山市三水区担保机构的龙头企业，汇银恒信担保秉承“立足三水，以国家产业政策为导向，积极为中小微企业搭建融资桥梁，努力解决中小微企业融资难题，促进地方民营经济发展”的经营理念，提供“全方位、一体化、一站式”专业金融服务供应商的经营方针，与多家金融机构建立了密切的合作关系；为数百家中小企业及私营小业主、创业者提供各类担保和融资服务，为市内各种建设工程提供工程担保，创造了良好的社会效益和经济效益，在佛山市的口碑和社会评价不断提高。

（三）珠海格力融资担保有限公司

珠海格力融资担保有限公司（以下简称“珠海格力担保”）是经广东省金融办批准成立的国有全资担保机构，是珠海格力金融投资管理有限公司的全资子公司，于 2017 年 12 月注册成立，注册资金为人民币 1 亿元整。珠海格力担保主营业务包括为企业及个人提供贷款担保、工程履约担保、贸易融资担保、项目融资担保、信用证担保等相关融资性担保业务。

在融资担保业务方面，珠海格力担保已成功获得工商银行、光大银行、东莞银行、兴业银行等多家银行超 8 亿元的授信额度，全面为珠海中小企业提供融资担保服务。在工程担保业务方面，珠海九洲集团、城建集团、高新建投、联港投资以及各区建管中心等 50 家市属国企、政府单位接受由珠海格力担保出具的各类型工程保函。珠海格力担保成立至今已为市内 100 多家施工单位、过百个建设项目提供工程担保服务。

自成立以来，珠海格力担保致力于为珠海市科技型、成长型、中小微等企业提供融资担保，为珠海市基础设施、环境美化、水利建设等工程提供履约担保，以融资担保的方式丰富金融服务渠道，支持珠海经济发展。

（四）中山市菊城融资担保有限公司

中山市菊城融资担保有限公司（以下简称“菊城担保”）成立于 2010 年 7 月 2 日，是 2010 年由小榄镇人民政府批准成立的，依法注册，自主经营。菊城担保注册资本为人民币 1 亿元，其中中山市弘亿实业有限公司出资 4 000 万元，占股权 40%；中山市小榄镇城镇建设发展总公司出资 3 000 万元，占股权 30%；

何锦标出资 3 000 万元，占股权 30%。

菊城担保依照国家产业政策和法律、法规为符合公司担保条件的小微企业及个人提供贷款担保和配套中介服务，包括专门从事为企业及个人提供贷款担保、票据承兑担保、贸易融资担保、项目融资担保、信用证担保等融资性担保；兼营诉讼保全担保、履约担保业务，与担保业务有关的融资咨询、财务顾问等中介服务，并以其自有资金进行投资。自成立以来，菊城担保与中国银行、建设银行、交通银行、广发银行、平安银行、民生银行、小榄村镇银行、古镇南粤村镇银行、东凤珠江村镇银行以及广州金融资产交易中心等多家金融机构建立了良好的合作关系，华兴银行、渤海银行、东莞银行、浦发银行、邮政储蓄银行也在洽谈合作当中。菊城担保的业绩稳步增长，取得了良好的社会效益和经济效益，社会影响力和公信力得到进一步提升。

菊城担保的发展得到国家、省、市各级政府部门和领导的高度认可和重视，2011 年起其担任小榄镇商会顾问单位，2014 年起担任中山市地方金融协会理事会理事单位，2014 年工业和信息化部、国家税务总局认定其为免征营业税的担保机构，2016 年广东省国家税务局将其作为“营改增”金融担保企业的示范单位并给予其担保业务免征增值税的认定，2018 年中山市发展和改革局认定其为“中山市服务业新兴业态企业”。菊城担保在广东同行业中享有较高的知名度和美誉度，为进一步促进担保行业的规范运作、科学管理，为中小企业、金融业和融资担保行业的持续、快速、健康发展发挥了积极影响。

三、 2020 年广东省担保市场取得的成绩

（一） 全力支持疫情防控和复工复产

广东省及时出台《关于做好疫情防控期间金融服务和安全稳定工作的通知》《关于加强中小企业金融服务支持疫情防控促进经济平稳发展的意见》等系列金融暖企政策。各级政府性融资担保、再担保机构积极响应，通过取消反担保要求、免收再担保费、降低担保费等举措，全力配合疫情防控，助力企业复工复产。

（二）落实“支小支农”贷款担保降费补贴政策

配合广东省财政厅出台的《关于进一步发挥政府性融资担保作用　加大小微企业和“三农”主体支持的意见》等扶持政策，通过降费奖补、代偿补偿等多种形式支持融资担保机构聚焦“支小支农”主业。

（三）切实降低小微企业和“三农”综合融资成本

督促各级政府性融资担保机构坚持保本微利原则，2020 年全年对小微企业减半收取融资担保、再担保费，将小微企业综合融资担保费率降至 1% 以下。

（四）不断深化与国家融资担保基金合作

持续推动融资担保机构深化与国家融资担保基金合作。截至 2020 年底，广东省加入国家融资担保基金业务合作项目的融资担保机构有 52 家，共向国家融资担保基金报送传统融资担保业务 115.9 亿元（不含银担“总对总”批量担保业务）。

（五）银担合作规模稳步上升

通过不断完善银担风险共担机制，推广“总对总”合作模式，广东省政府性融资担保机构银担合作规模增速加快，成为行业骨干。

第三节　广东省科技担保发展存在的问题及对策

一、广东省科技担保发展存在的问题

截至 2020 年，国内承担科技担保业务的机构多以各地市科技局联合财政部门、高新区等共同出资成立，广东省内各地市也相继成立了不同性质的科技担保机构，但大部分机构的实际担保能力有限，呈现出“小、少、散、弱”的特点，无法满足科技型中小微企业的融资需求，主要问题表现在以下几个方面：

（一）地区分布不均衡

广东省科技担保机构地区分布不均衡，主要集中在珠三角地区，特别是在广州、深圳、东莞、佛山等地，并且从市到区再到园区均有规模不等的科技担保公司，而位于粤西、粤北等偏远地区的科技担保机构仅有寥寥几家。缺乏担保机构的支持严重限制了当地科技型中小微企业向银行申请贷款的成功率。

（二）发展状况参差不齐

由于担保行业门槛不高，每年都会有一批民营小担保机构打着服务各类企业的口号成立，但因为经营不善、资金周转不力，很多小担保机构随之又迅速倒闭；有些担保机构甚至存在恶性竞争、信用低下的现象。

（三）资金不足，担保机构规模小

广东省科技担保机构的资本金来源以各地市政府的财政资金和资产划入为主，但这些资金的注入多是一次性的，缺乏后续资金及补偿机制，加之科技担保机构收取的担保费用很低，完全依靠担保收入公司难以持续发展；同时根据银保监会等部门的规定，担保机构在开展业务时要提取赔偿准备金和未到期责任准备金，使原本就不多的资本金捉襟见肘，无力给更多的科技型中小微企业提供担保。

（四）担保物流转渠道不通畅，科技担保项目落地困难

科技担保机构在为科技型中小企业提供担保时，一般要求企业将其拥有的专利等知识产权作为担保物质押给担保机构，但如何正确评估各类复杂的技术在企业市场转化中的前景存在困难。加之国内针对专利的技术交易市场不完善，债权实现需要专业的中介机构、专业的人才等，否则一旦出现违约贷款，担保机构所持有的专利很有可能无法通过顺利变现来补偿担保损失，从而使得科技担保项目难以落地实施。

二、广东省科技担保发展对策

（一）着力“建体系”，完善政府性融资担保体制机制

一是提高覆盖水平。坚持整体布局、统筹推进，着力构建全省统一的政府性融资担保体系。建立政府部门、金融机构、企业、社会团体和个人广泛参与，出资入股与无偿捐资相结合的多元化融资担保机构资金补充机制，提升政府性融资担保机构可持续经营和抗风险能力。广东省财政厅统筹安排50亿元资金支持全省政府性融资担保机构建设，实现广东各地级以上市政府性融资担保机构体系全覆盖。二是推进银担合作。以省级融资再担保机构为龙头，建立“总对总”银担合作机制，引领各级银担合作。支持银行业金融机构在担保授信准入、免收保证金、担保放大倍数、利率水平、续贷条件及放宽代偿期限等方面提供更多优惠。鼓励广东各地政府性融资担保机构按照平等、公平、互利、共赢原则，加强与辖内银行业金融机构合作。三是加强绩效管理。出台广东省政府性融资担保机构绩效考核评价暂行办法，引导政府性融资担保机构聚焦“支小支农”，服务小微企业。

（二）持续“减负担”，加强政府性融资担保机构建设

一是建立代偿补偿机制。广东省财政厅每年安排省融资再担保代偿补偿资金，对纳入国家融资担保基金授信范围的小微企业的融资担保业务实际代偿损失，给予省级融资再担保机构50%的分担补偿。鼓励广东省各地对本级政府性融资担保机构的实际代偿损失进行分担补偿。二是不断提高奖补比例。2019年广东省财政厅出台进一步发挥政府性融资担保机构作用支持小微企业和“三农”发展的若干政策措施，对单户担保金额1 000万元及以下、年化担保费率不超过1.5%的小微企业融资担保业务给予0.5%的降费补助。2020年进一步增大补助力度，对年化担保费率不超过1%的小微企业融资担保业务给予1%的降费补助。三是优化农业信贷融资担保奖补政策。对广东省农担公司开展的符合条件的涉农政策性担保业务，给予最高4.5%的业务奖补和风险补偿，着力帮助小微企业和“三农”复工复产，切实缓解小微企业和“三农”融资难、融资贵的问题。

（三）注重“引进来”，全面对接国家融资担保基金

广东省财政厅要及时对接国家融资担保基金，引导省级融资再担保机构发挥“机构体系的核心、扶持政策的平台、银担合作的窗口”作用，通过机构合作、产品创新、机制完善等方式，不断扩大“支小支农”业务规模。2020 年 1—8 月，广东省融资再担保公司已与全省 43 家合作担保机构开展国家融资担保基金业务合作，新增备案项目 2 491 笔，融资担保金额合计 49.23 亿元。

（四）推进“批量化”，创新小微企业融资产品模式

发挥省级融资再担保机构行业的龙头作用，引导政府性融资担保机构加快产品创新，推出符合政策导向、多方分担风险的小微企业批量融资担保产品，进一步降低融资成本、加快审批效率，为符合条件的借款主体提供期限为1～3 年、金额在 1 000 万元以内的融资担保服务，年化担保费率低至 1% 以下。截至 2020 年 9 月底，批量产品已在江门、清远、揭阳、潮州、汕头等地市落地并逐渐上量上规模，批量产品累计发放“三农”、小微企业贷款金额超过 12 亿元。

第八章

广东省科技保险*

* 本章第一执笔人为暨南大学产业经济研究院龚宇霜。

第一节　科技保险的概念与科技保险政策

一、 科技保险概念的界定

科技保险是科技部与原中国保监会联合推出的一项服务于科技型企业的保险类金融业务，通过构建政府财政支持结合保险公司商业运作的金融服务模式，有效地为科技型企业或研发机构在研发、生产、销售、售后以及其他经营管理活动中提供人身伤害保障、物质损失补偿、责任风险转移等风险保障，从而降低和转嫁企业在自主创新过程中的各类风险，激发企业的创新意识。在科技创新成为发展方式转变和发展动力转换重要抓手的背景下，科技保险作为科技金融的重要一环，是发展现代科技的重要支撑力量，在完善科技型中小企业投融资担保体系、调动更多社会资金投入科技创新等方面发挥着不可替代的作用。

二、 科技保险政策

（一） 国家政策

由于科技活动具有高投入、高风险、高价值等特点，科技保险经营面临较大风险，单靠保险机构无法完成。相关政府部门广泛征求保险机构、科技型企业意见，经反复调研，各方一致认为，科技保险在我国是新生事物，现阶段费率厘定缺乏数据支持，并且科技保险的公益性和高风险性使其在一定程度上具备了准公共产品属性，在启动阶段应坚持政府引导与市场推动相结合，采取“政府引导、商业运作”模式，坚持以服务科技创新为主，兼顾相关风险分担，坚持先试点、后推广。

因此，2006 年国务院出台《关于加强和改善对高新技术企业保险服务有关问题的通知》，为加强和改善对高新技术企业保险服务，大力推动科技保险创新发展，逐步建立高新技术企业创新产品研发、科技成果转让的保险保障机制。科技保险的险种由保监会和科技部共同分批组织开发并确定，第一批险种包括高新技术企业产品研发责任保险、关键研发设备保险、营业中断保险、出口信用保险、高管人员和关键研发人员团体健康保险与团体意外保险 6 个险种。政策性出口信用保险由中国出口信用保险公司经营，其他险种初期由华泰财产保险股份有限公司进行试点经营，期限一年。上述 6 个险种作为高新科技研发保险险种，其保费支出纳入企业技术开发费用，享受国家规定的税收优惠政策。

2007 年，科技部和原中国保监会分别与北京市、天津市、重庆市、深圳市、武汉市政府以及苏州高新区管委会签署了《科技保险创新试点合作备忘录》，上述五市一区正式成为我国第一批科技保险创新试点城市（区），并确立首批享受国家税务优惠政策的险种为上述 6 个高新科技研发保险险种。随后，科技部于 2008 年确定上海、成都、沈阳、无锡及西安国家高新区、合肥国家高新区为第二批科技保险创新试点城市（区），并增加了第二批 9 个险种，分别是高新技术企业财产险、高新技术企业产品责任险、高新技术企业产品质量保证险、高新技术企业小额贷款保证险、高新技术企业环境污染责任保险、高新技术企业专利保险、高新技术企业项目投资损失险、高新技术企业董事会监事会高级管理人员职业责任保险和高新技术企业雇主责任保险。截至 2020 年，享受国家税务优惠政策的科技保险险种可以分为四大类别，具体保险产品有 15 种（如表 8－1 所示）。

表 8－1　科技保险基础险种

科技保险类别	科技保险产品
研发成果类	产品研发责任保险、产品责任险、产品质量保证险
经营环境类	关键研发设备保险、营业中断保险、财产险、项目投资损失险、专利保险、雇主责任保险
员工保障类	高管人员和关键研发人员团体健康保险、高管人员和关键研发人员团体意外保险、董事会监事会高级管理人员职业责任保险
社会责任类	出口信用保险、小额贷款保证险、环境污染责任保险

资料来源：原中国保监会。

经过两批试点的经验积累，2010 年科技部与原中国保监会再次发布了《关于进一步做好科技保险有关工作的通知》，标志着我国科技保险进入全面推广阶段。这一阶段不仅放开了试点城市、保险公司及险种的限制，也将科技保险的补贴政策制定权力下放到地方，即地方政府可以结合实际情况制定相应的补贴政策。

（二）科技保险财政配套政策比较

在国务院公布科技保险试点城市和试点保险产品类别后，各试点城市根据自身情况制定了关于科技保险财政配套资金的政策办法，规定了具体的科技保险保费补贴条件、补贴方式和补贴比例，并积极采取措施加以落实。

2007 年，北京市科委设立“科技保险专项资金”，预算总额 1 500 万元，对参加科技保险的企业，每家保险补贴比例为 50%，补贴上限 15 万元。2008 年底调整为每家企业保险补贴比例为 70%，补贴上限为 50 万元。

天津市科学技术委员会 2008 年印发的《天津市科技保险保费补贴办法》中规定，参加投保科技保险的前 100 家试点企业，给予保险费用 50% 的补贴，100 家以后的企业给予不超过 30% 的补贴，每家企业每年补贴额度不超过 50 万元。

重庆市财政局、市科委 2008 年发布的《重庆市科技保险补贴资金管理办法》中规定补贴方式为按年度定额补贴，对参加科技保险的单位每年按险种给予 30% ～ 70% 的保费补贴，具体补贴比例视险种、年度保费总额和补贴资金总额确定，每个企业每年最高补贴额度一般不超过 10 万元。

根据《苏州高新区科技保险补贴企业保费的实施办法》，投保出口信用保险的企业，将获得保费支出 30% 的补贴；投保其他险种的，将获得保费支出 20% ～ 80% 的补贴；研发类、环境责任及职业责任类和科技金融类保险补贴从高享受。且近三年获得科技项目计划立项的企业每年最高补贴额可达 30 万元，其他企业每年最高补贴额可达 15 万元，企业每年申请出口信用保险的最高补贴额可达 10 万元。2020 年 6 月，苏州高新区管委会对《苏州高新区科技保险补贴企业保费的实施办法》进行修订，保费补贴比例调整为 10% ～ 50%。

深圳市是广东省第一批科技保险创新试点城市，2006 年公布的《深圳市高新技术企业创新综合保险项目服务方案》中规定 11 项科技保险产品可以享受政府最高 50% 的保费补贴。随后，广东省先后在广州、东莞、佛山、中山等城市开展科技保险试点，不同地区的保费补贴比例和补贴限额有所不同。总的来说，广东省各城市的科技保险补贴比例在 30% ～ 60% 之间，每家企业每年最高补贴额度为 20 万 ～ 50 万元。

表 8－2 主要试点市（区）科技保险配套政策对比

市（区）	北京市	天津市	重庆市	苏州高新区	广东省
试点险种数量（种）	13	15	15	13	15
保费补贴比例（%）	70	30 ～ 50	30 ～ 70	10 ～ 50	30 ～ 60
保费补贴限额（万元）	50	50	10	10 ～ 30	20 ～ 50

资料来源：各市（区）科技部门网站公开信息。

从广东省与其他第一批科技保险创新试点城市（区）的科技保险配套政策的比较中可以看出，广东省非常重视科技保险对科技型企业的保障作用，鼓励高新技术企业投保，发挥政府的引导和推动作用，提高高新技术企业的保险意识，为企业的技术创新活动分散风险、提供保障，积极构建科技保险发展新模式。

第二节 广东省科技保险发展概况

一、发展现状

2007 年，广东省成为全国首批科技保险试点省份之一，先后吸引了中国人民财产保险股份有限公司、中国出口信用保险公司、华泰财产保险股份有限公司等多家公司在粤开展科技保险业务。近年来，广东省科技保险工作快速发展，建立了由政府、银行和保险机构共同参与的风险共担机制，完善了科技型中小企业投融资担保体系，在调动更多社会资金投入科技创新等方面发挥着不可或缺的作用。截至2021年，广东省已在广州、深圳、中山、东莞、佛山等城市建立科技保险试点，开发了适用于科技型企业的15个基础险种，在有经济条件的地区设立了科技保险补贴。2019年1—11月，广东省科技保险为科技创新型企业提供风险保障5 309.58亿元；2020年全年，广东省科技保险提供的风险保障超过万亿元，同比增长超过80%。

近年来，广东省不仅聚焦国家重大战略、持续提升对外开放水平、全力服务新发展格局、发挥政策性金融作用，并在服务外贸出口方面成效显著，还积极推动科技保险产品创新。2021年上半年，广东省出口信用保险覆盖面持续提升，服务小微企业1.22万家，创近三年新高，为近万张小微保单配套“出口前增值保”，“单一窗口”惠及7 000余家小微企业。广东省持续推进“制造业立省”“建设科创强省”行动，上半年首台（套）重大技术装备保险提供装备质量和责任风险保障35.34亿元，专利侵权责任保险为382家次企业提供风险保障6.48亿元，科技保险为785家次科技型企业提供风险保障1 109.8亿元。

二、科技保险工作主要做法

广东省开展科技保险工作的主要做法如下：

（一）明确科技保险的服务对象和服务方式

2007年，广东省成为全国首批科技保险试点省份之一。2008年到2012年，广东省提出要在“十二五”期间推行科技保险，有效结合科技创新和金融服务，在机制、模式、方法上先试先行，打造科技金融结合示范区。2013年8月颁布的《广东省人民政府办公厅关于促进科技和金融结合的实施意见》对广东在产品创新、保费补贴、专项奖励、试点范围等方面推进科技保险业务给予政策支持，成为广东省支持科技保险发展的主要文件。2015年出台的《关于发展科技保险支持科技创新的意见》（以下简称《意见》），将科技保险的服务对象扩大到科技型中小企业，使更多的科技型企业能够享受到科技保险的政策红利，同时《意见》还鼓励符合条件的保险公司设立服务于科技型企业的科技保险专营机构。

（二）推动科技保险产品创新

广东省的科技保险产品主要是经监管机构备案确认的科技保险险种，包含企业研发成果、经营环境、员工保障、社会责任四大类。《广东省人民政府办公厅关于促进科技和金融结合的实施意见》《广东省科技金融支持科技型中小微企业专项行动计划（2013—2015）》均提出推动科技保险产品创新和服务模式创新，鼓励保险机构开发适用于科技型企业的科技保险险种，如融资类、自主创新首台（套）产品（设备）类、人员保障类等，提升科技金融保险的适应性和拓宽业务广度。2020 年 3 月，广东银保监局印发的《关于推动广东银行业保险业高质量发展的实施意见》中明确提出，鼓励保险机构加快发展科技保险、专利保险，推广专利质押融资保证保险等险种，持续推进全国首台（套）重大技术装备保险、新材料保险试点。支持保险资金、符合条件的资产管理产品投资面向科技型企业的创业投资基金、股权投资基金等，拓宽科技型企业融资渠道。

（三）制定科技保险补贴办法与专项奖励政策

广东省鼓励各地市出台保险补贴和专项奖励政策，其中广州对高新技术企业的关键研发设备保险、专利保险、高管人员和关键研发人员团体健康保险、高管人员和关键研发人员团体意外保险、营业中断保险、小额贷款保证保险的保费补贴率是60%，其他险种的保费补贴率是 30%；深圳和佛山对所有险种的保费补贴率均为50%；东莞对高新技术企业小额贷款保证保险首年的保费补贴率是 60%，以后年度为 30%，一般引导类险种首年的保费补贴率是 40%，以后年度为 20%。

三、 广东省科技保险试点地市情况比较

近年来，广东省科技保险工作有所进展，广州、东莞、佛山、中山等地市相继开展科技保险试点，建立了由政府、银行和保险机构共同参与的风险共担机制，完善了科技型中小企业投融资担保体系。

2011 年，广州市金融办、市科信局、市财政局联合印发《广州市科技保险试点工作方案》，提出采取市区联动的方式，通过设立科技保险保费补贴专项资

金，鼓励高新技术企业投保，发挥政府的引导和推动作用，提高高新技术企业的保险意识，为企业的技术创新活动分散风险、提供保障，构建科技保险发展新模式。截至 2020 年底，通过公开招投标已确定人保财险、平安财险、大地财险和紫金财险 4 家保险公司承保科技保险业务，并参考科技部、原中国保监会确定的 5 大类 15 种产品，给予一定比例的保险保费补贴。

深圳市作为全国首批科技保险试点城市，出台了一系列政策措施推动科技保险工作。一是鼓励科技保险产品创新。截至 2020 年底，深圳市科技保险业务的承保公司已全面放开，承保险种已扩大至关键研发设备险、知识产权质押贷款保险、企业债券保险、成果转化险等 14 个，基本覆盖了科技型企业日常经营常用的险种。二是加强资金支持。2012 年深圳市出台《深圳市科技计划项目管理办法》，将科技保险列入深圳市科技计划项目，明确了科技保险的补贴资金来源。2013 年出台的《深圳市科技研发资金投入方式改革方案》提出每年从市科技研发资金中安排1 000 万元，对已投保高新技术保险的高新技术企业、战略性新兴产业企业、软件企业等予以保费资助。

2013 年东莞市正式启动科技保险试点，多策并举大力推动科技保险的发展。一是鼓励先行先试。将科技型企业较为集中的松山湖科技产业园区设为科技保险试点重点地区，充分发挥松山湖金融改革创新服务区的先行集聚优势，支持保险公司在松山湖科技产业园区设立科技保险的专营服务机构。此外，松山湖管委会和市政府按照 1∶1 的比例为企业提供科技保险保费补贴。二是建立“政府 + 保险 + 银行”共担机制。为落实《东莞市促进科技金融发展实施办法》提出的创新建立由政府、银行和科技保险承保机构共同参与、市场化运作的科技贷款履约保证保险的风险共担机制，在东莞市政府的引导与支持下，保险业与东莞银行合作，以中小企业贷款保证险为突破，建立风险补偿金制度，全方位化解科技型企业所面临的风险。三是创新科技保险产品。东莞市人民政府办公室出台的《关于加快发展生产性服务业全面推进产业转型升级的实施意见》提出扩大科技保险试点范围，重点推广首台（套）重大技术装备险、中小微企业贷款保证险等金融创新产品，推动科技型企业的发展。截至 2020 年底，共有 6 家保险机构和 4 家银行机构入围开展工作，确定了高新技术企业小额贷款保证保险、关键研发设备保险和产品质量保证保险等13个险种，充分满足企业刚性需求。

佛山市自2014年启动科技保险试点，佛山市人民政府办公室出台了《关于促进金融科技产业融合发展的实施意见》指导性文件，提出加强科技保险试点工作，积极推广南海区知识产权质押融资、禅城区专利保险、三水区“保险贷”试点工作；在科技型企业融资方面，鼓励保险机构开发小额贷款保证险等险种；在支持科技型企业科技创新方面，鼓励保险机构开发科技型企业关键研发设备险、产品研发责任险、成果转化险等险种。2015年，佛山市通过《佛山市科技保险试点方案》，规定每家科技型企业每年申请的补贴比例不超过50%，各险种总补贴金额累计不超过20万元，市级财政对试点全区每年的补助金额比例不超过全区当年保费补贴总额的50%，对试点区补助总金额不超过100万元。为了进一步支持科技保险的发展，基于“政府购买”模式，佛山市禅城区提出由政府全额出资对新增的发明专利一次性投保专利执行保险，保障企业的发明专利被侵权时的调查与法律费用，为科技型企业维护自身专利权提供支持，从而鼓励科技型企业创新。在科技保险财政经费补贴支持方面，佛山市政府连续多年安排500万元科技保险补贴。

表8－3 广东省科技保险试点地市情况对比

地市	广州	深圳	东莞	佛山
试点险种数量（种）	15	14	13	14
承保机构数量（家）	4	全面放开	6	3
保费补贴比例（%）	30～60	50	首年：40～60 第二年起：20～30	50
保费补贴限额（万元）	30	50	20	20
每年补贴财政预算（万元）	—	1 000	—	500
2020年发放补贴（万元）	1 580.82	196.44 （2019年）	385.29	—

资料来源：有关地市科技部门网站公开信息。

广东省各地市开展科技保险试点工作的时间不一致，各试点地市的试点险种数量、承保机构数量、保费补贴比例、保费补贴限额和发放补贴情况也存在较大差距，这导致各地市对科技型企业的风险保障能力不一致，科技保险对科技型企业的吸引力存在差异。因此，为促进广东省各地市科技金融协同发展，有关部门应该继续加大对后试点城市科技保险的扶持，做好科技保险业务发展的各项组织工作，缩小地市之间的差距，为科技型企业提供公平的发展机会和风险保障。

四、 运营模式

在科技保险的实际发展中，由于科技风险的特殊性和复杂性，其运行模式不仅有传统的投保—理赔型模式，还有担保型模式、半参与型模式和全参与型模式（如表8－4所示）。

截至2020年底，我国大部分的科技合约采用的是投保—理赔型模式，该模式主要是通过政府引导科技型企业参保科技保险，保险公司在政府的授权和监督下办理科技保险业务，并担任政府管理科技项目活动的风险顾问。此种运行模式相对传统，政府一般为科技型企业提供财政补贴及税收优惠，鼓励科技型企业积极投保科技保险，分散科技风险，降低经济损失，促进科技项目落地转化。该模式下，虽然政府出台了科技保险相关优惠政策，但政府的审批时间和补贴支付到位的周期均较长，这使得科技型企业对科技保险信心不足。同时，由于科技风险及损失金额难以确定，该模式下科技保险的投保金额一般较大，政策补贴发挥的作用微乎其微，科技型企业依旧无力承担高昂的保险费。

表8－4 四种科技保险承保模式的定义及特点

模式	定义	特点
投保—理赔型	按照保险协议，发生科研风险损失时，由保险公司支付理赔金	传统模式

（续上表）

模式	定义	特点
担保型	保险公司与银行共担风险，为科研开发提供信贷担保	降低投保双方成本，有效规避科研风险
半参与型	在项目失败时，由保险公司进行理赔；当项目成功并获得一定盈利时，保险公司可按比例获得部分收益分成	
全参与型	保险公司直接参与，作为投资人参与科研项目研发	

资料来源：根据文献整理。

我国也在积极探索实践其他模式的科技保险承保方式，2016 年，在浙江成立了中国第一家专门的科技保险公司——太平科技保险股份有限公司（以下简称“太平科技”）。该公司的战略目标是以科技型企业为中心，产品创新为导向，科技风险管理为优势，政策支持为助力，服务提升为根本，走市场化、专业化、创新式道路，打造最具特色的专业科技保险公司。作为中国第一家专业的科技保险公司，太平科技以“做科技的保险，用保险助科技”为经营理念，围绕国家科技创新战略，坚持“特色经营、创新驱动、全面风控、人才强企”四大原则，聚焦于科技型企业及其相关产业链，提供有针对性的风险保障服务，以保险促进科技创新和科技产业发展，为服务实体经济、防控金融风险、深化金融改革做出贡献。截至 2021 年，太平科技已开发完成 111 款针对科技型企业、高新技术企业的保险产品，包括 5 款创新型产品，涵盖科技型企业类企财险、责任险、保证险、意外险、健康险和 2 个知识产权类保险产品。此外，太平科技还争取并充分利用各级政府支持科技创新的产业政策，为科技型企业提供配套产品和服务，打造“产业政策 + 保险产品”的合作模式，将努力形成以“政策扶持业务为重点，创新业务为核心，传统业务为基础”的业务模式。

太平科技的成立是我国科技保险领域的重大成就，也给广东省科技保险产业提供了新的发展方向和借鉴经验。科技服务业对广东省的经济社会发展意义重大，科技保险具有广阔的市场前景，广东省的科技型企业数量较多，科技型企业在初创期和孵化的过程中，面临着多种高风险，但广东省科技保险模式还比较单一，有的科技型企业对科技保险也不甚了解。因此，广东省应搭建好科技与保险的桥梁，打造专业的科技保险公司，聚焦科技型企业及其相关产业链，深入分析其在科技创新链条上的保险需求，针对不同生命周期阶段的科技型企业，积极发展与其适应的科技创新类保险产品和服务，积极探索科技保险的商业模式。

第三节　广东省科技保险发展存在的问题及对策

科技保险是推进创新驱动发展战略的重要举措，作为科技风险管理中最为有效的市场化机制，科技保险与科技创新活动具有内在的契合性和互补性，需要在政府、保险公司和企业三方共同努力下实现快速发展。广东省自 2007 年开展科技保险首批试点，至今已走过了十多年的发展历程，虽然取得了一定成效，但总体上依然是需求低迷与供给不足并存，科技保险在企业风险管理中未能充分发挥其应有的作用。下面从保险公司、科技型企业和政府三个运行主体入手，分析并总结存在的问题，并给出相应的发展对策。

一、 广东省科技保险发展存在的问题

（一） 保险公司方面

1. 科技保险产品有待进一步完善

截至 2020 年底，市场上的科技保险产品还不能有效满足高新技术企业的需要。一是缺乏创新型科技保险产品。广东省已有的科技保险险种较少，主要是科技部公布的 15 个试点险种，而且大部分险种都是在传统企业保险的基础上做简单的变化和改进，并未与高新技术企业实际需求形成高度匹配，远远不能满足高新技术企业对科技风险保障的多样化需求。这导致科技保险的潜在需求未能顺利转化为现实产品，没有做到真正意义上的分散、转移科技风险。据调查，科技型企业对选题立项和研发阶段的险种需求最迫切，但市场上尤其缺乏这类保险产

品。二是科技保险产品定价偏高。由于信息不对称，保险公司对高新技术企业相关风险数据的积累较少，致使保险公司在承保、理赔以及新险种费率厘定等不同环节上都缺少数据支撑，保险公司对科技保险产品的定价缺乏一个科学、严谨的机制。这种信息不对称使得科技保险产品的定价风险相对较高，而过高的费率会降低企业投保意愿或者引起逆向选择效应。

2. 保险公司缺乏动力

首先，从科技保险的本质来看，技术创新活动各个阶段都具有较高不确定性，科技风险损失发生的概率非常大，然而截至 2020 年底，几乎所有的保险公司都是按照大数法则这一理论来经营保险业务。大数法则的不足之处在于只有在吸收大量的科技型企业参保的条件下，才能发挥作用。而科技保险属于新生事物，参保企业显然不会很多，保险公司既缺乏统计数据，也没有科技风险的承保经验，更没有成熟的风险评估体系，不能准确测定风险损失发生的概率分布，导致保费的计算问题和发生损失后的理赔问题难以把握。保险公司因而承担了较高风险，但是收益却极不稳定，缺乏动力。

其次，从保险公司的发展来看，保险公司在产品创新、客户服务和风险管理方面相对不足，并面临人才紧缺的挑战。作为需要高端细分的科技保险市场，试点公司在很大程度上是为了响应政策要求和履行社会责任，因此其缺乏足够的动力去研究科技保险市场需求、开发科技保险新产品以及改善客户服务，更谈不上建立差异化和动态化的科技保险竞争策略。如新产品开发往往是在缺乏充分基础调研情况下的“闭门造车”或简单改造，难以契合市场需求。

最后，政府的监管也给保险公司创新带来了限制。例如，在针对中国人保广东省分公司的调查中发现，保险机构提供的科技保险产品种类受制于中国银保监会下发的文件，只有文件中列明的险种才能够获得保费补贴。由于文件的滞后性，这种行政管制反而降低了市场效率和保险公司产品创新的积极性。

3. 缺乏科技保险专营机构

从国内市场上承保科技保险的机构来看，承保机构大致分为三种：一是综合性财险公司，二是财险公司下的科技保险支公司，三是专业性科技保险公司（如

表8－5所示）。截至2020年底，广东省科技保险经营机构都是综合性财险公司，没有科技保险专营机构，无法与省内现有的科技支行、科技型企业风险投资机构充分协同，在多元化经营主体相互竞争、相互补充的市场中，不同层次的科技保险需求难以得到更大的满足。

表8－5　科技保险承保机构类型

承保机构类型	优势	劣势	代表性公司
综合性财险公司	财力雄厚	只在试点地区的支公司下设科技保险业务部经营科技保险，其在运行模式、运营机制、风险管理等方面并无质的改变	人保财险，平安财险等
财险公司下的科技保险支公司	专业程度比综合性财险公司高	存在专业性人才匮乏、提供的科技保险产品比较单一、覆盖地区不广、受省保险公司限制等不足之处	紫金财险南京科技支公司、人保财险苏州科技支公司等
专业性科技保险公司	专业化、精细化经营	成本和风险较高	太平科技保险股份有限公司

资料来源：根据文献整理。

4. 专业性人才匮乏

与传统的保险不一样，科技保险的对象——科技创新活动风险大、专业性强，因此需要同时具备保险和科技创新两个领域专业知识的复合型人才，然而虽然当前保险行业从业人员众多，但水平参差不齐，部分人员仍然采用常规的推销手段开展业务，难以有效支撑科技保险工作的开展。

（二）科技型企业方面

1. 科技保险投保率低

自广东省推出科技保险相关业务以来，虽然许多科技型企业参与投保，但是覆盖率依然偏低。其原因在于，一方面是政府的宣传推广力度不够，科技型企业对科技保险认识不到位，对科技保险产品了解较少，不会轻易投保。另一方面是中小科技型企业抵御风险的能力不强，而且资金有限，对每笔资金的使用都格外谨慎，同时缺乏相关的风险管理知识，对科技资源与保险资源的有效融合缺少关注；再加上不了解现有的省、市科技保险运作流程及优惠政策，投保顾虑较多、积极性不高，限制了全省科技保险业务的推广。

2. 投保险种高度集中

广东省科技保险投保险种存在高度集中现象，根据政府公布的保费补贴数据，广州86.7%的投保险种集中在高管、关键人员健康与意外伤害险以及企业财产保险等方面；深圳市投保险种以产品责任保险居多；东莞的传统企业财产保险约占投保险种总数的2/3（如表8－6所示）。可见企业投保的险种主要集中在企业财产险，企业高管、团体人身意外险和产品责任保险等传统保险，而最能体现科技型企业风险特征的研发责任险、专利保险等险种投保率较低。鉴于科技风险的综合性和复杂性，科技型企业需要提供具有多样性的险种保障。总体而言，投保险种的高度集中是供需失衡的表现，一方面由于保险公司的产品供给不充分，没有做到从科技创新的各个方面为企业提供风险保障；另一方面也反映出科技型企业对科技保险的不重视，风险管理意识不强，甚至有些企业投保科技保险是以享受保费补贴为目的，而非完全出于企业自身风险管控的考虑。

表 8－6　近年来广东省主要试点城市科技保险补贴险种

（单位：种）

险种	广州（2014 年）	深圳（2016—2017 年）	东莞（2016—2017 年）
产品责任险	3	4	12
企业财产险/企业中断险	17	2	55
企业高管、团体人身意外险	22	—	4
出口信用保险/雇主责任险/环境污染责任险/小额贷款保证险	2	2	11
企业研发责任险/关键研发设备险	1	2	2
未注明险种	—	4	—

数据来源：广州、深圳、东莞科技主管部门公开信息。

（三）政府方面

1. 财政支持政策重需求方、轻供给方

现行的科技保险政策有一个突出的特点：无论是税收优惠还是保费补贴，都以支持科技型企业为代表的需求方为主，尚未覆盖保险公司以及其他金融机构等不同主体的利益诉求，与保险公司具体经营活动的衔接性和协作性有待提高，而且缺乏激励约束机制，不利于财政资金的有效配置。财政支持若要充分发挥作用，必须做到供需并重，当前这样偏重需求方的政策导向不利于提高保险公司的参与性。

2. 财政扶持力度有待提高

广东省科技保险补贴政策覆盖率较低，平均补贴力度有限，这主要是因为部分试点地区对补贴优惠设置了过高的条件，缺乏机动灵活，许多本身有投保意向的科技型企业难以享受优惠政策。还有一些地区对企业的补贴率和补贴额明显偏低，对企业的支持力度太小，影响了企业的积极性。此外，现行的财政支持政策同质化严重，未能体现不同行业、不同地区甚至不同规模企业之间科技保险需求的差异性，也影响了财政激励效果。

3. 区域发展不平衡

从科技保险发展的实际来看，科技保险主要是在珠三角地区开展，其中广州、东莞、惠州、佛山四个地市的科技保险保障占比超过75%，科技保险也主要集中在为科技型企业的非研发行为提供风险保障。

二、 广东省科技保险发展对策

（一） 加大政府的政策支持力度

纵观广东省科技保险的发展历程，每个时期的发展都离不开政府的政策引领和支持。2008—2012年，广东省政府提出大力发展科技保险，同时深化在广州、东莞、佛山等城市的试点工作，鼓励保险机构开发科技型企业适用的科技保险险种；2013—2014年，提出推动科技保险产品创新和创新科技保险服务模式，鼓励有经济条件的地区设立科技保险补贴；2015年确定了科技保险的15个基础险种，支持保险公司在此基础上开发新的险种；2016—2018年，提出推动珠三角专利保险的工作进展，针对企业融资问题，确定扩大小额贷款保证保险试点范围，以满足企业的融资需要。在各项政策的引导下，广东省许多试点城市都加大了财税支持力度，出台了保费补贴政策，设立了科技保险基金，制定了税收优惠措施等，有效地推动了广东省科技保险的发展。在科技金融对科技保险的要求越来越高的条件下，广东省政府应该以推动科技型企业保险试点为基础，设立专业化的科技保险机构，完善科技保险服务体系建设，加大科技保险业务推广工作。鼓励保险公司为高新技术企业、科技型中小企业、技术先进型服务企业、中国创新创业大赛获奖企业、国家级科技型企业孵化器在孵企业等提供科技保险服务。

（二） 鼓励企业增加创新投入

广东省科技保险的服务对象主要是科技型企业或研发机构，对高新技术企业、科技型企业在研发、量产、销售、售后等过程中所遇到的科技风险进行赔偿，从而最大限度降低高新技术企业的损失。因此，企业的创新能力和投入对科技保险的普及有重要影响。例如在深圳、广州等科技型企业发展较快的城市，企业愿意投入较大的人力和财力进行创新研发建设，而在粤东西北地区一些科技型企业发展较为缓慢的城市，创新方面的投入力度就比较有限，对科技保险的购买需求也相应减弱。因此，广东省科技保险发展存在区域不平衡的问题，需要因地制宜，提出合理的改善措施，促进区域均衡发展。针对在粤东西北地区创业的企业的保险产品和保障机制还没有建立起来，需要加大探索力度，开发出有效鼓励和支持科技人员到粤东西北地区创办科技型企业的保险产品。

（三）科技保险产品要做到“量体裁衣”和涵盖范围全面

科技活动不仅具有高投入、高风险的共性，还具有高差异化的特点，因此需要保险公司为高新技术企业“量体裁衣”，掌握科技保险的出险规律，开发出满足科技型中小企业发展需要和创新行业需要的，具有实际操作性、科学合理的科技保险品种，同时构造完整的科技保险数据体系，不断拓展科技保险的可保范围。通过推行多层级的科技保险风险补偿和保费补贴政策，对开展科技保险业务的保险机构按实际赔付科技保险保单金额的一定比例给予风险补偿，对科技型企业按实际发生科技保险费用的一定比例给予保费补贴。还应鼓励保险机构创新科技保险产品，探索、开发符合科技创新型企业需求的贷款保证保险、专利综合保险、首台（套）重大技术装备保险、重点新材料首批次应用保险等多形式科技保险产品，为科技创新型企业研发、融资、并购等环节提供全方位的保险和再保险服务。

（四）成立专业科技保险公司

专业科技保险公司定位主要是为科技型企业提供专业化的服务，其经营的保险产品覆盖科技型企业各环节风险转移的需要，为科技型企业提供全方位的风险保障。加快成立广东省专业科技保险公司，开发适合广东科技产业的“一揽子”保险产品，为广东的信息科技、生物医药等重点产业开发保险组合产品，满足各企业的特殊需求。对于既无能力上市融资，又无大量固定资产进行抵押融资的科技型中小企业，通过加深科技保险公司与科技支行、商业银行、风险投资公司、担保公司等金融机构的合作，联合开发科技金融类产品，为科技型企业提供融资增信服务。利用专业科技保险公司的专业风险管理者优势，帮助科技型企业发现风险点，进行风险管理的规划，使科技型企业实现稳健经营；为科技型企业业务骨干、关键研发人员提供意外健康保障，为高技术产品成功研发提供基础保障。

案例一 知识产权质押保险产品——中山模式

为深入实施创新驱动发展和国家知识产权战略，推动金融、科技与产业的有效创新综合，人保财险积极探索和开发知识产权质押保险产品，创新性地引入“政银保”模式，率先在广东省中山市实现业务的落地，形成具有复制和推广价值的专利质押保险“中山模式”。该模式是对知识产权价值有效运用的一次创新尝试，拓宽了中小微科技型企业融资渠道，开启了专利质押融资与知识产权保险相互促进、融合发展的新模式，使知识产权保险由对知识产权的保障迈向了促进知识产权运用的新阶段，有效解决了中小企业融资问题。

“中山模式”由知识产权局、保险、银行、知识产权评估公司和中盈产业投资有限公司五方合作，按照“政府引导、风险共担、市场化运作”的原则开展，由中央、市级财政共出资 4 000 万元建立风险补偿资金池。当贷款发生损失时，政府、银行、保险和知识产权评估公司按照 54∶26∶16∶4 的比例共担损失。该项目服务对象为高新技术企业，高新技术后备企业，中山孵化器在孵企业，符合中山市产业政策和发展方向、满足政府规定的贷款条件的其他企业。

该项目是在专利质押融资中创新性地引入以“政银保”为主要模式的专利质押融资保证保险，可以通过转嫁放贷银行贷款风险，为科技型企业进行信用增级，提高企业贷款成功概率。专利质押融资保证保险的作用在于以保险公司更强的财务实力和信用评级作为企业贷款的担保，提高企业贷款成功率。通过与政府和银行的多方合作，能够切实解决中小企业融资难的问题。由于专利质押融资保证保险采用“政银保”的模式，政府部门会通过财政投入风险基金，给予企业全部或部分比例的保费补贴和贷款贴息，能够有效解决中小企业融资贵的问题。

该项目在实务操作中有三个亮点：一是在专利评估方面，采取价值评估与资格评估相结合的方式，更加科学、合理地评估专利价值。二是在贷款手续方面，企业只需按照清单列表提交相关资料，原则上合作各方在15个工作日内完成各自审核并发放贷款，真正做到手续简单、操作便捷。三是在优惠政策方面，企业贷款额度达300万元，通过政府补贴，首年综合贷款年化成本仅4.48%，为所有融资渠道和地区中最低，切实解决科技型中小微企业融资难、融资贵的问题。

“中山模式”得到了国家知识产权局的充分肯定，并在《关于引入专利质押融资保证保险完善专利质押融资风险补偿机制的通知》文件中以“中山模式”为范本进行了介绍推广，为辽宁、山东、四川等专利质押风险补偿基金试点省份提供了可供借鉴的经验。

案例二 中山市科技保险服务中心

2016年，中山市科技局与中国人民财产保险股份有限公司中山市分公司设立了全省首家科技保险专管专营机构——中山市科技保险服务中心，为企业提供三大类科技金融服务：一是科技保险服务，根据市科技局科技金融专项资金对十类科技保险险种的扶持，为企业提供科技类保险产品，从产品研发、销售、人员方面提供风险保障；二是专利质押融资服务，根据市知识产权局实施的科技型企业知识产权质押融资贷款文件，为企业提供专利贷款保险保证，从而使企业获得贷款，支持企业发展；三是首台（套）重大技术装备服务，根据国家工信部首台（套）重大装备保险补贴政策，由保险公司针对重大技术装备特殊风险提供定制的首台（套）重大技术装备综合险，承保质量风险和责任风险，中央财政对符合条件的投保企业适当补贴保费，利用财政资金杠杆作用，装备制造企业投保，装备使用方受益，发挥保险的风险保障功能，降低用户风险。2019年，中山市在全国首创科技项目研发费用损失保险、科技成果转化费用损失保险，用于保障科技项目研发过程、后续试验、开发、应用、推广，直至形成新产品、新工艺、新材料、发展新产业等相关环节的风险。截至 2019 年底，中山市共有科技保险机构 9 家，科技保险产品 10 个，参保企业 897 家，累计保额 975.1 亿元，惠及企业高管及关键研发人员 10 759 人。

第九章

区域科技金融发展探索与实践*

* 本章第一执笔人为暨南大学产业经济研究院龚宇霜。

第一节　广州：打造覆盖企业全生命周期的科技金融服务体系

近年来，广州市深入开展科技金融服务工作：一是上下联动，紧密联系省、市、区相关政府部门，协同推进科技和金融结合工作；二是整合资源，汇聚政策、科技型企业、金融机构、行业协会等资源，搭建科技金融综合服务的系统平台与功能平台；三是创新服务，通过“线上＋线下”双管齐下展开基于科技型企业全生命周期的科技金融服务，并开展相关体系建设研究。打造了“科技＋金融”一体化服务模式，有效健全、完善了广州市科技金融创新服务体系，营造了良好的环境氛围，推动科技金融各项工作向纵深发展；在科技金融服务体系建设、科技信贷等方面形成了亮点，取得了良好成效。

一、亮点一：打造科技金融服务平台，完善科技金融服务体系

2015 年 6 月，在广东省科技厅和广州市科创委的指导和支持下，由广州市科技开发总公司出资成立了全国资企业——广州市科技金融综合服务中心，旨在建设一站式科技金融服务平台，为广州市科技型中小企业提供全链条式科技金融服务。

广州市科技金融综合服务中心针对服务实体经济、破解企业创新创业难题等现实需求，秉持构建“一站式”科技金融服务平台的宗旨，通过政府引导推动与机制创新，打造创业投资引导平台、科技支行信贷融资平台、科技型企业上市服务平台，建立覆盖科技成果转化及科技型企业成长的种子期、初创期、成长期、成熟期全生命周期的服务体系，极大地活跃了广州市科技创新、创投融资氛围，有效促进了广州市的科技成果转化和科技型企业成长。

自成立以来，广州市科技金融综合服务中心联动各区科技主管部门、国发控股相关子公司、科技金融分中心、金融机构组织政策宣讲会、投融资对接等多场活动，接待及走访企业超过 5 000 家，辅导对接企业超过 20 000 家。组织科技政

策宣讲、大赛培训、路演和项目投融资对接等活动共20余场，吸引了近2 000家广州市科技型企业报名，报名企业数量在全国省会城市中排名第一。为加强粤港澳大湾区合作，打造科技金融系列品牌活动，广州市科技金融综合服务中心主办广州市科技金融服务周，精心策划、组织14场精品活动，发布了“科技智慧贷”“知识产权维权保险”“邮储科技贷”等40多个科技金融产品，共为200多家金融机构、1 000多家科技型企业提供了科技金融对接服务，初步促成投融资金额约20亿元。

表9－1　2016—2020年广州市科技金融综合服务中心数据统计

一级指标	二级指标	2016年	2017年	2018年	2019年	2020年
创业投资	入驻创投机构（家）	47	43	500	99	50
	撮合投资金额（亿元）	39	23	50	19.2	8
	撮合投资项目数量（项）	9	6	50	32	15
	服务企业数量（家）	172	300	1 300	943	350
上市辅导	辅导企业在主板上市数量（家）	3	10	12	6	3
	辅导企业在新三板挂牌数量（家）	0	0	3	2	3
	辅导企业在区域性股权交易市场挂牌数量（家）	7	37	44	25	5
	辅导企业数量（未在任何资本市场挂牌）（家）	37	49	2 000	5 688	3 560
其他科技金融活动	融资路演活动（场）	10	46	30	20	18
	融资路演活动参与人数（人次）	1 500	2 100	3 600	4 810	2 300
	培训活动（场）	14	15	18	22	12
	创新创业赛事辅导活动（场）	12	14	13	15	7

资料来源：广州市科技金融综合服务中心。

不仅如此，广州市科技金融综合服务中心还充分利用科技金融资源及品牌影响力，通过市区联动，在海珠区、越秀区、荔湾区、番禺区、天河区、南沙区、白云开发区建设科技金融分中心，发挥基层分中心作用，开展科技金融服务工作，科技金融服务网络逐步成型。广州市科技金融综合服务中心将继续构建一个涵盖线下与线上的平台服务体系。一方面，线下平台以实体平台为着力点，总结广州市科技金融综合服务中心模式，复制推广至全市各区一级服务中心，并以区为节点将网络延伸至园区、产业协会；协调推进海珠区、天河区及开发区的风投大厦，荔湾区新三板大厦，创投小镇，基金小镇，各大银行科技金融支行的建设。另一方面，线上平台以数据平台为着力点，以科技型中小企业信贷风险补偿资金池企业库为基础，逐步充实、完善全市科创型企业数据资源，在企业主动披露融资信息与需求的基础上，由其自主选择数据平台上的金融机构与投资者，使“金融供需”信息实现开放共享、高效对接。

二、 亮点二：大力开展科技信贷，解决科技型企业融资难问题

2015 年，广州市科技创新委员会和广州市财政局联合印发《广州市科技型中小企业信贷风险损失补偿资金池管理办法》，由市财政出资 4 亿元设立全国规模最大的广州市科技型中小企业信贷风险损失补偿资金池，推动银行加大对科技型中小企业的贷款支持，对银行为科技型中小企业提供贷款所产生的本金损失，由科技信贷风险损失补偿资金池承担 50%。

2021 年，为进一步提高合作银行积极性，引导银行资本进入科技创新领域，支持科技型中小企业发展，结合科技型中小企业信贷风险损失补偿资金池运营情况，市科技局对《广州市科技型中小企业信贷风险损失补偿资金池管理办法》进行了修订，资金池受托管理机构的服务形式发生了改变，大湾区科技创新服务中心作为资金池受托管理机构，除了原有的银行审批功能外，还建立了资金池数据交互中心，统计数据包括资金池管理方、银行方及企业方，根据企业方统计的营收、需求等情况，可以有效把握资金池企业的整体情况，发掘企业更多需求。在广州市科技局的指导下，大湾区科技创新服务中心还开展了科技金融工作站、

科技金融特派员工作试点，探索科技金融赋能孵化育成体系的“1 +1”模式。2020 年，广州市科技型中小企业信贷风险损失补偿资金池累计放贷突破 300 亿元。

通过征集新的合作银行，资金池合作银行已从原来的中国银行广东省分行、建设银行广东省分行、兴业银行广州分行、广州银行、平安银行广州分行、中信银行广州分行、交通银行广东省分行和招商银行广州分行 8 家增至 23 家。截至 2020 年底，广州市科技型中小企业信贷风险损失补偿资金池共为 3 158 家企业提供贷款授信累计 370. 53 亿元，合作银行累计发放贷款 300. 99 亿元；超额完成 300 亿元的科技信贷放款任务，实现科技信贷增长速率全国最快，撬动杠杆为全国省会城市中最大。

同时，各银行在科技信贷风险损失补偿资金池的基础上，进一步创新科技信贷产品，开发了包括“科技立项贷”“科技保理贷”“科技助保贷”“科技投联贷”“三板贷”等 20 多个创新型科技金融产品（如表 9 –2 所示），对初创期企业，创新金融产品，鼓励金融机构开展“科技立项贷”、天使投资等服务；对成长期企业，开展科技信贷风险损失补偿资金池贷款、创业投资等服务，融资服务更为专业、更具特色、更加丰富。

表 9 –2　各银行科技信贷特色产品

银行	科技信贷特色产品
中国银行广东省分行	科技通宝、三板通宝、科技立项贷、科技保理贷、科技投联贷、科技立业贷、选择权贷款等
建设银行广东省分行	科技助保贷、科技信用贷、科技智慧贷、科技投贷通、税易贷等
交通银行广东省分行	科技贷、税融通、股融通、沃德小企业贷款等
兴业银行广州分行	三板贷、投联贷、交易贷、连连贷、“芝麻开花”中小企业成长计划
招商银行广州分行	税贷通、三板贷、结算贷、展翼增值、展翼直投

（续上表）

银行	科技信贷特色产品
中信银行广州分行	科技信用便捷贷
平安银行广州分行	科技创新贷
广州银行	科技贷、智慧贷

资料来源：广州市科技金融综合服务中心。

三、未来方向：完善科技信贷服务，探索适应大数据时代的深度挖掘

广州市将继续聚焦于以科技信贷为主线、协同科技创投的发展方向，紧密引入、联动合作银行、创投机构等金融机构合作伙伴，为广州市科技型企业提供贷款、投资、上市辅导、科技成果转化等服务，同时辅之以政策宣导、园区服务、咨询等服务，着力打造投贷联动一体的科技金融服务平台。为解决投融资服务过程中信息不对称问题，广州市科技金融综合服务中心平台借助大数据挖掘工具，建立适用于科技金融的信用信息体系，逐步开展企业征信与评价体系的建设，实现信用评级与线上融资平台的有效对接，解决科技贷款信息不对称问题。同时，进一步加强与粤港澳大湾区合作，争取国际、国内、大湾区等科技金融机构支持，共建科技金融系列品牌活动；继续参与举办中国创新创业大赛、创投周、科技信贷直通车、科创板培训、融资并购常态化对接等活动；优化广州科技金融平台，打造广州科技金融品牌。

第二节　深圳：构建完善的投融资体系，建设风投创投中心城市

2011 年 10 月，科技部等五部委印发了《关于确定首批开展促进科技和金融结合试点地区的通知》，深圳市成为首批 16 个促进科技和金融结合试点地区之

一。深圳市委、市政府结合本地实际相继出台了促进科技和金融结合的若干支持政策，构建了科技金融结合的三级工作体系，积极推进试点工作，形成了包括银行信贷、证券市场、创业投资、担保资金、财政专项资金资助和政府创投引导基金等覆盖创新全链条的金融服务体系，营造了科技、金融和产业相互融合、相互促进的良好生态环境。

一、 亮点一：财政资金支持股权投资，构建投融资体系

2015 年 8 月，为改革财政扶持方式，大力推进“大众创业，万众创新”，加快实施创新驱动发展战略，促进经济提质增效，深圳市设立了市政府投资引导基金（由市财政资金出资设立，按市场化方式运作的政策性基金）。子基金管理机构由取得私募投资基金相关登记备案资质的投资机构申请设立，市政府投资引导基金重点投向以创新创业、新兴产业发展、城市基础设施建设、民生事业发展为主要投资方向的子基金，大力培育新兴企业，促进产业转型升级，提升民生事业和城市基础设施建设水平。经过几年的发展，逐步形成了以政府财政资金为引导、社会资本投资为主导的多层次资本市场服务体系。2020 年 8 月，在清科集团联合旗下投资界主办的第十四届中国基金合伙人峰会上，深圳市政府投资引导基金被评为“2020 年中国政府引导基金 30 强”第一名。

此外，深圳市还设立了股权投资项目，每年从市科技研发资金、战略性新兴产业专项资金和未来产业专项资金中安排一定比例资金，按照国家科技经费改革要求，通过投资产业技术研发或成果转化项目获得阶段性持有股权的方式，对企业予以有偿资助。深圳市科创委会同市财政局，委托深圳市科技金融服务中心代表政府持有市财政资金形成的阶段性股权，并按委托要求进行管理，行使出资人职责。政府财政资金参股期限一般为 3 年，最长 5 年。政府对被参股企业原则上不控股且不成为第一大股东，不干预企业具体生产经营活动。政府股权退出时，一般按合同约定的固定收益退出，即使股权投资有增值也会让利于企业，使企业获得更多实惠。

截至 2020 年底，受深圳市科创委和市财政局委托，深圳市科技金融服务中心共完成股权投资项目 145 个（以完成股权工商变更为准），投资金额约 13.68

亿元，成功退出股权项目 27 个，收回股权投资本金 29 085 万元及政府税前收益 4 119.57 万元，共计 33 204.57 万元。培育出 1 家上市企业、86 家国家高新企业，扶持了一批行业标杆企业，如深圳奥比中光科技有限公司、深圳云天励飞技术股份有限公司、深圳普门科技股份有限公司等。股权投资项目的实施改变了以往政府无偿资助和直接管理项目的方式，通过财政资金阶段性持有股权、适时退出，为财政资金保值增值、良性循环提供新路径。

表 9-3 深圳市股权投资案例

公司	案例
深圳奥比中光科技有限公司	该公司成立于 2013 年 1 月，是全球领先的 AI 3D 感知技术方案提供商，该公司获得 2015 年第一批高层次人才创新创业团队的股权投资 3 000 万元。在政府扶持期间，该公司的就业人数从 58 人增加至 720 人，增长了 11.4 倍；销售额从 0 元增长到 7 亿元；企业估值从政府入股前的 2 亿元增长到 140 亿元，增长了 69 倍。该公司突破国际技术垄断，拥有从芯片、算法到系统、框架、上层应用支持的全球技术实力，在 AI 3D 感知领域专利申请数超 500 项，居世界前三（比肩苹果、微软），成为全球第四家、亚洲第一家掌握 AI 3D 感知全领域技术的平台型科创企业，占据行业制高点
深圳普门科技股份有限公司	该公司成立于 2008 年 1 月，致力于体外诊断设备、康复治疗设备、家用医疗设备的研发和产业化，获得 2014 年第一批高层次人才创新创业团队的股权投资 2 000 万元。在政府扶持期间，该公司的就业人数从 248 人增加至 810 人，增长了 2.3 倍；销售额从 1.16 亿元增长到 2 亿元，增长了 72.4%；企业估值由 0 元提高到 70 亿元。2019 年 11 月，该公司在科创板成功挂牌上市，拥有多家省、市级创新研发机构和先进的专业实验室，研发实力雄厚，该公司所生产的医疗器械产品获得国际市场的广泛认可

资料来源：深圳市科技金融服务中心。

二、 亮点二： 依托科技金融服务平台， 促进投贷联动

深圳市科技金融服务中心作为促进科技和金融结合试点的服务单位，努力推进科技金融市区联动，支持和帮助各区开展科技金融结合工作；搭建科技金融服务平台，营造科技金融生态环境。

深圳市科技金融服务中心成立以来，经过重新整合规划，以高新区创业投资服务广场和科技金融联盟两大公共平台为支撑，不断完善平台机制，创新服务理念，延伸服务体系，努力打造各具特色的创业投资广场和科技金融联盟平台，以各自不同的服务模式、服务对象、服务范围和特色活动，构建资源共享、相互支持的协同机制，积极促进科技与金融结合试点。通过与入驻机构、联盟成员单位合作，每年共同举办 60 多场次各类科技金融政策解读会、科技金融讲座、科技金融创新产品推介会、投贷联动交流会、深圳国家自主创新示范区科技型企业常态化路演、科技金融联盟分部及工作站培训会、中国风险投资行业年会等活动。对落实科技金融各项政策，解决科技型中小微企业融资信息、资源不对称等问题，提升科技金融服务水平具有重要意义。例如，为搭建科技型企业与资本市场的无缝对接平台，2015 年 10 月以来，深圳市科技金融服务中心与深交所联合累计举办 35 期深圳国家自主创新示范区科技型企业常态化路演活动，企业融资金额超过 10 亿元；通过微信公众号、互联网平台和移动客户端，提供“现场 + 网上”的路演交流平台，并依托大数据分析，提供定制化的智能匹配和精准推送服务，有效提升了科技型企业与投资机构之间的信息对接和融资效果（如表 9 – 4 所示）。

表9-4 深圳市科技金融服务中心两大公共平台

平台	简介
深圳高新区创业投资服务广场	深圳高新区创业投资服务广场（以下简称“创投广场”）成立于2007年10月，是全国首个引进专业风险投资基金，券商投行部和非上市业务部，产权交易所，评估机构，会计机构，律师事务所及担保、信用、专利服务中介机构入驻的公共服务平台，通过提供办公场地、优惠政策和专业化服务三大要素搭建平台，依托入驻机构为高新技术企业提供服务，现有入驻机构18家，合作机构80家。据不完全统计，截至2020年底，创投广场内机构管理的资金规模已达680多亿，完成风险投资400多家，累计举办各类投融资活动500多场，形成了显著的聚集效应和完整的投融资服务链，为处于不同成长阶段的科技型中小微企业提供了多层次、立体化、全过程的融资服务 创投广场也培育了一批诸如深圳创新投、高新投担保、弈投孵化器等在全国和深圳本地颇有影响力的创投机构。例如，弈投孵化器是在深圳市科技金融服务中心的支持下，由深圳市商弈投资管理有限公司搭建的高端孵化平台，是深圳首家虚拟的服务型孵化器。该公司于2009年入驻创投广场，已在江苏镇江、广东东莞和惠州等地开设了多家服务型孵化器，同时在硅谷和温哥华运营
深圳市科技金融联盟	2012年12月，深圳成立全国首个科技金融联盟（以下简称“联盟”），旨在促进科技金融领域各种创新要素的集聚，促进科技金融资源的有效对接互动，使科技金融结合服务体系得到进一步完善，是探索科技与金融结合的新举措。联盟现有成员单位300多家，分别来自银行、交易所以及证券、创投、小额贷款、担保、保险和科技公司 联盟也是推进科技金融“市区联动”工作的重要抓手，已建立市、区级科技金融联盟分部共6个，科技金融联盟工作站达52个。设立市、区联动的科技金融联盟，举办各种科技金融政策宣讲、讲座、常态化路演和联盟工作站交流会等活动，为银行、金融机构和科技型企业提供交流互动平台；引导社会资金不断投入科技创新，促进科技金融领域各类创新要素集聚和有效对接互动，使科技金融服务体系得到进一步完善，为高新技术产业和金融业这两大支柱产业的融合发展创造新的机遇。2015年10月至今，联盟年均举办各类活动80余场

资料来源：深圳市科技金融服务中心。

此外，为进一步拓宽科技型企业的融资渠道，深圳市科技金融服务中心还积极探索，推动成立了深圳市科技企业投贷联动促进会，分批次组织闭门式的投贷联动洽谈会，精准、有效地解决科技型企业融资难的问题。2017 年起，深圳市科技金融服务中心和浦发银行累计举办了 20 多场次投贷联动交流会。服务中心还积极探索投贷联动与园区（工作站）相结合的新途径，在龙岗区召开了科技金融联盟工作站会议，对投贷联动模式的路径、思路进行两次座谈，并在龙岗区的中海信产业园区进行试点，达到投贷联动机构、园区管理服务机构及园区企业对接、分享、共赢的效果。

三、 未来方向：建成“全方位、全过程、全覆盖”的高质量服务体系

深圳市科技金融服务中心将继续立足科技金融服务实体经济的宗旨，进一步建立健全重点科技型企业服务制度，鼓励合作金融机构提供低息（费）的资金支持，打造线上科技项目投融资交流平台，以股权融资为引领，带动债权融资，尽快建成“全方位、全过程、全覆盖”的全市科技金融高质量服务体系，为高新技术产业和金融业这两大支柱产业的融合发展创造新的机遇。

第三节　佛山：立足制造业，走产业金融创新发展之路

近年来，佛山市加快实施创新驱动发展战略，加大财政科技投入力度，创新工作机制与投入方式，推动科技与金融深度结合。在推进科技金融发展的实践中，逐渐形成了以佛山分中心、顺德分中心、广东金融高新区分中心为支撑的科技金融服务体系；佛山市还围绕打造国家制造业创新中心的目标，坚持打造具有全国示范意义的产业金融中心，不断探索金融服务实体经济的新模式，成为全省金融、科技、产业融合发展的排头兵。

一、亮点一：建设三个分中心，支撑科技金融服务体系

佛山市设有广东省科技金融综合服务中心佛山分中心、顺德分中心和广东金融高新区分中心，三个分中心各自独立运营，支撑佛山市科技金融服务体系的建设。

（一）广东省科技金融综合服务中心佛山分中心

广东省科技金融综合服务中心佛山分中心（以下简称“佛山分中心”）由佛山火炬创新创业园有限公司（以下简称“火炬园”）于2014年7月独资成立，旨在探索推动技术与资本融合，为小微企业提供专业的科技金融服务。佛山分中心依托佛山市金融投资控股有限公司（以下简称“佛山金控”）和火炬园的服务资源，集聚和整合风投、银行、商协会等各界力量，基本形成了独具特色的服务体系和商业模式，打造了两个科技金融品牌产品——中国创新创业大赛佛山赛事和《创新创业之路》电视栏目。下一阶段，佛山分中心将继续沿着创新驱动的发展思路，凭借佛山金控的平台优势，形成一个独具投融资、管理和孵化服务功能的“金融+科技”的商业模式；同时在产业转型升级、科技创新需求依靠金融提供发展动力的市场趋势下，针对科技创新业务，构建以“基金—火炬园—证券”为业务主线、重投资功能的金融服务体系（如表9-5所示）。

表9-5　佛山分中心科技金融品牌产品

产品	简介
中国创新创业大赛佛山赛事	2015—2020年，佛山分中心共为1 032家企业提供大赛的参赛辅导、培训服务，帮助9个企业（项目）获得省赛一、二、三等奖，其中两家企业位列全国第三。大赛共超过100家创业服务机构（金融机构、高校和研究院等研究机构），超过150名各行业专家担任大赛评委。佛山分中心形成了超过600人的专家库，为大赛储备充足的专家人才。2020年，佛山赛区重点扶持新一代信息技术、新材料和生物行业的企业，根据不同行业举办了3场行业赛。同时，市科技局的奖励资金也着重在这3个行业中寻找优质企业予以扶持

（续上表）

产品	简介
《创新创业之路》电视栏目	在市科技局的领导下，佛山分中心与佛山电视台、佛山新闻网建立战略合作，共同打造《创新创业之路》电视栏目，该栏目在每年大赛期间持续播出，已累计播出 210 集。通过对参赛企业进行深度跟踪报道，发现、挖掘佛山制造业重镇鲜为人知的创业故事，传播创新创业精神、激发创新创业激情

资料来源：广东省科技金融综合服务中心佛山分中心。

（二）广东省科技金融综合服务中心顺德分中心

广东省科技金融综合服务中心顺德分中心（以下简称“顺德分中心”）于 2015 年 1 月启动实施建设，以顺德区产业服务创新中心为主体承担，联合佛山市顺德区智德投资有限公司、顺德资本市场企业服务中心和顺德区政策性投融资平台等机构，整合创业投资、科技小额贷款、科技担保、科技融资租赁、投资基金、金融服务等各类资源，共同建设顺德分中心。

股权投资方面，通过管理创新创业母基金，运用政府引导基金吸引社会机构及资本集聚顺德，助力优势产业转型升级；依托自有资金和政策性资金，撬动社会资本，以股权投资方式注入企业，助力战略新兴产业发展。截至 2020 年底，通过顺德区创新创业母基金投资的子基金有 17 支（含政策性子基金）、自有资金投资的子基金有 4 支、自主募资设立的基金有 3 支，子基金存续期间总规模累计超过 64 亿元；截至 2020 年底，通过新增投资金额 1 784 亿元。

债权运营方面，2015 年顺德区率先成立支持企业融资专项资金（目前规模是 1.3 亿元），由科创集团下属顺高投融资担保公司管理，为区内贷款即将到期、符合银行贷款条件且具有还贷需求的企业提供短期周转的政策性资金，积极发挥财政资金的扶持作用，实现政银职能互补和无缝对接，确保财政资金安全回收且循环利用，帮扶企业缓解资金紧张。截至 2020 年底，当年累计发生业务 678 笔，拨出并成功回收金额 7 324 亿元，同比增长 24.09%。

科技金融活动培训服务方面，顺德分中心每年一场“深圳创新 + 顺德智造”项目路演招商推介，已举办十二届顺德创新创业大赛、顺德资本运作高级研修班（四期）、高新技术企业系列培训等多场策划和培训活动，组织科创板上市、云服务平台、企业运作等主题培训和分享沙龙，受众超过 3 000 人次。

（三）广东省科技金融综合服务中心广东金融高新区分中心

广东省科技金融综合服务中心广东金融高新区分中心（以下简称“广东金融高新区分中心”）成立于 2015 年 11 月，分中心立足于佛山市南海区的广东金融高新区，整合各类科技金融资源，综合服务中小微企业，旨在打造服务于科技型中小微企业的综合平台。广东金融高新区分中心通过建立“线下实体 + 线上网络”的科技金融服务体系，开展多层次的投融资咨询及对接活动的综合服务，为科技型中小微企业提供以科技金融政策对接、投融资对接、科技板挂牌、常态化路演、企业征信信息、创业孵化培育、科技金融人才培养和上市辅导为核心的八大科技金融综合服务，打造科技金融一站式综合服务的创新平台。具体见表 9 – 6。

表 9 – 6　广东金融高新区分中心八大科技金融综合服务内容

服务	内容
科技金融政策对接服务	广东金融高新区分中心承接了广东省知识产权投融资服务平台，成功举办知识产权投融资对接活动，推出知识产权线上平台“粤知易”，实现线上知识产权转让、许可、质押融资和证券化等个性化交易。同时，分中心依托广东股权交易中心承接佛山市知识产权质押融资风险补偿资金管理工作，已与佛山市 23 家金融机构建立合作关系，推动金融机构为轻资产科技型企业提供知识产权质押融资。截至 2020 年底，累计帮助超 400 家次的企业实现知识产权质押融资近 30 亿元，成功打造知识产权质押融资“佛山模式”

（续上表）

服务	内容
投融资对接服务	广东金融高新区分中心为帮助中小企业解决融资问题，充分运用广东股权交易中心集聚的银行、小贷、投资公司等以及政府政策资源，结合企业发展特点，先后推出“高企挂牌贷”“股易贷”“知识产权贷”“文旅e贷”等多种融资产品，为中小企业开拓多元化的融资渠道。2020年成功向大沥本土智能智造企业佛山市艾乐博机器人科技有限公司投入300万元，帮助企业在疫情中继续保持高速发展。截至2020年底，佛山科技型中小企业累计完成非公开可转债备案发行近20笔，融资金额合计近1亿元，占广东股权交易中心实体企业发行可转债笔数和融资额超60%，位居全省第一
科技板挂牌服务	广东金融高新区分中心依托区域性股权交易市场，针对佛山科技型及创新创业、互联网、电子商务等中小微企业专门设立一个特色资本市场服务板块，即佛山科技板。通过整合政策资源、资本资源、产业资源和智力资源，提供股权、债权、知识产权、股权众筹等全方位金融服务。截至2020年底，已成功推动佛山市2 361家企业在广东股权交易中心进行注册展示，并有309家企业在科技板挂牌。结合融资、股改等服务，打造出了“科技型企业—高新技术企业—挂牌融资—规范股改—上市”的企业服务路径，助力科技、金融融合发展，引领、支持实体经济发展
常态化路演服务	充分发挥深交所全景路演中心的平台优势，采用“现场路演＋网上路演”方式，举办常态化路演活动，为创新创业人才团队、孵化器在孵企业、创新平台项目和创新创业工场项目提供展示和资本对接的平台。截至2020年底，佛山市科技金融路演中心举办了12期路演，有效服务60家企业。路演项目在深交所与科技部火炬中心联合搭建的“燧石星火”平台上，面向全国投资者持续播放，已先后促成3家企业通过路演活动融资超3 000万元

（续上表）

服务	内容
企业征信信息服务	广东金融高新区分中心与南海区沟通，尝试通过整合政府数据资源，并于2018年建成佛山市南海区信用与金融创新应用平台，推动了政务数据开放。通过融合第三方机构数据和社会性大数据，探索解决政、银、企之间信用信息不对称的问题，建立多方互动机制和同业征信机制。信用平台建立了企业风险监测指标体系和企业综合评分模型，向政府、金融机构、企业提供信息查询、信用服务、企业立信、信用资讯、风险监测、信用大数据等功能服务
创业孵化培育服务	广东金融高新区分中心于2016—2019年期间，参与管理南海区国家级孵化器——“创享蓝海”孵化器，为创业企业提供包括行政共享服务、创业咨询辅导、系列课程培训、路演实战演练、区域性股权交易市场展示挂牌、政策对接等孵化培育服务，为佛山市孵化培育优质科技型企业。孵化器管理期间，共计引入人才团队项目35个，毕业项目16个，2020年底仍在孵的项目共19个。此外，广东金融高新区分中心与广东省教育厅合作建立高校双创板、与南海区科技局合作建立南海区人才板，为高校人才企业项目提供宣传展示、路演培训、商业辅导、入驻孵化、成果转化等支持服务
科技金融人才培养服务	积极与沪深交易所联动交流，2020年，广东金融高新区分中心与上海证券交易所南方中心建立合作关系，在佛山市组织开展全省首期科创种子班。面向佛山市高新技术企业、科技创新专板企业、专板后备库企业等优质科技创新企业，邀请上交所、券商、会计师事务所、律师事务所专家为50余家市内科技型企业特别是科创专板后备库企业提供为期3个月的系列培训
上市辅导服务	整合资本市场的资源，从企业规范股改和上市挂牌辅导两方面，帮助企业快速进入更高层次的资本市场。截至2020年底，借力广东股权交易中心在区域性股权交易市场的资源和力量，已成功孵化1家企业在广东股权交易中心转板成功，实现IPO上市，22家企业从广东股权交易中心转板至新三板，有效促进企业在多层次资本市场发展和壮大

资料来源：广东省科技金融综合服务中心广东金融高新区分中心。

二、亮点二：金融科技产业融合，建设国家制造业创新中心

佛山市历来工业基础雄厚，制造业发达，在推进科技金融发展过程中一直立足于制造业的转型升级。为支持制造业转型升级，促进中小企业的发展壮大，2014年，佛山在省内率先树立金融、科技、产业融合发展的目标和任务。2016年，佛山提出以“金融引领创新驱动”支撑建设国家制造业创新中心，推动产业链、创新链、资金链“三链融合”。2017年，佛山提出打造珠江西岸创投中心和融资租赁区域中心，明确了佛山构建产业金融中心和深化金融、科技、产业融合发展的重点方向。

佛山市积极构造支撑创新发展的金融平台，并以制造业转型升级为导向推动“大众创业、万众创新”。一是发起设立总规模200亿元的创新创业产业引导母基金；截至2020年底，通过顺德区创新创业母基金投资的子基金有17支、自有资金投资的子基金有4支、自主募资设立的基金有3支，子基金存续期间总规模累计超过64亿元。二是设立科技型中小企业信贷风险补偿基金，采用信贷风险补偿和贷款贴息等形式，健全财政资金对科技型企业投入的风险补偿分担机制，降低企业融资成本和难度。2015—2020年，创新中心为518家企业出具佛山市科技型中小企业信贷风险补偿基金扶持对象资格证明函，打通科企融资的绿色通道。其中，6家基金合作银行为其中355家企业授信，累计授信额度约39.96亿元，累计提款约28.48亿元。许多科技型企业凭借高企资格、创新创业大赛获奖、专利技术、软件著作权、创新型试点、政府重点项目等资质获得了银行授信，缓解了融资难的问题。获得贷款后，政府的贴息政策为科技型企业节约了融资成本，186家科技型企业贷款利息总额6 281.08万元，其中有1 318.2万元由佛山市进行贴息，贴息比例平均为20.28%。三是设立6 000万元的知识产权质押融资风险补偿资金，代偿银行及类金融机构开展企业知识产权质押融资时产生的部分风险损失，政府承担比例最高可达70%。截至2020年底，累计帮助超400家次企业实现知识产权质押融资近30亿元，成功打造知识产权质押融资“佛山模式”。佛山市知识产权质押融资工作已成功向韶关、肇庆、汕头等地进行扶持推广，在2020年相继协助当地建立并推动实施知识产权质押融资风险补偿制度，引导当

地金融机构与企业对接知识产权融资。此外，佛山市政府也在不遗余力地扶持股权投资行业发展，鼓励各类天使投资、种子基金、股权投资基金、创投公司进驻佛山，拓宽企业融资渠道；高规格出台金融人才扶持政策，吸引高端金融人才落户佛山。

三、未来方向：加大省市联动，促进科技金融创新创业

佛山将继续与佛山市、区、镇各级政府部门保持沟通联动，推动地方政府制定并出台科技金融相关扶持政策及措施，加大力度扶持企业科技金融融合发展。继续发挥广东股权交易中心作为区域性股权交易市场的优势，加强企业科技、金融资源对接服务，推动省级科技资源、交易所金融资源等进入佛山，组织开展各类培训、资源对接活动，提高佛山科技金融服务水平，助力佛山企业科技金融融合发展。加强运用省“中小融”平台，推动建设“中小融”平台佛山高新区专区和知识产权专区佛山站，引导更多金融机构围绕佛山市科技型企业推出更多特色金融产品。继续巩固和提升知识产权质押融资“佛山模式”，加强知识产权融资宣传推广力度，帮助科技型企业深挖知识产权价值。

第四节 东莞：“三平台一网络”体系，为企业提供一站式服务

近年来，东莞市大力实施创新驱动发展战略，积极推进科技资源与金融资源有效对接，科技金融服务体系呈现良好的发展态势。

一、亮点一：建设科技金融工作站，搭建多级联动服务体系

在科技金融服务平台建设方面，广东省科技金融综合服务中心东莞分中心（以下简称“东莞分中心”）按照“政府搭台、多方共建、资源共享、合作共赢”的原则，整合企业、项目、融资、投资、担保、租赁、产权交易等资源，搭建了

由科技创新大数据平台、科技金融政策服务平台、科技金融投融资服务平台和覆盖全市的科技金融服务网络构成的“三平台一网络”资本生态服务体系（如表9－7所示）。

表9－7　“三平台一网络”资本生态服务体系

组成部分	简介
科技创新大数据平台	科技创新大数据平台以科技创新型企业为主体，具有多数据维度、多时间跨度、数据由互联网数据和企业报表数据集合而成的特点。截至2020年底，数据平台汇集了10 800家企业的数据，维度覆盖企业所属行业、科技人员、研发、专利、产值、财务等。平台功能包括对全市企业群体的综合分析、行业企业构成和行业分析、高企情况分析、企业多维度分析和企业量化评价报告等功能
科技金融政策服务平台	东莞分中心深入研究科技金融政策，积极参与科技局相关科技金融政策的研究、制定工作。截至2020年底，东莞市逐步形成由2亿元信贷风险补偿资金池、9 000万贷款贴息专项资金、5 000万创新创业种子基金、2 000万风投补助资金及相关配套政策构成的科技金融政策体系，并对科技信贷、创业投资、科技保险、专利保险等科技金融结合的六大主要形式进行扶持。通过政府财政资金的带动作用，引导社会资本投向科技创新领域
科技金融投融资服务平台	科技金融投融资服务平台整合了中国银行、建设银行、东莞银行、工商银行、农业银行、招商银行、平安银行等16家银行，国富创投、融易创投、清大创投、东方富海、达晨创投、同创伟业等风投资源，以及粤科小贷、东莞证券等相关金融机构资源。汇集金融机构的金融产品，在大数据平台的企业量化分析下，通过银企对接会、线上产品对接等多种方式，促进机构与企业的有效对接，满足科技型企业多样化的金融需求

（续上表）

组成部分	简介
覆盖东莞全市的科技金融服务网络	东莞分中心以镇街科技办、大型孵化载体和金融机构为依托，建立了62家科技金融工作站，形成了覆盖全市的科技金融服务网络，实现科技金融服务省、市、镇三级联动

资料来源：广东省科技金融综合服务中心东莞分中心。

一方面，通过建立科技金融工作站，极大地延伸了东莞分中心的服务职能，借助镇街（园区）科技部门和科技孵化器的地缘优势与管理优势，逐步建立起东莞全市范围的“线下实体 + 线上网络”的科技金融服务网络，形成覆盖科技型企业成长全过程的科技金融业务链，体系建设初显效果。另一方面，通过创业投资、风险投资、产业投资基金、科技小额贷款、融资担保、融资租赁等业务组合，与各科技金融工作站上下联动，及时、有效响应当地企业和金融机构的服务需求，开展多层次的投融资咨询及对接服务活动，为全市科技型企业提供全方位、专业化的科技金融服务，为解决企业与金融机构对接的“最后一公里”问题、区域科技型企业融资难的问题发挥了积极的作用，极大地促进了全市科技金融工作的开展。

二、 亮点二：“四个创新”实现科技与金融有效对接

东莞市以建设广东省内金融科技产业融合创新综合试验区为契机，通过“四个创新”，即创新科技金融政策体系、创新财政资金投入机制、创新金融服务体系及创新融资模式，初步实现了科技资源与金融资源的有效对接。

（一）创新科技金融政策体系

东莞市着重在信贷风险补偿与奖励、贷款贴息、创业投资风险补助、科技保险补贴、专利保险补贴、科技金融人才培养资助等方面提出了一系列支持措施，先后出台了《东莞市加快融资租赁业发展实施意见》《关于鼓励企业利用资本市

场的若干意见》等一系列政策，健全“拨、投、贷、贴”相结合的科技金融结合机制，打通技术项目与金融资本的对接通道，营造良好的科技金融政策环境。特别是2017年东莞市成为首批普惠性科技金融试点城市，制定出台了《关于开展普惠性科技金融试点工作的实施方案》，开展一系列试点工作，让科技金融切实惠及科技型小微企业及各类“双创”主体。

（二）创新财政资金投入机制

着重推动信贷风险池、创新创业种子基金、贷款贴息专项资金等正式运作，同时安排专项资金对购买科技保险的企业进行补贴。一是设立2亿元信贷风险补偿资金池，专门用于对合作银行对科技、经信等部门立项或推荐的企业发放信用贷款、合作银行自身开展新型信贷业务所产生的风险损失进行补偿。二是设立每年9 000万元的贷款贴息专项资金，对经有关部门立项或推荐的、从科技合作银行获得贷款的企业提供贴息资助，2020年度16家科技金融合作银行新增贷款数3 723笔，贷款金额171.99亿元，惠及企业1 926家。三是设立首期5 000万元的创新创业种子基金，通过公开招投标方式确定了委托代管机构，采取与委托代管机构联动投资的方式，引导民间资本投资市内注册的种子期、初创期等创业早期的科技型中小微企业。截至2020年底，种子基金已投项目7家，投资金额达910万元。四是设立每年2 000万元的创业投资机构风险补助资金，主要对投资初创期科技型中小微企业项目发生亏损的风险机构进行补助。五是确定了高新技术企业小额贷款保证保险、关键研发设备保险和产品质量保证保险等13个险种，满足企业刚性需求。

（三）创新金融服务体系

着重提供投创对接、科技信贷和担保增信服务，支持企业创新创业。针对企业在“苗圃—孵化—加速”等不同发展阶段的融资需求，打造众创金融街、龙湾梧桐资本小镇、松山湖基金小镇三大基金集聚区，带动一批投资基金、创业孵化器、中介服务等机构集聚，为科技型中小企业提供孵化、融资等全链条服务；组建了东莞银行松山湖科技支行、浦发银行松山湖科技支行、农商行科技支行3家支行，为科技型企业提供个性化的专业服务；推动东实融资担保有限公司等3

家具有政府背景的融资性担保机构开展业务，重点向企业提供科技信贷担保服务。

（四）创新融资模式

着重通过引导风险投资流向、提升企业资本运作水平，进一步提升社会直接融资比重。市财政局采取跟进投资或阶段参股的方式吸引创投机构共同出资设立了东莞红土基金、中科中广基金和机器换人股权投资基金 3 个子基金，并发起设立市场化运作的产业投资母基金，力争形成总规模超过 50 亿元的“1 + N”产业投资基金体系。对于本市在境内外成功上市及再融资的企业最高资助 700 万元；对新三板挂牌及融资的企业最高资助 150 万元；对于首次成功发行直接债务融资工具的，按 2% 给予贴息，累计最高贴息 50 万元。

三、未来方向：继续发挥大数据平台的支撑作用，完善科技金融工作站建设

东莞市将继续发挥大数据平台的服务支撑作用，建立大数据平台的有效数据更新机制，保证数据的丰富性，实现对企业创新能力评价更加科学化，为金融机构和风投机构提供目标客户群体的有效筛选，促进金融机构主动服务，降低市场开拓成本。一方面，完善科技金融服务网络布局，吸引有科技金融资源、有服务能力的服务载体成立科技金融工作站；另一方面，丰富科技金融工作站类型，形成一支更为强大的科技金融服务队伍，紧密对接国家、省、市科技金融政策，为企业做好服务。持续举办全市科技金融工作站的业务培训，提升科技金融专员的业务素质和科技金融工作站的服务能力。科技金融分中心要完善科技创新大数据平台，拓展平台使用场景，为科技金融工作站的服务提供数据支撑，实现服务的精准对接。

第五节　中山：建立层次分明的科技金融服务机制

为更好地完善市场化运作、整合资源、服务企业、对接融企供需、促进企业融资，中山市于2013年成立中山火炬高技术产业开发区科技金融综合服务中心、2015年设立广东省科技金融综合服务中心中山分中心，以加快建设科技金融服务体系为主线，通过不断创新机制、建立层次分明的科技金融服务机制、创新融资产品和渠道等方式，探索科技、金融和产业深度结合的发展道路。

一、亮点一：搭建一站式科技金融综合服务平台

广东省科技金融综合服务中心中山分中心（以下简称“中山分中心”）通过设立科技信贷风险准备资金池、设立科技保险补助、开展知识产权质押融资、承办中国创新创业大赛、对接创新创业投资基金五大措施，已成为助力科技型企业发展壮大的重要科技金融服务平台。

为缓解中小微企业融资难的问题，降低中小微企业融资门槛和成本，2015年由省科技厅、市科技局、火炬区管委会三级联动设立的科技信贷风险准备金1亿元，2017年增资至2.5亿元，2018年增资至3亿元，杠杆由原来的10倍增至20倍，撬动60亿元信贷，支持企业快速发展。企业可采用信用、知识产权和股权等创新担保方式获得融资，当贷款企业出现不良贷款时，由风险准备金和银行根据企业的类型与担保条件划分5种类型分摊风险，最高分摊比例为90%，通过增信手段，力求有效缓解科技型企业融资难的问题。截至2020年底，全区有12家科技支行纳入科技风险准备金试点银行，全区确认风险准备金入池企业278家，有效项目568个，涉及贷款总金额达28.27亿元，实际提款18.02亿元。

中山分中心积极推动科技保险补助普惠政策的落地，持续发动保险机构加入该项目，开展业务的科技保险机构从早期只有1家发展至12家，另外通过对补

助政策进行有效宣导，增强了企业购买科技保险的意愿，参保企业家次4年来增长58倍。截至2020年底，中山市具备科技保险资质的保险公司有12家，科技保险专管专营机构有1家。中山分中心自成立以来，累计为12家保险机构受理科技保险业务统计表116次，解决业务问题不低于70次，服务参保企业累计达1 421家次，保费11 995.1万元，保险金额1 740.93亿元，惠及企业高管和关键研发人员27 814人次，共215家次企业获得科技保险补助1 948.56万元。

中山分中心还承接了知识产权质押融资贷款企业入池形式审查等工作，通过举办系列活动，帮助企业了解政策、对接银行，积极推动知识产权质押融资政策落地。2019年，中山分中心开展知识产权助力创新创业高质量发展有关工作，鼓励和支持创新主体加强关键前沿技术知识产权创新，构建高价值专利培育工作体系，形成一批高价值专利组合，为创新创业活动向高端化发展提供坚实基础。2020年参与知识产权证券化试点培育项目，促进知识产权与金融的对接。截至2020年底，累计服务知识产权质押融资入池企业517家，帮助201家次企业获得贷款约5亿元。

表9-8　中山分中心2017—2020年服务数据

指标	服务类型	2017年	2018年	2019年	2020年
科技保险	参保企业（家）	219	272	363	489
	保险费合计（万元）	1 175.1	2 117.2	2 739.9	5 035.3
	保险金额（亿元）	165.87	344.4	350.06	732.73
知识产权质押融资贷款	入池企业（家）	340	46	77	54
	贷款金额（万元）	8 550	8 710	17 020	15 785
	贷款惠及企业（家）	33	36	70	62

数据来源：广东省科技金融综合服务中心中山分中心。

此外，2016年起，中山分中心积极推动创新创业大赛的举办，为参赛队伍提供政策咨询、项目路演、风险投资、科技信贷等全方位、一站式的科技金融服务，并与科技创新创业投资基金、科技支行合作对接，通过科技创新创业投资机构，对参赛企业和团队给予股权投资。

二、 亮点二： 促进基金集聚发展， 引导社会资本服务实体经济

截至 2020 年，中山火炬开发区有股权投资基金公司 37 家，基金管理公司 9 家，基金规模超 92 亿元，是中山市私募股权投资类企业数量最为集中的地方，约为全市的 50%。为鼓励和规范火炬开发区股权投资基金业健康发展，2018 年中山火炬开发区出台《中山火炬开发区创新创业孵化专项资金管理办法》，创新政府投融资方式，发挥政府资金引导作用和放大杠杆效应，吸引社会资金投入政府支持领域。2011 年中山火炬开发区出台《中山火炬开发区促进股权投资基金业发展的暂行办法》，2018 年 9 月修订政策，加大扶持力度，从开办费、租金补助、项目退出、项目投向、招商推荐等方面给予基金公司和基金管理公司奖励。文件出台以来效果显著，火炬开发区创业投资行业已经初具规模，并在投资阶段和行业选择上错位发展。

2016 年起火炬开发区通过政府引导资金参与设立英诺天使基金、吴阶平健康产业投资基金、点亮天使基金等创投基金。2017 年区管委会投入 10 亿元设立科创产业母基金和健康产业二级母基金。2018 年成立火炬开发区首家上市公司产业基金——联合光电人工智能产业投资基金，规模 5 亿元，对于火炬开发区探索建立上市公司产业基金、并购基金以及推动围绕上市公司进行产业布局和价值链提升具有重要意义。2019 年 2 月，中山火炬智能科技产业发展基金（有限合伙）注册成立，规模 6 亿元，是区内首家投资于智能产业的基金；8 月，中山市联汇股权投资合伙企业（有限合伙）注册成立，规模 2 亿元，是区内首家由上市公司（联合光电）发起设立的并购基金；8 月，中山先进装备制造产业股权投资中心（有限合伙）注册成立，规模 10 亿元，是中山市先进装备制造产业发展基金，主要参股投资子基金，促进先进装备制造产业发展。股权基金业快速发展吸引带动金融资本和社会资本对优势产业的投入，初步探索出一条引导社会资金服务实体经济的科技金融结合路子。

三、未来方向：持续推动科技金融深度融合，打造具有中山特色的服务平台

在市科技局的指导下，中山市将大力发展普惠性科技金融，以两个中心为抓手，充分整合市科技金融服务中心与东区金融服务中心资源，建设、打造立足东区众创金融街，辐射全市的中山市特色科技金融服务中心。同时，加强省市科技金融服务中心联动，积极融入粤港澳大湾区建设，进一步服务中山市科技型企业、科研机构等参与粤港澳科技创新联合行动。

此外，持续推动科技金融深度融合，建设、打造集孵化、加速及科技成果转化于一体的具有中山特色的科技金融服务平台；进一步发挥科技金融服务中心一站式公共服务平台的作用，打造企业孵化、科技信贷、创业投资和上市培育的一站式服务体系，针对科技型企业的各类融资需求，整合科技支行等金融机构的产品资源和政府政策资源，为企业提供各类金融服务解决方案，促进企业、机构、政府之间的有力对接互动；吸引科技金融中介机构落户，为科技成果转化、创新创业等提供技术咨询。

第六节　粤东西北典型地市的做法

一、汕头：构建科技金融全链条、全要素创新驱动生态体系

汕头将科技金融作为全面实施创新驱动发展战略、加快产业转型升级、促进转变经济发展方式的重要抓手，积极探索科技和金融相结合的新机制、新模式，建立健全了促进科技与金融结合的工作机制，初步形成了符合科技创新创业和现代金融发展规律的科技投融资合作体系，构建了覆盖科技金融全链条的全要素创新驱动生态体系。通过多种形式的金融工具的杠杆与引导作用，促进科技创新创业和金融资源结合，协同调用多种金融手段与金融工具，匹配企业全链条发展需

要，促进了全生产要素提质增效、均衡发展。

（一）提供项目辅导和技术支持

持续协助推进粤东检验检测集散地、汕头市工业设计城、汕头市潮汕工业设计研究院及临港物流园等汕头市政府产业重点项目，积极提供项目辅导、技术支持及人才引进服务，完成“三个推进”。

推进柏亚电子商务产业园发展，园区企业从原来十几家增加到2020年底的102家，其中，培育新增高新技术企业2家、培育新挂牌新三板企业1家，引导创建工业自动化联盟，并从13家发起单位发展到2020年底的30余家；支持服务入驻企业申报第三方医疗培训中心（粤东地区第1家）、第三方检测服务中心各1家，建设实验室面积8 000平方米，检验检测面积约5 000平方米，提供用于孵化企业使用场地面积达25 000平方米，配套公共服务场地面积2 300平方米，科技创新产业服务场地面积2 700平方米。

立足于柏亚电子商务产业园及周边区域优势产业，结合前期建设广东省电子商务基地、汕头市市级科技企业孵化器、汕头市创业孵化基地、汕头市返乡创业孵化基地及汕头市青年创业就业孵化基地的基础，推进建设柏亚创业孵化基地工作落地，打造覆盖“研究开发—生产制造—工业设计—检验检测—营销推广”的全链条式产业集聚平台，为中小企业提供科技创新生态链综合服务，助力企业升级发展。截至2020年底，签约战略合作服务机构5个，在孵企业52家，在孵团队18个，入驻企业实体吸纳就业总人数近500人。

依托“农村电商驿站”载体，推进金融服务产品及服务，为农村农业及其他配套产业提供金融对接服务功能。2019年，该项目列入汕头市政府工作报告，截至2020年底，已建设并运营的农村电商驿站有118家，其中科技金融服务站超过30家。

（二）积极开展科技金融活动

积极举办科技创新培训及大赛活动。截至2020年底，已同步运营海西电商学院及引进华南农业大学新农村发展研究院汕头分院，并举办包括金融服务、期货产品、知识产权、工业设计等多场培训。组织创建潮汕工业设计研究院，协办

“龙湖杯”全球潮人工业设计大赛，发掘人才、了解人才、引导人才，对人才的培育、成长和成熟全程跟进。积极开展内部人员科技金融专业提升工作，通过举办内部培训会，积极提升广东省科技金融综合服务中心汕头分中心服务人员的整体素质和专业程度，逐步提升人才队伍的专业化水平。同时，针对企业的标准化需求和个性化需求，通过互联网平台建设，更加精准地剖析企业需求，逐步构筑创新型企业孵化基地、科技型企业技术研发基地、产业园生态服务基地。

（三）完善科技金融服务

积极建设产业集聚基地，配合柏亚电子商务产业园建设。截至2020年底，汕头共有产业园区5个，分别包括柏亚金平产业园200亩、柏亚龙湖产业园120亩、柏亚濠江产业园400亩、柏亚南澳产业园30亩和柏亚潮安产业园116亩，其中运营园区3个，在建园区2个。同时，配合柏亚电子商务产业园申报工业地产项目，场地面积从原来约15万平方米扩展到80万平方米，未来可新增入驻入孵及服务科技型企业超过200家。发挥政策引导优势，引进科技型企业购买或租赁通用厂房，通过补贴及优惠价格有效降低科技制造型企业购置成本，同时对入驻企业购置、研发及生产所产生的融资需求，积极引进中国银行、建设银行及工商银行等融资产品及服务对接科技型企业。

二、韶关：分层分类差异化服务助推企业发展

韶关市围绕科技金融服务圈，通过对服务对象和服务内容进行分层分类，为企业提供差异化的培育服务。

（一）基础性服务

帮助企业享受政策扶持，如政府补助资金、科技信贷等。2015年，为贯彻落实创新驱动发展战略，发挥财政资金的引导和杠杆作用，改善韶关市科技型企业的融资环境，韶关市政府设立韶关市科技信贷风险准备金，并委托广东省科技金融综合服务中心韶关分中心作为实施单位，承担方案制订、入池受理、入池初审、贷后跟踪、风险防控等工作。此外，广东省科技金融综合服务中心韶关分中

心还面向企业举行以“科技·金融服务行”为主题的科技政策宣讲培训会，宣传科技信贷、高新技术企业认定等科技政策；联合合作银行开展“科技信贷月”活动，举办“高企优税收”“园区科技金融服务圈”等活动，受到科技型企业广泛欢迎。通过报刊、电视、网络媒体宣传和解读科技金融相关政策，加深科技型中小微企业、金融机构及社会各界对科技信贷风险准备金政策的认识和理解。通过宣传培训、积极沟通、精准服务，推动科技信贷政策落到实处，在一定程度上解决了部分科技型中小微企业融资难题，取得了良好效果。

（二）重点扶持和打造优秀企业

帮助企业提升管理水平和培养金融人才，引导企业茁壮成长。将服务对象分为四类：科技型企业、高新技术企业、明星企业和优秀企业，将优秀企业作为重点培育对象。积极支持优秀企业挂牌上市，根据《韶关市人民政府关于印发韶关市促进企业上市挂牌若干措施的通知》的规定，对广安科技、中星科技、天合牧科三家企业共奖励 169.08 万元。

（三）根据企业融资需求匹配相应信贷服务

不同银行对贷款群体侧重点不同，韶关市有针对性地推荐企业，优选科技信贷合作银行，将企业融资需求分为 200 万元以下、200 万～500 万元和 500 万元以上三个区间，为银行寻找适合贷款的群体，帮助科技型中小微企业解决了融资难的问题。截至 2020 年底，累计服务入池企业 372 家次，撬动银行贷款 657 笔、撬动银行贷款金额达 20.95 亿元，发挥了科技信贷风险准备金的引导和杠杆效应，促进科技型企业健康发展。

三、湛江：省、市、区三级联动推进普惠性科技金融

2017 年，湛江市被列入广东省普惠性科技金融 7 个试点市之一，积极探索具有湛江特色的普惠金融发展模式。

（一）对接政府政策，开展科技金融融合发展先行先试工作

在省科技厅和市政府的支持下，按照“政府主导、社会参与、企业运作”

的方式，创新性、前瞻性地开展科技金融融合发展、先行先试工作，启动了创建粤西科技金融示范中心的工作。承办活动串起科技金融的政策链、科技链、产业链、创新链和孵化链，有效推动湛江科技与金融融合发展，为粤西、环北部湾地区和全省进行创新改革试验及有益探索创造有利条件。

（二）建设县级分中心，强化对企业科技金融服务，承办系列服务活动

湛江市政府与省级高新技术开发区湛江奋勇高新区按照“政府搭台，多方共建，资源共享，合作共赢”的方式，于2016年11月联合成立了湛江市科技金融服务中心奋勇高新区分中心，面向附近多家园区企业开展综合性科技金融服务工作。该分中心通过走访对接高新区内多家企业，截至2020年底，已推荐冬源食品和五洲电子申请风险准备金项目入池。此外吴川分中心、麻章分中心也正在筹备中，分中心的广泛建立，让湛江市科技金融服务更贴近企业，更基层化、专业化、常态化。

（三）加快科技信贷风险准备金发放

在湛江市科技局的指导和支持下，广东省科技金融综合服务中心湛江分中心与湛江市域内银行密切合作，办理湛江市科技金融风险准备金业务。业务开展以来，已服务湛江市内科技型中小企业和高新技术企业、民营科技型企业、创新型企业350多家，为符合条件的19家企业累计放款约4.19亿元，成效显著。

（四）搭建湛江市高新技术企业金融信息服务平台

广东省科技金融综合服务中心湛江分中心于2018年搭建湛江市高新技术企业金融信息服务平台，于2020年圆满通过验收。广东省科技金融综合服务中心湛江分中心通过该平台对接高新技术企业，关注其融资需求，提供科技金融服务，打通了金融信息对接的“最后一公里”。同年，湛江市高新技术企业金融信息服务平台在地市科技金融综合服务中心监测评估中被评为“优秀”等级。

第十章

广东省科技金融发展指数*

* 本章第一执笔人为暨南大学产业经济研究院陈雯璇。

第一节 广东省科技金融发展指数编制基础

一、编制背景

广东省作为我国最早开展科技金融工作的少数地区之一，先后在科技金融综合服务体系、普惠性科技金融、多层次资本市场、创业投资市场等方面开展了卓有成效的工作，科技金融的融合深度与广度、政府及社会投入力度、资源要素聚集度等不断提升，全省整体上初步形成了科技与金融互促共进的良好局面，并且在科技信贷、科技保险、服务网络、政府引导基金、天使投资、政策环境等方面均做出了诸多有益的实践探索，部分工作走在全国前列。

但至今广东省仍缺乏一套可定量、全面准确、科学客观的科技金融专用评价系统与指标体系，难以对全省及各地市的科技金融发展水平进行有效监测与定量分析，对各地区创业投资、科技资本市场、科技信贷、科技保险以及政府在科技金融投入、科技金融服务等方面的发展现状与水平缺乏客观、定量的刻画与对比分析，对市场与政府在各地市科技金融工作中的发展定位也缺乏科学有效的分析研判等。同时，全省科技金融整体工作的长远发展也需要基于实践经验分析的理论指导。

开展广东省科技金融发展指数研究，对全省科技金融工作进行有针对性、全面准确、科学客观的定量分析与总结评价，为全省科技金融工作提供系列理论支撑与前瞻性、系统性决策指引，是当前加速推进科技创新强省建设、推动经济高质量发展、引导全省科技金融工作向纵深推进的现实需求。

当前，国内有关科技金融指数方面的研究总体较少，大部分沿用同济大学曹颖（2011）等的“科技资源—经费投入—产出效率”的思路，从区域性多维参数视角入手的科技金融指数研究依旧空白，作为科技金融工作的理论和决策参考作用有限。对科技金融指数的具体实践较少，仅在2016年，武汉市金融工作局联合普华永道发布了“武汉科技金融指数”，另外，北京市金融局、北京大学等研究发布了“北京金融发展指数”，但均存在区域范围小、参数空间属性弱、可比性差、借鉴性不强等缺陷。

广东省科技金融指数基于广东省域视角，对省内各地市科技金融发展开展广视角、多维度的监测分析和客观评价，能够对已有研究和实践进行补充，在理论和实践上均具有开拓性。

二、 研究意义

广东省科技金融发展指数从科技金融的两类主要推动力——市场和政府出发，构建了风险投资市场、科技信贷市场、科技资本市场、科技金融投入、科技金融服务五大指标体系，全方位、多维度地系统揭示了广东省各地区的科技金融发展水平，对全省科技金融工作的改革创新发展具有较高的理论指导与决策参考价值，对广东省科技金融相关研究和实践空白进行了有力的补充，相关研究视角、方法等具有较好的创新性和开拓性。

总体来说，广东省科技金融发展指数报告可推动广东省科技金融工作“知现状、立标杆、确标准”，具体如下。

（一） 知现状， 凝聚合力推进科技金融服务再发展

依托多维度、定量的评测分析，实现对全省及各地市科技金融发展水平的综合评价，深度了解科技金融微观工作的地区经验与不足，指导后续出台具有地方特色、针对性强的科技金融发展政策，凝聚各地区、各组织力量为科技金融工作的改革发展提供全新视角指引。

（二） 立标杆， 以 “彰优补差” 机制促进区域协调

基于科学客观的评测，全方位对比分析各地市的科技金融发展水平，摸清各地市科技金融发展水平的差异性。对走在各地市前列的，树立为标杆，在其他地市开展宣传和推广经验；对科技金融发展滞后的地区，结合地区资源特色开展查漏补缺，依托先进经验指导其升级优化。

（三） 确标准， 以广东特色推广科技金融指数

持续推进科技金融发展指数的研究和发布工作，强化对广东省科技金融发展

的指引，提升其权威性和通用性，力争形成科技金融领域权威标准和广东特色，为我国其他地区的科技金融工作提供了一个新的视角与借鉴。

三、 研究思路

广东省科技金融发展指数主要基于金融深化理论、区域竞争力理论和系统工程理论，从科技金融兼具政策性金融和商业性金融的内涵出发，立足科技与金融的有机融合，从市场与政府两个维度逐层剖析各地区支撑科技创新的金融业态、金融产品与服务水平、科技金融投入等，力图直接呈现全省科技金融发展全貌。

报告运用指数化评价方法，采用逐层深入分析框架，从风险投资市场、科技信贷市场、科技资本市场、科技金融投入、科技金融服务五个方面对全省 21 个地市进行定量呈现和定性分析，以求能准确、客观、真实地反映和评价一定时期内广东省科技金融的发展现状、问题、不足与区域差距等。第一层次，通过指数得分的阶段性差异，综合评价各地市科技金融发展状况；第二层次，深入要素分析层面，从风险投资市场、科技信贷市场、科技资本市场、科技金融投入、科技金融服务五大方面具体分析各个地市科技金融发展的优劣势；第三层次，基于区域化角度，探究、分析全省科技金融相对于经济发展的情况。

四、 设计原则

（一） 系统性

强调每个指标都能反映某一地市科技金融发展的某一方面，尽可能从各个角度全面反映各地市科技金融发展水平以及未来指数研究的延展性，依据社会反馈意见和建议进行最大化的修正、补充与完善。

（二） 客观性

强调对可考可查的真实运行数据进行简约相对化处理，通过可以评价和修正的权重进行计算，避免指数的灰色性、模糊性和不可追溯性，指数分析方法客观、可复制。

（三）科学性

指数指标论证经多次意见征集和研讨确认，各个指标有明显差异，避免特征上交叉，以确保指标间具有代表性和可比性。权重体系经过多轮征集和考量，具有权威性和导向性。

（四）操作性

指标充分考虑数据来源稳定、数据连续规范、口径统一的原则，使数据易于比较和计算，评价指标含义明确。

五、指标体系

基于模型架构与设计原则，广东省科技金融发展指数共设计三级指标体系，包括2个一级指标、5个二级指标和18个三级指标。其中，一级指标注重揭示科技金融发展的两大动力，具体包括市场发育程度和政府支持力度两个维度。市场发育程度是对科技金融发展中市场因素的测度；政府支持力度是对科技金融发展中非市场因素的测度。二级指标是基于功能属性对一级指标的方向性层次展开。三级指标是具体指标层。

一般而言，科技金融发展状况主要特征包括：市场（风险投资市场、科技信贷市场、科技资本市场）发育程度，包括风险投资规模、科技信贷规模、IPO融资等；政府支持力度，包括科技金融投入、科技金融服务等。具体筛选出的指标如下：

（1）风险投资市场通过以下指标考量：创业投资金额、私募股权及创业投资基金管理基金净资产、私募股权及创业投资基金管理机构家数、早期投资/VC投资/PE投资总金额、服务企业数、单位团队及企业获得投资额。

（2）科技信贷市场通过以下指标考量：科技信贷余额、科技支行数、创业板集资。

（3）科技资本市场通过以下指标考量：A股新增企业数、区域性股权交易中心年度投资案例数、新三板新增融资额、新三板新增挂牌企业数。

（4）科技金融投入通过以下指标考量：地方一般公共预算支出中科技支出

占比、研发经费支出/地区生产总值、地方财政设立创业引导基金额度。

（5）科技金融服务通过以下指标考量：科技金融综合服务分中心培训路演人次。

第二节　广东省科技金融发展指数编制方法

一、指标编制及流程

广东省科技金融发展指数编制主要包括以下四个步骤：

（一）指标评估方法选取

借鉴对数据标准化研究成果的总结，标准化处理法、极值处理法及功效系数法三种方法满足的性质最多，相较于其他方法更为优良，且在实践中得到了广泛应用。另外，基于科技金融发展指数分布特性、可控性、可操作性等，报告选取了极值处理法的指标评价方法（如表 10－1 所示）。

表 10－1　常用线性无量纲化方法及性质对应表

无量纲化方法	单调性	差异比不变性	平移无关性	缩放无关性	区间稳定性	总量恒定性
标准化处理法	√	√（$x'=x$）	√	√	×	√
极值处理法	√	√（$x'=m_j$）	√	√	√	×
线性比例法（m_j）	√	√（$x'=0$）	×	√	×	×
线性比例法	√	√（$x'=0$）	×	√	×	×
线性比例法（x_j）	√	√（$x'=0$）	×	√	×	√
归一化处理法	√	√（$x'=0$）	×	√	×	√
向量规范法	√	√（$x'=0$）	×	√	×	×
功效系数法	√	√（$x'=m_j$）	√	√	√	×

注：符号“√”表示成立，符号“×”表示不成立。仅考虑用一种无量纲化的方法处理所有指标的情形。

（二）数据标准化处理

对原始数据进行标准化处理，建立标准化的统一尺度。采用极差标准化法，将不同量纲和数量级的指标统一转换为 0 ～ 100 的指数。在广东省科技金融发展指数中，以三级指标数值最大的项作为最大值，数值最小的项作为最小值，将地市的指标值减去最小值后，再除以最大值与最小值的差值，乘以 100，作为各地市的该项三级指标指数值（若某市某项指标为全省最低，则该项指标得分为 0；若某市某项指标为全省最高，则该指标得分为 100）。指数计算公式为：

$$指数值=\frac{实际值-最小值}{最大值-最小值}\times 100$$

（三）计算指标权重

通过 SPSS 软件进行主成分分析，利用主成分分析得出的“总方差解释”和“成分矩阵”进行权重计算，得出各指标的权重。

（四）聚集各维度指数

采用线性加权综合评判，计算各维度指数。首先，将二级指标指数所包含的三级指标的指数值按照一定的权重做加权平均，取得二级指标指数；其次，将一级指标指数所包含的二级指标的指数值按照一定的权重做加权平均，取得一级指标指数，再由一级指标指数值做加权平均，取得科技金融发展指数。

二、指标体系及权重

（一）指标调整

基于保持指标整体的结构稳定、结果科学，以及一级指标不变、二级指标与三级指标数量上均衡、指标来源趋向分散等原则，在充分考察数据可获取性、指标意义、指标重要性以及新形势下综合研判存量指标的科学性等，在主观经验、专家调查、相关性和隶属度分析等综合研究基础上，经过多轮调整形成了广东省科技金融发展指数指标体系。

（二）指标权重

经过研究人员文献研究、主观经验分析和专家调查，基于层次分析法确立了广东省科技金融发展指数各级指标权重（如表10－2所示）。

表10－2　广东省科技金融发展指数各级指标权重

一级指标	二级指标	三级指标（单位）
市场发育指数	风险投资市场	创业投资金额（亿元）
		私募股权、创业投资基金管理基金净资产（亿元）
		私募股权、创业投资基金管理机构（家）
		早期投资/VC投资/PE投资总金额（亿元）
		服务企业数（家）
		单位团队及企业获得投资额（亿元/家）
	科技信贷市场	科技信贷余额（亿元）
		科技支行数（家）
		创业板集资（亿元）
	科技资本市场	A股新增企业数（家）
		区域性股权交易中心年度投资案例数（个）
		新三板新增融资额（亿元）
		新三板新增挂牌企业数（家）
政府支持指数	科技金融投入	地方一般公共预算支出中科技支出占比（%）
		研发经费支出/地区生产总值（%）
		地方财政设立创业引导基金额度（亿元）
	科技金融服务	科技金融综合服务分中心培训路演（人次）

（三）指标数据

广东省科技金融发展指数（2020）的指标数据均来自国内官方及权威第三方，来源稳定、可靠、公信力高，主要来源于以下渠道：

（1）广东省各地市科技主管部门。

（2）《广东统计年鉴（2021）》。

（3）清科研究中心。

（4）国泰安数据库（CSMAR）。

总体而言，广东省科技金融发展指数（2020）指标体系的数据权威、客观、可靠。

第三节　广东省科技金融发展指数评价结果

一、综合评价

本套科技金融发展指数评价体系包含一定权重的增量指标，该评价结果倾向于表示广东省各城市的科技金融发展趋势，即在已有发展基础之上，体现2020年广东省各城市的科技金融发展潜力、增长速度等。基于广东省科技金融发展指数综合评价体系，经过全面分析和计算，得到2020年广东省21个城市的综合得分与评价结果，评价结果总体呈现如下特点：

2020年广东省科技金融排名前10位的城市分别为深圳、广州、佛山、珠海、东莞、惠州、江门、中山、汕头、肇庆。可以看出深圳和广州是省内科技金融的“双核心”，遥遥领先于其他城市，全省科技金融发展水平较高的城市主要集中在珠三角地区，并以珠三角为中心向外扩散（如图10-1所示）。

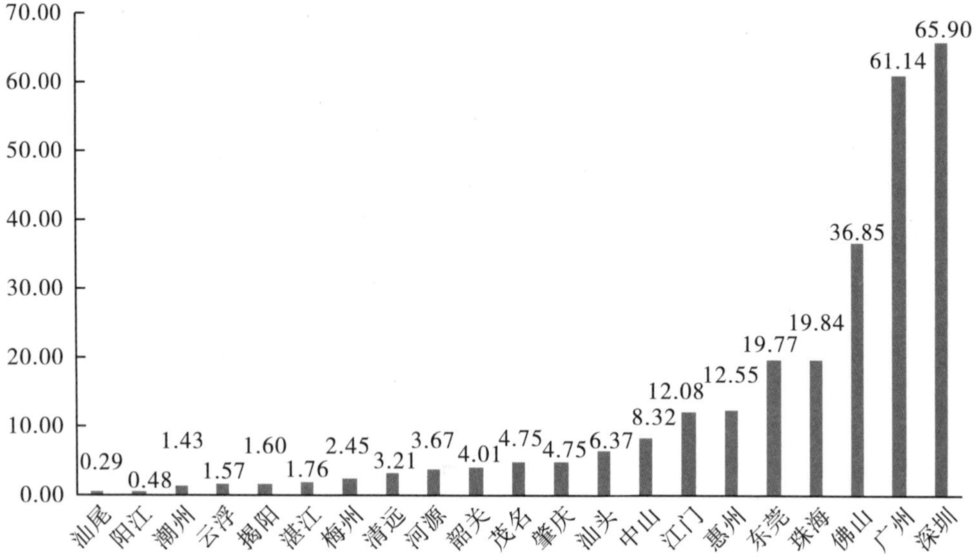

图 10－1　2020 年广东省各地市科技金融发展指数

具体来说，深圳市构建投融资体系的做法具有突出的亮点，通过设立股权投资项目，助力科技型企业获得资助和优惠，其在风险投资市场中表现突出，是推动广东省科技金融发展的核心之一。而广州市通过创新科技信贷特色产品、重视科技金融综合服务等做法，在风险投资市场、科技信贷市场、科技金融服务等方面优势突出，奠定了广州市在全省科技金融发展上的优势地位，成为引领广东省科技金融发展的另一核心。通过图 10－2 可以看出，深圳市在风险投资市场、科技资本市场和科技金融投入三项指数评价上的优势较突出；广州市则在科技信贷市场和科技金融服务两项的指数评价上较领先。

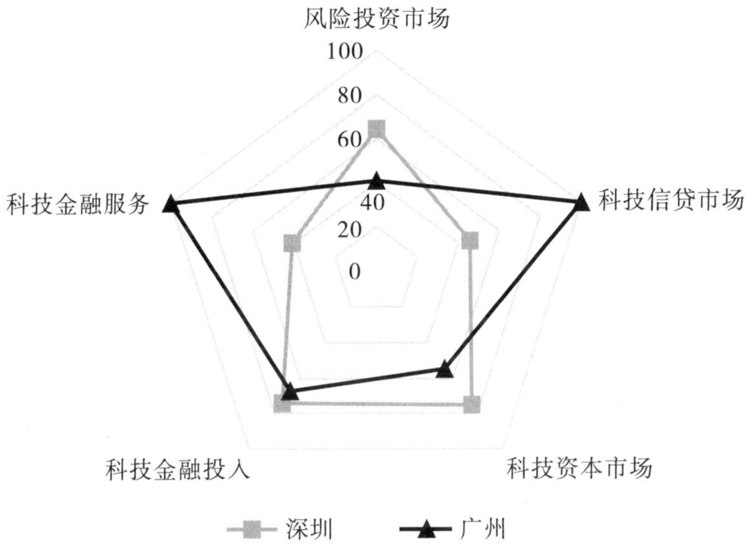

图 10－2　深圳和广州科技金融发展基础指标比较

除此之外，佛山市建设有三个广东省科技金融综合服务分中心，在科技金融服务方面构建了较为完善的支撑体系，佛山市科技金融服务指数排名靠前；东莞市构建了“三平台一网络”的科技金融资本生态服务体系，并创新政策体系、财政资金投入机制、金融服务体系及融资模式，推动了全市科技金融工作的开展，东莞市的政府支持指数、科技金融服务等指数评价排名靠前，科技金融发展综合指数排名全省第五；珠海、惠州、江门在科技金融各方面的发展也具有创造性亮点，科技金融发展综合指数分列全省第四、第六和第七位；中山市火炬开发区创业投资行业初具规模，其风险投资市场指数评价排名靠前，科技金融发展综合指数名列全省第八。

另外，汕头、韶关、湛江在科技金融发展方面具有可借鉴的典型做法。汕头市积极为科技金融重点项目提供技术支持、辅导和人才引进服务；韶关市为科技型企业提供基础服务，有针对性地为企业推荐科技信贷合作银行；湛江市与银行合作密切，办理了科技金融风险准备金，积极服务湛江市内科技型中小企业和高新技术企业。在科技金融发展指数评价体系中，该三市在科技信贷市场指数评价表现较好，粤东、粤西、粤北地区的科技金融发展正稳步推进。

二、 要素评价

广东省科技金融发展指数由市场发育指数和政府支持指数两个一级指标构成。

（一） 市场发育指数

市场发育指数是依据风险投资市场、科技信贷市场和科技资本市场的发展状况做出的综合性度量指标，用来衡量与科技金融相关的市场发展程度。综合广东省 21 个城市在这三个子要素上的评价结果，从而得出这些城市在市场发育指数上的排位（如图 10 – 3 所示）。

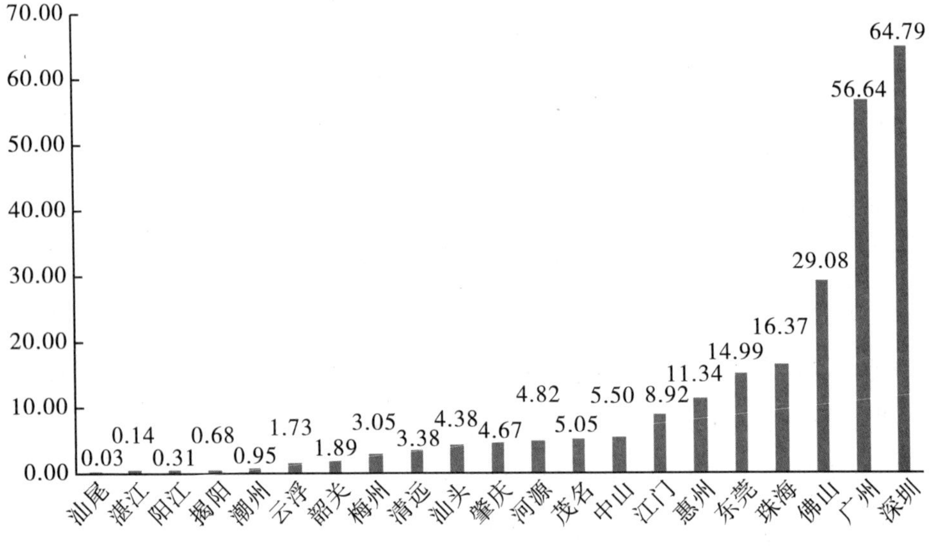

图 10 – 3　2020 年广东省各地市科技金融市场发育指数

2020 年，各地市科技金融市场发育指数评价结果主要呈现以下特点：深圳和广州的市场发育最为完善，两个城市并驾齐驱，并且遥遥领先于其他城市；市场发育程度是科技金融发展的第一核心要素，正是市场发展差异造就各地不同的科技金融发展水平。

1. 风险投资市场

风险投资市场是依据创业投资金额、私募股权及创业投资基金管理基金净资产、私募股权及创业投资基金管理机构数、早期投资/VC 投资/PE 投资总金额、服务企业数、单位团队及企业获得投资额六个三级指标的发展状况，加权得到的一个综合性的度量指标，是衡量市场发展指数的指标之一。

2020 年广东省风险投资市场排名前十位的城市分别为深圳、广州、佛山、珠海、中山、东莞、茂名、江门、惠州、云浮。综合对比可以看出深圳风险投资市场相对发展水平最高，相关指标数值为全省最高，与广州拉开一定差距，同时广州又与佛山拉开一定差距；由于云浮 2020 年单位团队及企业获得投资额的指标相对较高，其风险投资市场指标全省排名位于前十的行列中（如图 10－4 所示）。

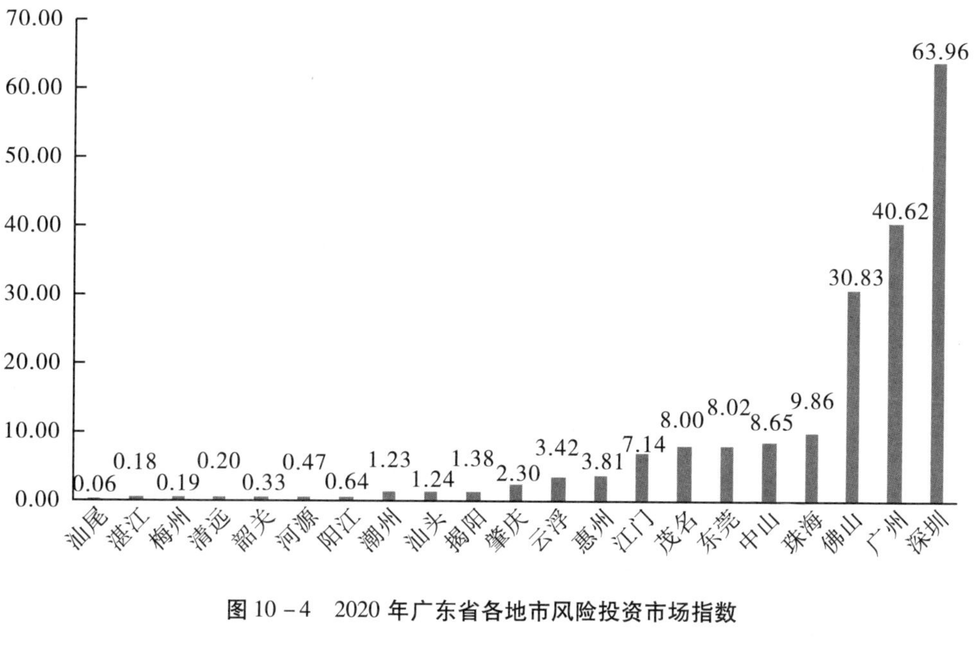

图 10－4　2020 年广东省各地市风险投资市场指数

2. 科技信贷市场

科技信贷市场是依据科技信贷余额、科技支行数、创业板集资三个三级指标的发展状况得到的一个综合性的度量指标，是衡量市场发展指数的指标之一。

2020 年广东省科技信贷市场排名前十位的城市分别为广州、珠海、深圳、佛山、河源、东莞、汕头、惠州、江门、韶关。综合对比可以看出，广州科技信贷市场在 2020 年发展较为成熟；其他城市科技信贷市场发展不充分或不完善（如图 10－5 所示）。

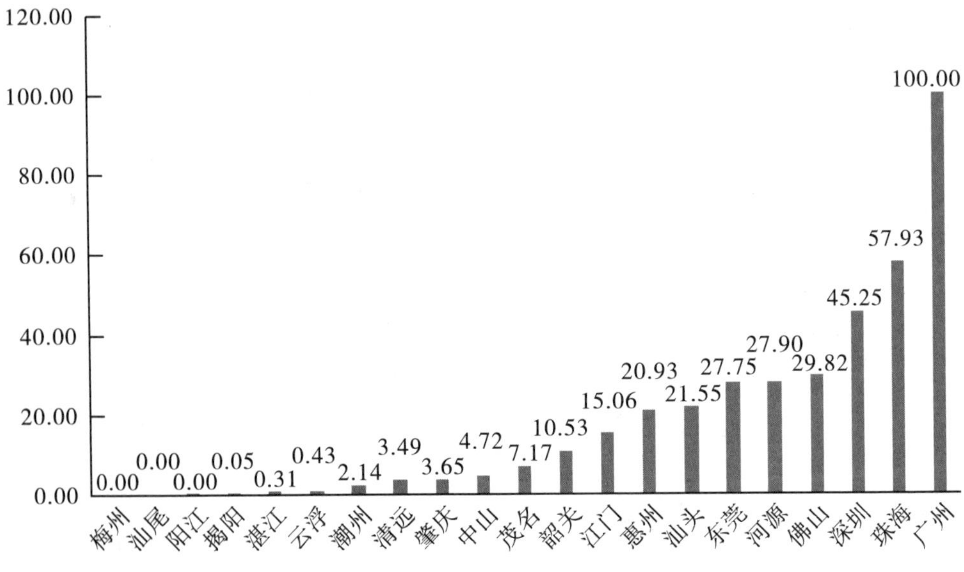

图 10－5　2020 年广东省各地市科技信贷市场指数

3. 科技资本市场

科技资本市场从 A 股新增企业数、区域性股权交易中心年度投资案例数、新三板新增融资额、新三板新增挂牌企业数四个子要素来衡量，是市场发展指数测度的又一指标。

从科技资本市场来看，由于 2020 年深圳 A 股新增企业数、区域性股权交易中心年度投资案例数、新三板新增融资额三个三级指标均位居全省第一，科技资本市场指标深圳排名第一，其次是广州。佛山、东莞分列第三和第四，两个城市的科技资本市场发展程度与广州和深圳相比仍有很大的提升空间。惠州、江门、梅州、肇庆、清远的科技资本市场有一定的发展，其余地市科技资本市场发展程度较低（如图 10-6 所示）。

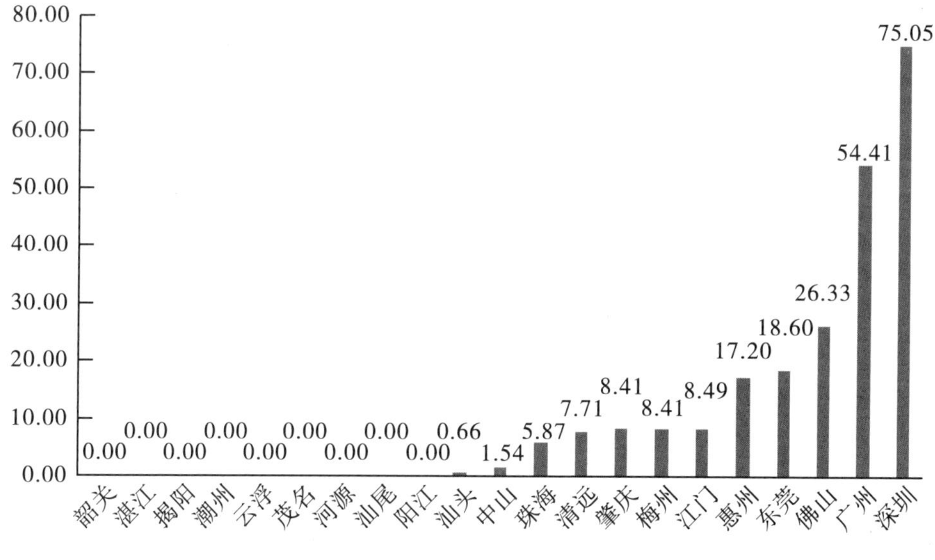

图 10-6　2020 年广东省各地市科技资本市场指数

（二）政府支持指数

政府支持指数是依据科技金融投入和科技金融服务状况加权得到的一项指标，用来衡量政府对于科技金融的支持程度。

从政府支持指数来看，广州市政府对于科技金融的支持力度最大，其后依次为深圳、佛山、东莞、珠海、江门、惠州和中山；其余地市中汕头市政府的支持度也尚可，余下的支持力度较小，得分都为 10 分以下（如图 10-7 所示）。

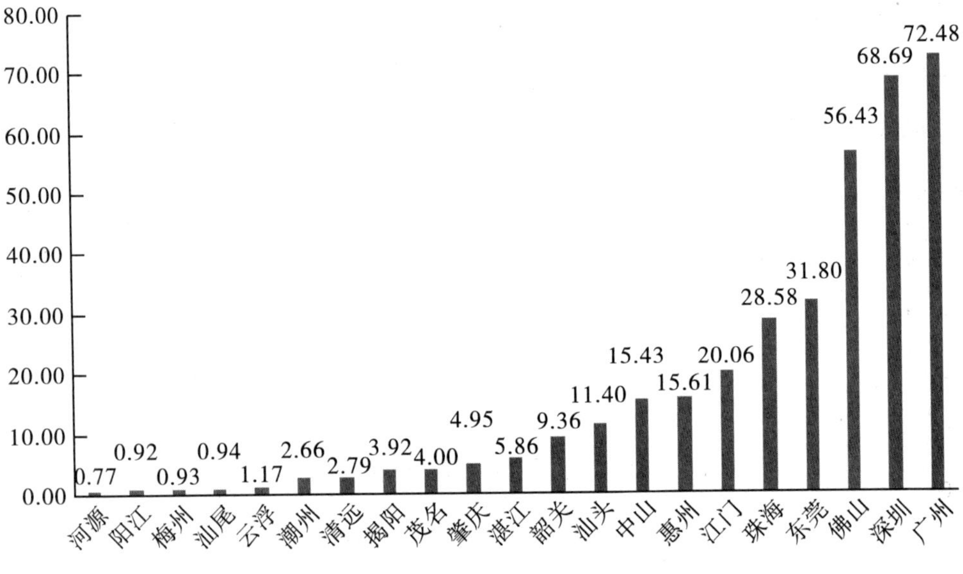

图 10－7　2020 年广东省各地市政府支持指数

1．科技金融投入

科技金融投入是依据地方一般公共预算支出中科技支出占比、研发经费支出/地区生产总值、地方财政设立创业引导基金额度三个指标加权得到的一个综合性度量指标，从资金角度衡量政府对科技金融的支持程度。

深圳的科技金融投入依旧领跑全省，广州、佛山、珠海、东莞、江门、惠州、中山和韶关的科技金融投入尚可，其余各地市的科技金融投入较低（如图 10－8 所示）。

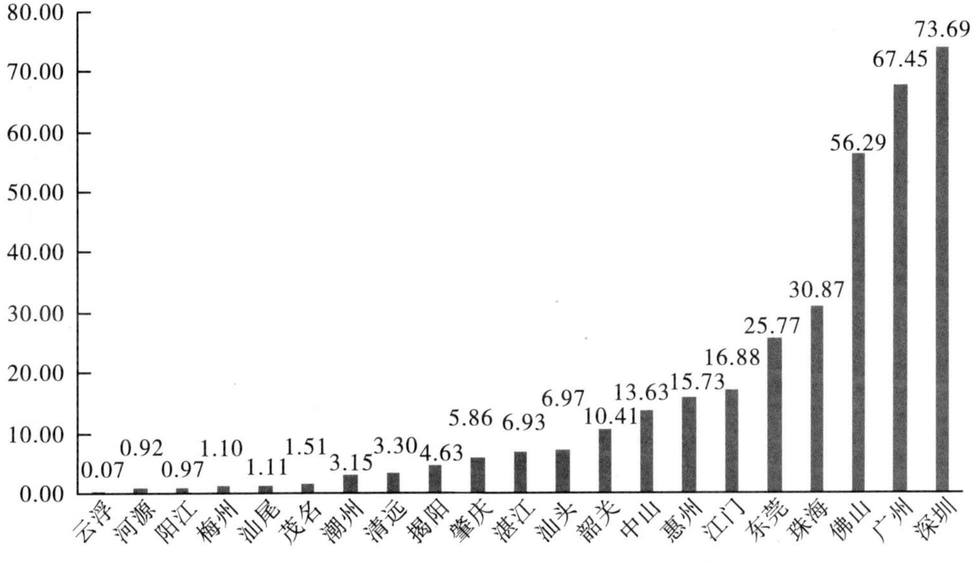

图 10－8　2020 年广东省各地市科技金融投入指数

2. 科技金融服务

由于数据易获取，科技金融服务指标由各地市科技金融综合服务分中心培训路演人次表示，从服务角度衡量政府对科技金融的支持程度。

广州科技金融服务最发达，东莞科技金融服务较发达，佛山、深圳、江门、汕头和中山科技金融服务尚可，其余地市科技金融服务水平较低（如图 10－9 所示）。

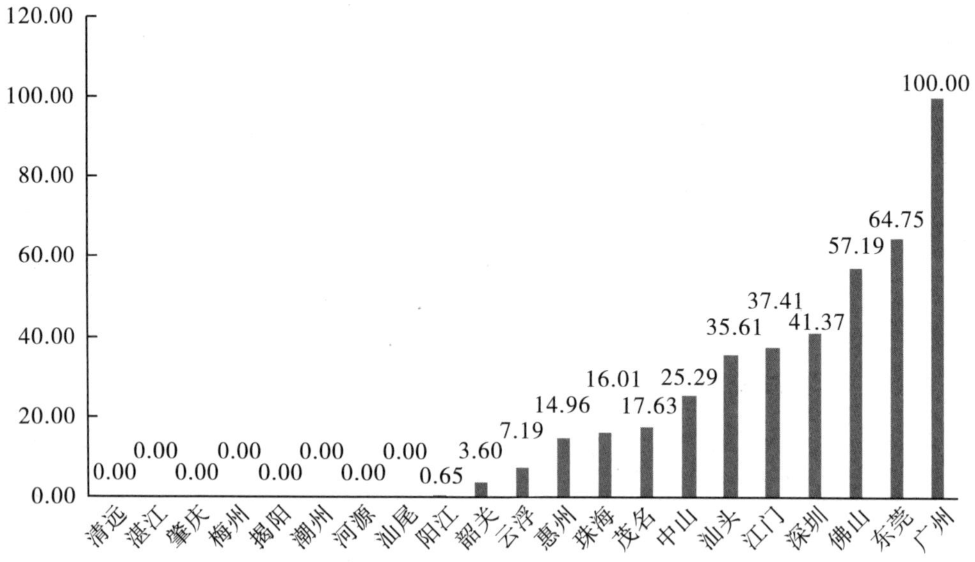

图 10－9　2020 年广东省各地市科技金融服务指数

第四节　基于区域分布的科技金融发展分析

考虑到广东省科技金融区域发展不平衡，本节摒弃传统的区域研究方法，即将广东省分为珠三角、粤东、粤西、粤北四大区域，而采用将广东省分为单列市（深圳市）、省会城市（广州市）、珠三角七市、粤东、粤西、粤北的区域划分方法，使各区域指数在数量上存在可比性，这样对各区域的对比研究更有意义。

珠三角除深圳和广州外其他七个市分别为珠海、佛山、惠州、东莞、中山、江门、肇庆；粤东包括揭阳、汕头、潮州、汕尾四个市；粤西包括阳江、湛江、茂名三个市；粤北包括清远、韶关、云浮、梅州、河源五个市。

本节采用指标值加权求和的方法，各地市指标选取与求和权重相同，因此各区域相应指标值可由所辖地市指标值求和得到。为了衡量各区域科技金融发展相对于经济发展的状况，本节采用 GDP 占比与相应指标值占比对比分析的研究方法。各区域 GDP 数值与占比如表 10－3 所示。

表 10－3　2020 年广东省各区域 GDP 数值与占比

区域划分	省辖市	GDP（亿元）	GDP 占比（%）
单列市	深圳市	27 670.24	24.98
省会城市	广州市	25 019.11	22.59
珠三角七市	珠海市	3 481.94	33.26
	佛山市	10 816.47	
	惠州市	4 221.79	
	东莞市	9 650.19	
	中山市	3 151.59	
	江门市	3 200.95	
	肇庆市	2 311.65	
粤东	揭阳市	2 102.14	6.37
	汕头市	2 730.58	
	潮州市	1 096.98	
	汕尾市	1 123.81	
粤西	阳江市	1 360.44	6.99
	湛江市	3 100.22	
	茂名市	3 279.31	
粤北	清远市	1 777.15	5.82
	韶关市	1 353.49	
	云浮市	1 002.18	
	梅州市	1 207.98	
	河源市	1 102.74	

数据来源：广东省统计局。

一、综合评价

综合来看，2020 年，广东省珠三角七市科技金融指数占比最高、深圳市次之，广州、粤北、粤东、粤西占比依次降低。其中，深圳 GDP 占比为 24.98%，科技金融指数占比为 24.15%，科技金融占比略低于 GDP 占比，比重相差不大，说明深圳市科技金融发展状况与经济发展水平相适应。广州 GDP 占比为 22.59%，科技金融指数占比为 22.41%，科技金融占比略低于 GDP 占比，两项比重也同样差距较小，说明广州科技金融与经济发展水平相匹配。珠三角七市 GDP 占比为 33.26%，科技金融指数占比为 41.85%，科技金融占比高于 GDP 占比，说明珠三角七市科技金融发展超前于经济发展水平。粤东、粤西、粤北 GDP 占比分别为 6.37%、6.99%、5.82%，科技金融指数占比分别为 3.55%、2.56%、5.47%，三个地区科技金融占比均低于 GDP 占比，说明这些地区科技金融相对于经济发展水平而言处于滞后状态（如图 10－10 所示）。

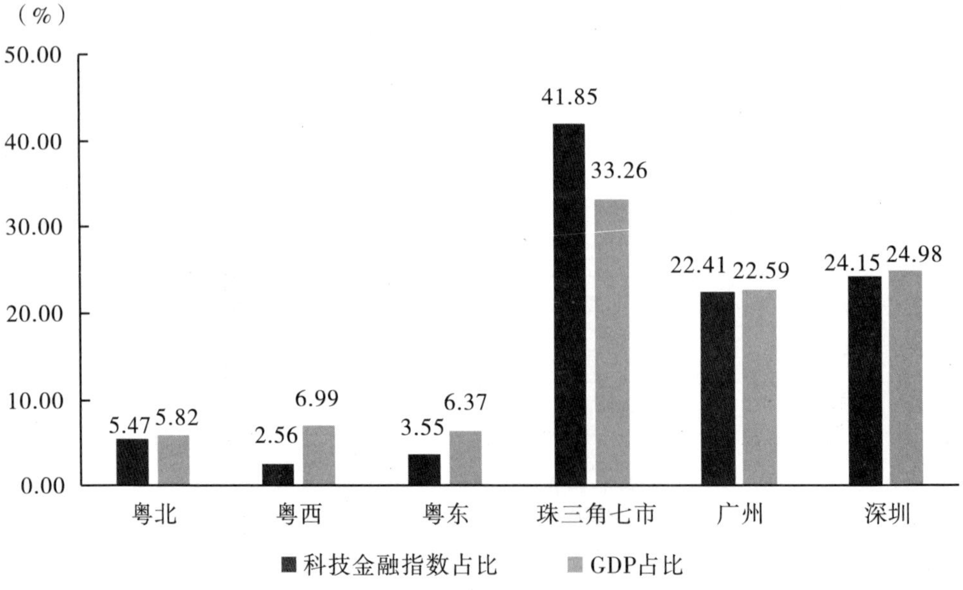

图 10－10　2020 年广东省分区域科技金融指数比较

二、要素评价

（一）市场发育指数

从2020年广东省市场发育指数占比来看，珠三角七市市场发育指数占比最高，深圳市次之，广州、粤北、粤东、粤西占比依次降低。其中，深圳GDP占比为24.98%，市场发育指数占比为27.14%，说明深圳市场发育略超前于经济发展水平。广州市GDP占比为22.59%，市场发育指数占比为23.73%，市场发育程度与经济发展水平相匹配。珠三角七市GDP占比为33.26%，市场发育指数占比为38.07%，市场发育程度超前于经济发展水平。粤东、粤西、粤北GDP占比分别为6.37%、6.99%、5.82%，市场发育指数占比分别为2.53%、2.30%、6.23%，相对于经济发展水平而言，粤东、粤西市场发育均处于相对滞后状态，而粤北地区市场发育程度则略有超前（如图10－11所示）。

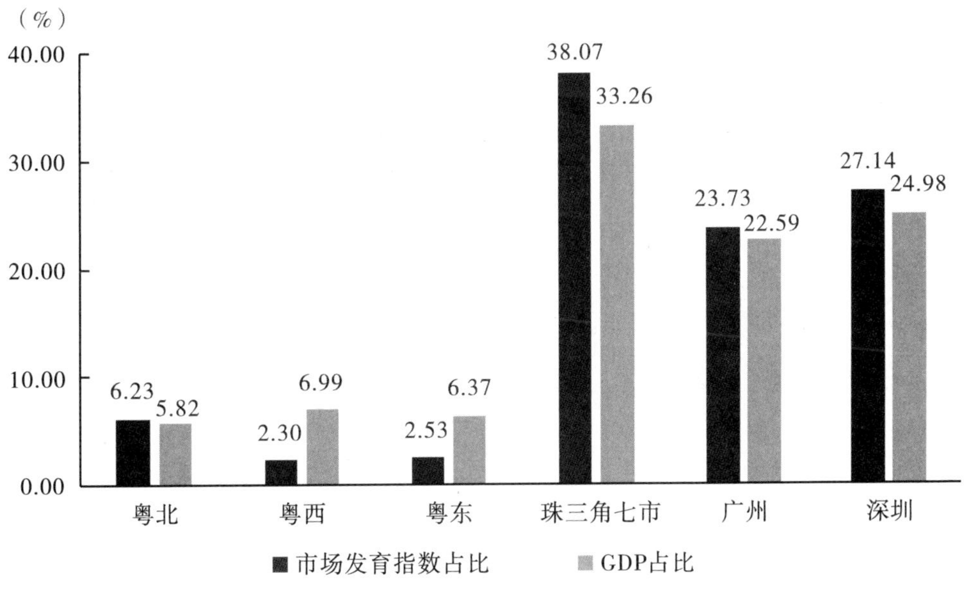

图10－11　2020年广东省分区域市场发育指数比较

1. 风险投资市场

从2020年广东省风险投资市场来看，珠三角七市占比依次领先于深圳、广州占比，粤西、粤北、粤东占比依次降低。珠三角七市GDP占比为33.26%，风险投资市场指数占比为36.67%，风险投资市场发展超前于经济发展水平。深圳市GDP占比为24.98%，风险投资市场指数占比为33.22%，风险投资市场发展快于经济发展水平。广州GDP占比为22.59%，风险投资市场指数占比21.10%，风险投资市场占比略滞后于经济发展水平。粤东、粤西、粤北GDP占比分别为6.37%、6.99%、5.82%，风险投资市场指数占比分别为2.03%、4.58%、2.40%，相对于经济发展水平而言，粤西、粤东和粤北地区均处于滞后状态（如图10-12所示）。

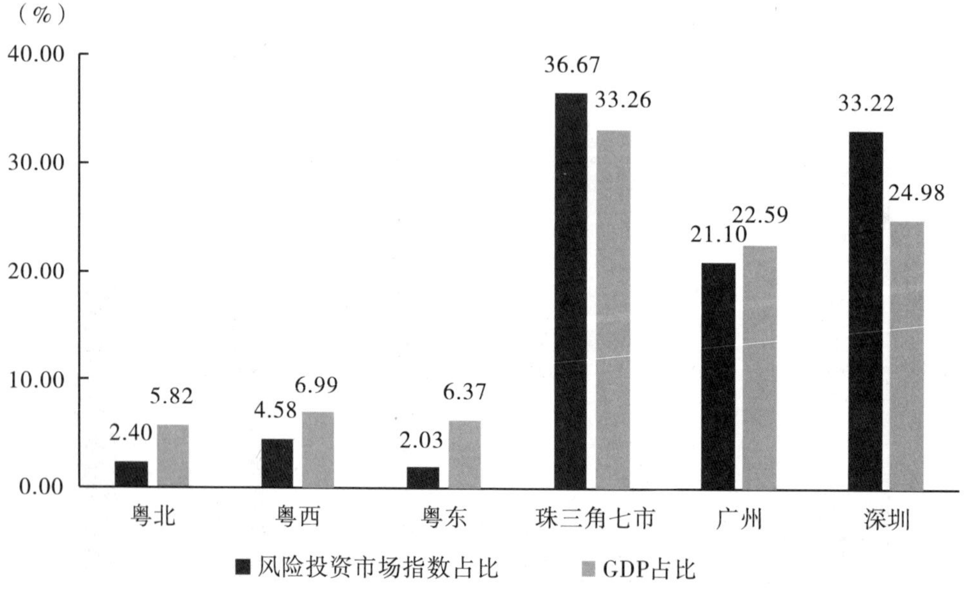

图10-12 2020年广东省分区域风险投资市场指数比较

2. 科技信贷市场

从2020年广东省科技信贷市场发展情况来看，珠三角七市在广东全省范围内占比最高，达到42.21%。此后，广州、深圳、粤北、粤东、粤西的科技信贷市场占比依次降低。与经济发展水平对比来看，珠三角七市 GDP 占比为 33.26%，科技信贷市场指数占比为 42.21%，科技信贷市场发展超前于经济发展水平。广州、粤北地区的 GDP 占比分别为 22.59%、5.82%，科技信贷市场指数占比分别为 26.41%、11.18%，表明这些地区的科技信贷市场发展领先于经济发展水平。而深圳市在该项指标的表现较差，GDP 占比为 24.98%，但科技信贷市场发展相对滞后，指数占比仅为 11.95%。粤东、粤西地区的科技信贷市场发展也滞后于经济发展水平，其科技信贷市场指数占比分别为 6.27%、1.98%，GDP 占比分别为 6.37%、6.99%（如图 10-13 所示）。

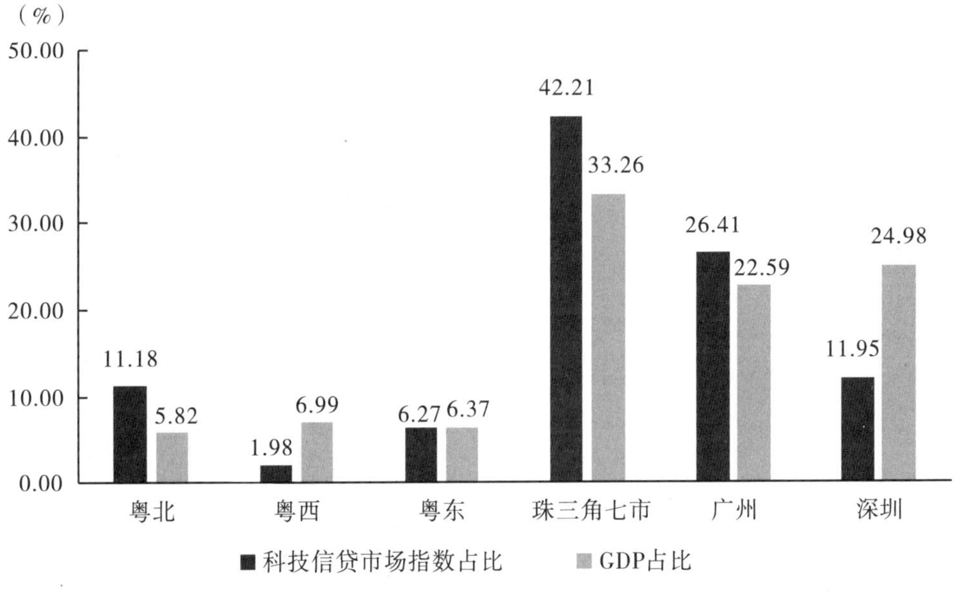

图 10-13　2020 年广东省分区域科技信贷市场指数比较

3. 科技资本市场

从 2020 年广东省科技资本市场来看，珠三角七市占比遥遥领先，深圳、广州、粤北、粤东、粤西占比依次降低。与经济发展水平对比来看，珠三角七市 GDP 占比 33.26%，科技资本市场指数占比 37.15%，科技资本市场发展超前于经济发展水平。深圳 GDP 占比 24.98%，科技资本市场指数占比 32.25%，科技资本市场发展远超经济发展水平。广州 GDP 占比 22.59% ，科技资本市场指数占比 23.38% ，科技资本市场发展超前于经济发展水平。粤东、粤西地区 GDP 占比分别为 6.37%、6.99%，科技资本市场指数占比分别为 0.28%、0%，科技资本市场发展滞后于经济发展水平。粤北地区科技资本市场指数、GDP 占比分别为 6.93%、5.82%，科技资本市场发展超前于经济发展水平（如图 10 - 14 所示）。

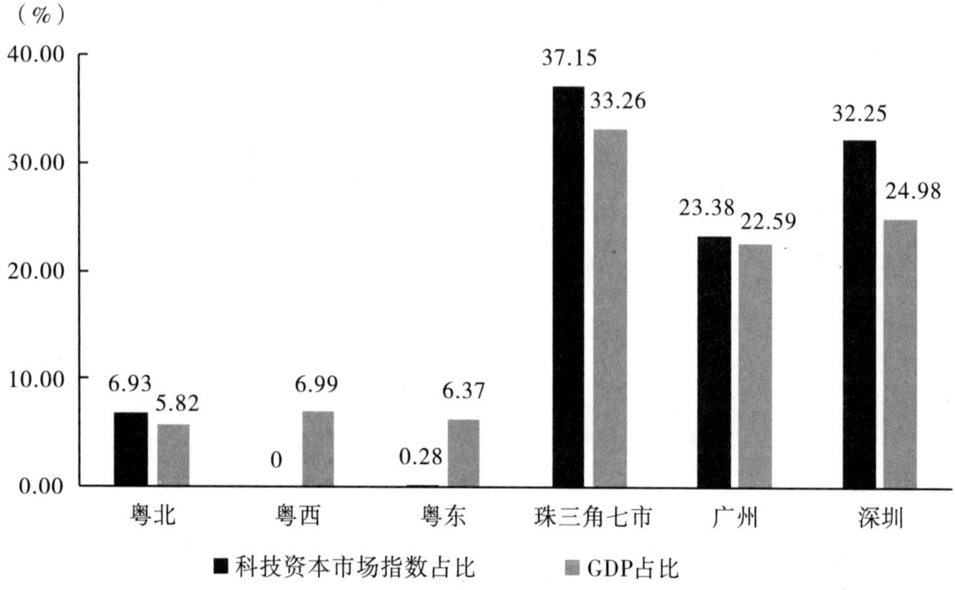

图 10 - 14　2020 年广东省分区域科技资本市场指数比较

（二）政府支持指数

从 2020 年广东省政府支持指数来看，珠三角七市占比遥遥领先，广州、深圳、粤东、粤北、粤西占比依次降低。与经济发展水平对比来看，珠三角七市 GDP 占比为 33.26%，政府支持指数占比为 48.18%，远超于经济发展水平。广州、深圳的 GDP 占比分别为 22.59%、24.98%，政府支持指数占比分别为 20.20%、19.15%，两市政府对科技金融的支持力度均落后于经济发展水平。粤东、粤西、粤北 GDP 占比分别为 6.37%、6.99%、5.82%，政府支持指数占比分别为5.27%、3.01%、4.19%，政府对科技金融的支持力度落后于经济发展水平（图10-15所示）。

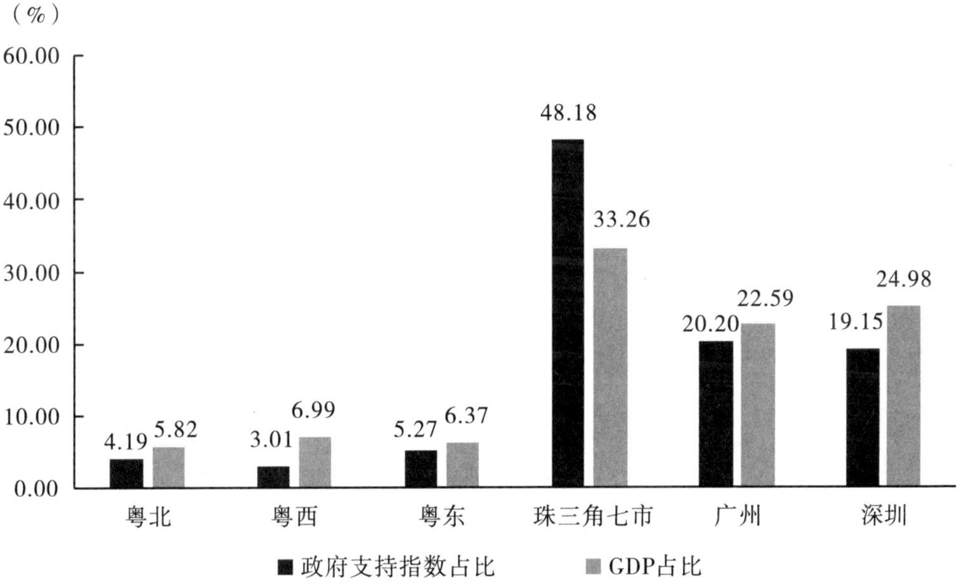

图10-15　2020年广东省分区域政府支持指数比较

1. 科技金融投入

从2020年广东省科技金融投入来看，珠三角七市占比最高，深圳、广州、粤东、粤北、粤西占比依次降低。与经济发展水平对比来看，珠三角七市GDP占比33.26%，科技金融投入指数占比47.53%，科技金融投入力度远超经济发展水平。深圳、广州GDP占比分别为24.98%、22.59%，科技金融投入指数占比分别为21.22%、19.42%，科技金融投入力度均滞后于经济发展水平。粤东、粤西、粤北地区GDP占比分别为6.37%、6.99%、5.82%，科技金融投入指数占比分别为4.57%、2.71%、4.55%，三地的科技金融投入力度均滞后于经济发展水平（如图10-16所示）。

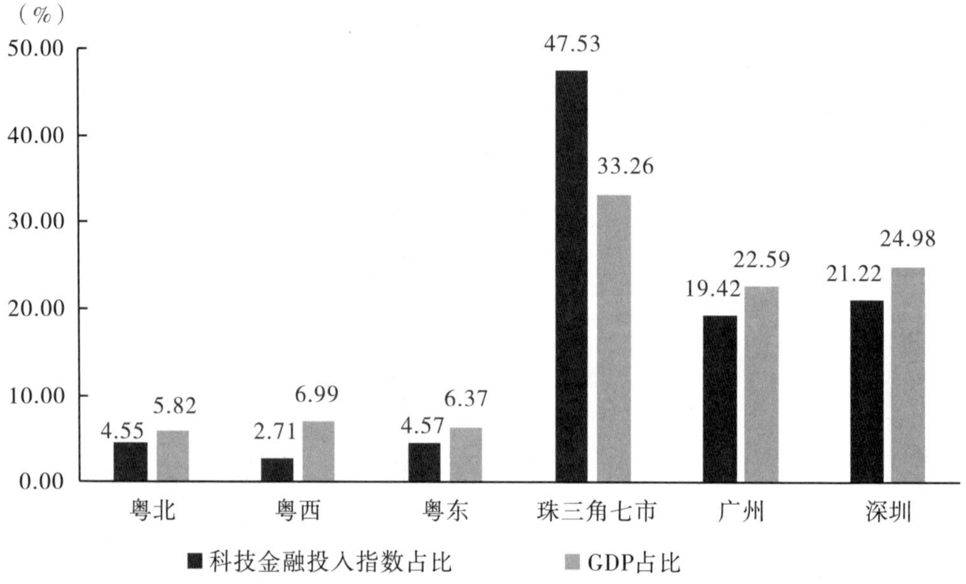

图 10－16　2020 年广东省分区域科技金融投入指数比较

2. 科技金融服务

从 2020 年广东省科技金融服务来看，珠三角七市占比遥遥领先，广州、深圳、粤东、粤西、粤北占比依次降低。与经济发展水平对比来看，珠三角七市科技金融服务指数占比 51.13%，GDP 占比 33.26%，科技金融服务发展超前。广州市 GDP 占比 22.59%，科技金融服务指数占比 23.72%，科技金融服务略超前于经济发展水平，深圳 GDP 占比 24.98%，科技金融服务指数占比为 9.81%，科技金融服务发展滞后于经济发展水平。粤东、粤西、粤北地区 GDP 占比分别为 6.37%、6.99%、5.82%，科技金融服务指数占比分别为 8.45%、4.33%、2.56%，除粤东地区科技金融服务发展水平超前于经济发展水平之外，粤西和粤北地区的科技金融服务均滞后发展（如图 10－17 所示）。

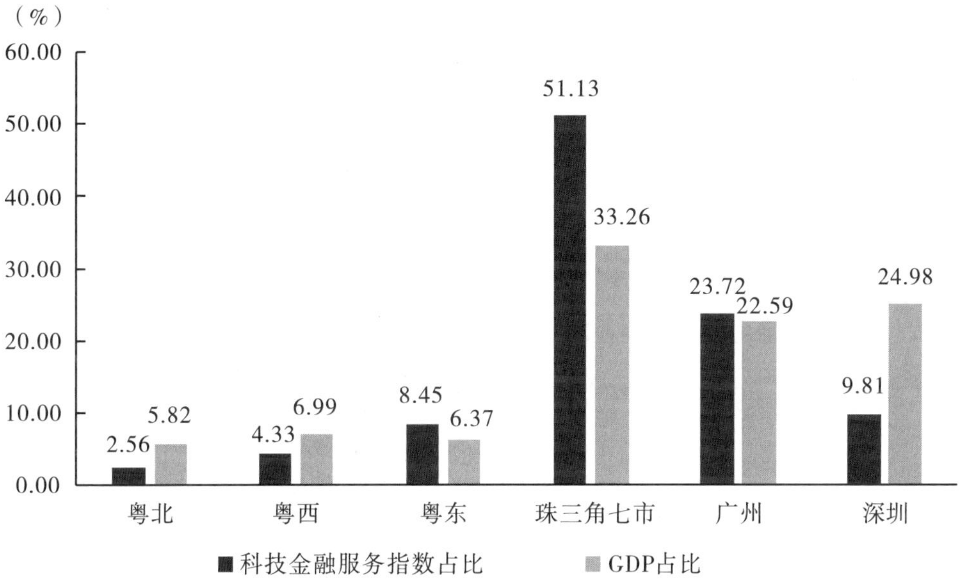

图 10－17　2020 年广东省分区域科技金融服务指数比较

附　录

一、《国家中长期科学与技术发展规划纲要（2006—2020）》政策要点

为完成《国家中长期科学与技术发展规划纲要（2006—2020）》各项重大任务，提出部分重要政策和措施：

1. **实施激励企业技术创新的财税政策**

鼓励企业增加研究开发投入，增强技术创新能力。加快实施消费型增值税，将企业购置的设备已征税款纳入增值税抵扣范围。在进一步落实国家关于促进技术创新、加速科技成果转化以及设备更新等各项税收优惠政策的基础上，积极鼓励和支持企业开发新产品、新工艺和新技术，加大企业研究开发投入的税前扣除等激励政策的力度，实施促进高新技术企业发展的税收优惠政策。结合企业所得税和企业财务制度改革，鼓励企业建立技术研究开发专项资金制度。允许企业加速研究开发仪器设备的折旧。对购买先进科学研究仪器和设备给予必要税收扶持政策。加大对企业设立海外研究开发机构的外汇和融资支持力度，提供对外投资便利和优质服务。全面贯彻落实《中华人民共和国中小企业促进法》，支持创办各种性质的中小企业，充分发挥中小企业技术创新的活力。鼓励和支持中小企业采取联合出资、共同委托等方式进行合作研究开发，对加快创新成果转化给予政策扶持。制定扶持中小企业技术创新的税收优惠政策。

2. **实施促进创新创业的金融政策**

建立和完善创业风险投资机制，起草和制定促进创业风险投资健康发展的法律法规及相关政策。积极推进创业板市场建设，建立加速科技产业化的多层次资本市场体系。鼓励有条件的高科技企业在国内主板和中小企业板上市。努力为高科技中小企业在海外上市创造便利条件。为高科技创业风险投资企业跨境资金运作创造更加宽松的金融、外汇政策环境。在国家高新技术产业开发区内，开展对未上市高新技术企业股权流通的试点工作。逐步建立技术产权交易市场。探索以

政府财政资金为引导，政策性金融、商业性金融资金投入为主的方式，采取积极措施，促进更多资本进入创业风险投资市场。建立全国性的科技创业风险投资行业自律组织。鼓励金融机构对国家重大科技产业化项目、科技成果转化项目等给予优惠的信贷支持，建立健全鼓励中小企业技术创新的知识产权信用担保制度和其他信用担保制度，为中小企业融资创造良好条件。搭建多种形式的科技金融合作平台，政府引导各类金融机构和民间资金参与科技开发。鼓励金融机构改善和加强对高新技术企业，特别是对科技型中小企业的金融服务。鼓励保险公司加大产品和服务创新力度，为科技创新提供全面的风险保障。

为完成《国家中长期科学与技术发展规划纲要（2006—2020）》各项重大任务，提出科技投入与科技基础条件平台建设目标：

建立多元化、多渠道的科技投入体系

充分发挥政府在投入中的引导作用，通过财政直接投入、税收优惠等多种财政投入方式，增强政府投入调动全社会科技资源配置的能力。国家财政投入主要用于支持市场机制不能有效解决的基础研究、前沿技术研究、社会公益研究、重大共性关键技术研究等公共科技活动，并引导企业和全社会的科技投入。中央和地方各级政府要按照《中华人民共和国科学技术进步法》的要求，在编制年初预算和预算执行中的超收分配时，都要体现法定增长的要求，保证科技经费的增长幅度明显高于财政经常性收入的增长幅度，逐步提高国家财政性科技投入占国内生产总值的比例。要结合国家财力情况，统筹安排规划实施所需经费，切实保障重大专项的顺利实施。国家继续加强对重大科技基础设施建设的投入，在中央和地方建设投资中作为重点予以支持。在政府增加科技投入的同时，强化企业科技投入主体的地位。总之，通过多方面的努力，使我国全社会研究开发投入占国内生产总值的比例逐年提高，到2010年达到2%，到2020年达到2.5%以上。

二、《国家创新驱动发展战略纲要》政策要点

当前，我国创新驱动发展已具备发力加速的基础。经过多年努力，科技发展

正在进入由量的增长向质的提升的跃升期，科研体系日益完备，人才队伍不断壮大，科学、技术、工程、产业的自主创新能力快速提升。经济转型升级、民生持续改善和国防现代化建设对创新提出了巨大需求。庞大的市场规模、完备的产业体系、多样化的消费需求与互联网时代创新效率的提升相结合，为创新提供了广阔空间。中国特色社会主义制度能够有效结合集中力量办大事和市场配置资源的优势，为实现创新驱动发展提供了根本保障。

同时也要看到，我国许多产业仍处于全球价值链的中低端，一些关键核心技术受制于人，发达国家在科学前沿和高技术领域仍然占据明显领先优势，我国支撑产业升级、引领未来发展的科学技术储备亟待加强。适应创新驱动的体制机制亟待建立健全，企业创新动力不足，创新体系整体效能不高，经济发展尚未真正转到依靠创新的轨道。科技人才队伍大而不强，领军人才和高技能人才缺乏，创新型企业家群体亟需发展壮大。激励创新的市场环境和社会氛围仍需进一步培育和优化。

为实施创新驱动发展战略，必须各方面加大保障力度，其中就包括保障多渠道增加创新投入，具体阐述为：

切实加大对基础性、战略性和公益性研究稳定支持力度，完善稳定支持和竞争性支持相协调的机制。改革中央财政科技计划和资金管理，提高资金使用效益。完善激励企业研发的普惠性政策，引导企业成为技术创新投入主体。

探索建立符合中国国情、适合科技创业企业发展的金融服务模式。鼓励银行业金融机构创新金融产品，拓展多层次资本市场支持创新的功能，积极发展天使投资，壮大创业投资规模，运用互联网金融支持创新。充分发挥科技成果转化、中小企业创新、新兴产业培育等方面基金的作用，引导带动社会资本投入创新。

三、《关于加强科技金融合作有关工作的通知》政策要点

为深入贯彻党的十九大精神，加快实施创新驱动发展战略部署，完善科技创新投入和科技金融政策，进一步推动科技和金融深度结合，根据科技部和中国邮政储蓄银行（以下简称“邮储银行”）签署的《科技金融战略合作协议》，双方

将加强相关领域的科技金融合作。

1. 建立多层次联系合作机制

各级科技主管部门和邮储银行分支机构要高度重视科技金融对于实施重大科技创新项目、支持科技型企业和科技园区、推动县域科技创新等的重要促进作用，以及对于银行金融业积极探索发展新机制、新模式，拓展新业务、新市场的重要意义。科技部与邮储银行建立科技金融合作机制，由科技部资源配置与管理司和邮储银行总行小企业金融部负责具体联系和工作协调。支持地方科技部门与邮储银行分支机构建立合作机制，确定具体联系部门和人员，加强合作沟通，建立工作机制，完善政策措施，共同推动工作，并及时将工作进展成效、发现的问题以及意见建议报科技部和邮储银行总行。

2. 保障国家和地方重大科技创新项目实施

围绕国家科技计划重大项目以及各地方科技部门科技创新计划（专项）重大项目的组织实施、成果转化和产业化，科技部与邮储银行形成合力，共同推动建立多元化融资渠道，保障相关重大项目的顺利实施。科技部提出承担国家重大科技创新任务的重点单位清单，邮储银行对符合基本条件的单位依据同档同期利率给予一定优惠。地方科技部门加强对本地区正在实施和准备实施的重大科技创新项目的统筹协调，科学设计投入机制，做好与邮储银行分支机构的对接和推荐工作。邮储银行分支机构要对地方科技部门推荐的重大科技创新项目建立“绿色通道”，简化流程手续，优先安排信贷资源，探索对牵头承担项目的中小企业负责人给予专门个人贷款额度。

3. 促进高新技术企业和科技型中小企业成长

科技部和邮储银行加强资源整合力度，综合发挥政策推动和金融服务优势，共同做好高新技术企业和科技型中小企业的金融支持工作。根据具体工作需要，地方科技部门可向邮储银行分支机构提供区域内高新技术企业和科技型中小企业的必要合规数据，并协调指导企业获得邮储银行的投融资支持和金融服务。邮储银行分支机构要及时主动了解高新技术企业和科技型中小企业的金融服务需求，加强金融产品创新，开展培训及政策宣讲，提供“融资+融智”全方位服务。

4. **支持各类科技园区发展**

科技部、邮储银行共同支持国家自主创新示范区、国家高新技术产业开发区、国家农业高新技术产业示范区、国家农业科技园区、国家可持续发展议程创新示范区、国家可持续发展实验区、国家科技成果转移转化区、重大专项科技成果转移转化示范区等科技园区发展，支持邮储银行分支机构在科技园区内设立科技特色支行，鼓励科技园区管理机构与科技特色支行在项目信息、人员交流、政策互动、资源配置等方面开展深入合作，采取多种形式提高园区科技企业投融资效率。邮储银行对科技特色支行研究出台差异化考核机制的指导意见，指导分支机构对科技特色支行给予信贷资源倾斜，大力支持科技特色支行发展。

5. **推动县域科技创新**

县域科技部门和邮储银行分支机构要加强对接合作，围绕县域创新驱动发展的总体工作安排和重大任务，提升县域科技资源配置和使用效率。有条件的地方科技主管部门在设立科技成果转化引导基金、创业投资引导基金等工作中，可充分发挥邮储银行分支机构的作用。邮储银行要指导推动分支机构，根据县域创新驱动发展的特点和需求，对县域创新试点区域给予信贷资源倾斜，对科技特派员的科技致富带动工作等开设贷款绿色通道并给予优惠利率，对所在县域的产业转型升级、培育壮大创新型企业、集聚创新创业人才、加强创新创业载体建设、创新驱动精准扶贫精准脱贫等工作加大金融支持力度。

6. **开展科技金融改革创新探索**

在条件成熟的情况下，科技部遴选部分科技创新资源富集、推动科技和金融深度结合意愿强烈的省市，会同邮储银行、省级科技主管部门确定辖区内部分园区、县（市）作为创新实践区域，依托当地邮储银行分支机构开展支持科技创新的金融产品、服务改革创新，积极为重大科技项目、科技园区、科技企业提供针对性支持保障，形成科技金融改革探索的“试验田”，并在省市范围内形成政策示范带动效应。科技部、省级科技主管部门将通过多种方式对试点区域的科技创新工作进行支持。邮储银行对承接创新探索任务的分支机构，给予产品创新、审批授权、内部资金转移定价（FTP）优惠、人员配置、信息系统、业务培训、营销费用等专项政策支持，并做好工作检查指导。

7. 加强政策引导和联动

科技部、邮储银行将共同开展工作调研和政策研究，加强推动科技政策与金融政策的衔接和联动，积极探索银行金融机构与专业投资机构的联动支持机制，联合为地方科技部门培养一批了解科技、熟悉金融的复合型科技金融人才。地方科技部门要增强创新资源配置方式的改革意识，加强对银行信贷投入的引导和带动，加快形成多元化、多层次的科技融资体系；推动财政科技投入方式机制创新，综合运用贷款贴息、风险补偿等方式，引导和支持银行信贷投入。邮储银行分支机构要充分发挥网点及资金优势，在贷款、债券、贸融等多方面，为科技创新工作提供全方位金融支撑服务。

四、广东省委、省政府《关于全面深化科技体制改革加快创新驱动发展的决定》政策要点

1. 促进科技创新与金融、产业融合发展

支持在国家级高新区设立科技金融服务机构，推动以国家级高新区为主体的产业园区和专业镇开展科技、金融、产业融合创新发展试验。支持东莞、揭阳市和佛山市南海区建设科技金融产业融合创新综合试验区。支持设立科技银行、科技支行、科技小额贷款公司等金融机构或组织，实行专门的客户准入标准、信贷审批和风险控制。支持各地级以上市设立创业投资引导基金，建立创业者与投资者对接平台与机制。建立天使投资风险补偿制度，支持创新投资发展加快推动设立省级种子基金。探索知识产权质押融资贷款贴息扶持政策，支持金融机构扩大质押物范围。

2. 发挥政府对科技体制改革的统筹引导作用

充分发挥省科技教育领导小组作用，建立跨部门、跨领域的会商沟通机制，形成工作合力，综合研究推动科技创新的政策体系，探索采取综合性普惠政策，统筹推进科技体制改革。制定科技创新权责清单、负面清单，大力推进科研项目审批制度改革。省科技部门要切实发挥推进创新驱动发展的组织协调作用，加强

对科技发展优先领域、重点任务、重大项目等的统筹协调。各级党委、政府要高度重视科技创新工作，切实把科技创新工作摆在重要位置，突出重点领域和核心环节，从项目、资金、税收、人才等方面加大对科技创新的扶持力度，扎实做好深化科技体制改革、实施创新驱动发展战略的各项任务。

五、广东省政府《关于进一步促进科技创新若干政策措施的通知》政策要点

促进科技金融深度融合

建立企业创新融资需求与金融机构、创投机构信息对接机制，向金融机构、创投机构开放高新技术企业、科技型中小企业和承担省重点领域研发计划项目企业融资需求相关信息。鼓励银行开展科技信贷特色服务，创新外部投贷联动服务模式，加大对科技型中小企业的信贷支持力度，省财政按其实际投放金额予以一定奖补。省财政与有条件的地级以上市联动设立当地科技风险准备金池，对金融机构开展科技型中小企业贷款和知识产权质押投融资业务发生的损失，给予一定比例的风险补偿，促进解决民营科技型中小企业融资难、融资贵问题。鼓励有条件的地级以上市对新注册登记的私募股权和创业投资管理企业，从其形成财政贡献之日起，给予最多5年适当奖补；对新注册成立的创业投资企业、创业投资管理企业分别按实缴注册资金额、实际管理资金额的一定比例给予奖补，重点用于奖励其高管及骨干人员。发挥省创新创业基金引导作用，重点投向初创科技型企业，引导更多社会资金助推创新创业。改革省政策性引导基金的出资方式和管理模式，鼓励加大让利幅度，允许基金归属财政出资部分的收益全部让渡给社会资本出资方。对投资初创科技型企业的省内创业投资企业，省财政按其累计投资额的一定比例给予奖补。支持符合条件的创业投资企业及其股东、有限合伙人发行创投债，扩大创业投资企业资本规模。鼓励有条件的地级以上市大力发展金融科技产业，吸引金融科技企业和人才落户，对云计算、大数据、区块链、人工智能等新技术在金融领域的应用予以支持。

六、广东省科技厅《关于发展普惠性科技金融的若干意见》政策要点

为贯彻落实习近平总书记系列重要讲话、全国科技创新大会和《国家创新驱动发展战略纲要》精神，加快推进创新型省份、珠三角国家自主创新示范区和全面创新改革试验省建设，促进科技、金融、产业全面融合发展，扩大科技金融的普惠面，有效促进科技成果转化，进一步激发全社会的创新创业活力，经省人民政府同意，提出以下意见。

（1）探索设立科技股权基金，引导银行开展科技企业股权质押贷款业务。

（2）用好科技企业信贷风险准备金，引导银行扩大科技信贷。

（3）鼓励和支持金融机构开展金融创新，积极开发普惠性科技金融产品。

（4）加强科技转贷扶持工作，降低科技型中小微企业融资成本。

（5）大力发展风险投资和天使投资，引导创业投资资金投向前端。

（6）鼓励发展科技企业并购基金，加快经济产业转型升级。

（7）加强科技金融服务，完善全省科技金融服务体系。

（8）加强科技金融人才队伍建设，实施科技金融特派员计划。

（9）引导金融服务与科技“四众”平台融合发展，为创新创业提供有力支撑。

（10）进一步完善财政科技投入方式，提高科技政策创新与金融政策创新的契合度。

（11）在珠三角国家自主创新示范区先行先试，加强组织保障协同推进。

七、广东省委、省政府《关于贯彻落实〈粤港澳大湾区发展规划纲要〉的实施意见》政策要点

1. 携手港澳建设国际金融枢纽

坚持金融服务实体经济，重点支持广州、深圳、珠海、佛山等市金融业错位发展、优势互补，加快发展科技金融、绿色金融，推进与港澳金融市场互联互通，携手港澳建设国际金融枢纽。推进广州完善现代金融服务体系，建设区域性私募股权交易市场，建设产权、大宗商品区域交易中心，加快建设广州国际金融

城。推动深圳依规发展以深圳证券交易所为核心的资本市场，争取国家支持扩大“深港通”每日额度，建设科技产权交易中心、创新资本形成中心。推进澳门—珠海跨境金融深度合作，探索建设澳门—珠海跨境金融合作示范区，支持与葡语系国家的人民币结算业务发展。支持佛山依托广东金融高新技术服务区，打造现代金融后援服务基地。大力发展特色金融产业，加快推进广州绿色金融改革创新试验区建设，探索设立服务绿色企业的现代绿色金融服务机构，研究设立以碳排放为首个交易品种的创新型期货交易所。加快推进深圳保险创新发展试验区建设，支持在前海开展再保险产品和制度创新，研究推出巨灾债券，创新发展航运保险、物流保险、融资租赁保险、邮轮游艇保险、跨境电商保险等业务。探索粤港澳大湾区保险服务中心建设。争取国家支持设立粤港澳大湾区绿色技术银行。推进深港金融市场互联互通和深澳特色金融合作，开展科技金融试点，加强金融科技载体建设。鼓励开发性、政策性金融机构和商业银行推进大湾区客户认定、授权管理、授信政策以及产品创新的一体化。加大投融资模式创新，积极探索REITS等创新金融产品，盘活存量资产，形成投融资良性循环。

2. 打造广州南沙粤港澳全面合作示范区

充分发挥国家级新区和自贸试验区优势，加快建设大湾区国际航运、金融和科技创新功能承载区，高标准推进广州南沙城市规划建设，携手港澳建成高水平对外开放门户。加快重大港航基础设施项目建设，集聚粤港澳现代航运服务资源，发展航运服务业和邮轮游艇产业。强化国际贸易功能集成，推进保税物流、出口集拼、大宗商品交易等平台建设。推动各类外事资源和国际组织落户南沙，携手港澳建设中国企业走出去综合服务基地。以发展人工智能产业为重点，加快南沙庆盛科技创新产业基地建设，打造大湾区人工智能产业引领示范区。依托华南技术转移中心、香港科技大学霍英东研究院等重大平台，为香港纳米技术及先进材料、资讯及通讯技术、物流及供应链管理应用技术等研发中心提供更大发展空间，建成一批港澳科技成果对接转化平台。规划建设粤港产业深度合作园，加快基础设施建设和产业导入。推动葡语系国家商品展示销售综合平台提质升级，探索建设粤澳合作葡语国家产业园。探索建设南沙（粤港澳）数据服务试验区。

推进金融服务创新试验示范，高标准建设南沙国际金融岛，逐步引入国际金融论坛运营总部、各国常设金融机构驻广州总部等重点平台。着力发展航运金融、科技金融、融资租赁等服务实体经济的特色金融。加快推动设立粤港澳大湾区国际商业银行。加快建设广州航运交易结算中心，支持南沙争取国际航运保险业务免征增值税政策。合理统筹解决新增建设用地规模。推进与周边地区在城市规划、综合交通、公共服务设施等方面的一体化衔接，构建“半小时交通圈”。深化全国人才改革试验，规划建设大湾区国际人才创新创业基地和海外华人华侨交流基地，精准引进高、精、尖紧缺人才，打造南沙国际化人才特区。加强生态环境建设，传承和弘扬岭南文化、水乡文化和海洋文化。

八、中国保监会《关于加强和改善对高新技术企业保险服务有关问题的通知》政策要点

（1）大力推动科技保险创新发展，逐步建立高新技术企业创新产品研发、科技成果转让的保险保障机制。科技保险的险种由保监会和科技部共同分批组织开发并确定，第一批险种包括高新技术企业产品研发责任保险、关键研发设备保险、营业中断保险、出口信用保险、高管人员和关键研发人员团体健康保险和意外保险等6个险种。政策性出口信用保险由中国出口信用保险公司经营，其他险种初期由华泰财产保险股份有限公司进行试点经营，期限一年。上述6个险种作为高新科技研发保险险种，其保费支出纳入企业技术开发费用，享受国家规定的税收优惠政策。

（2）探索并实践通过国家财政科技投入引导推动科技保险发展的新模式，并由保监会、科技部在国家高新技术产业开发区、保险创新试点城市和火炬创新试验城市中选择科技保险试点地区，开展科技保险发展新模式的试点。各地科技主管部门、国家高新技术产业开发区要积极宣传和动员本地区高新技术企业参与科技保险，运用保险手段为科技发展服务。

（3）高新技术企业可以为符合团体人数要求的关键研发人员投保团体保险。

（4）中国出口信用保险公司对列入《中国高新技术产品出口目录》的产品

出口信用保险业务，在限额审批方面，同等条件下实行限额优先；在保险费率方面，给予公司规定的最高优惠。加快出口信用保险产品创新、服务创新和模式创新，加强中国出口信用保险公司与有关部门的合作，推进高新技术企业软件出口新险种的开发，解决软件等高新技术产品出口和高新技术企业“走出去”中的收汇风险和融资需求，推动高新技术企业投保出口信用险项下的融资业务发展。在积极发展政策性出口信用保险的基础上，适当增加商业性出口信用保险业务经营主体，发展多种形式的出口信用保险业务，支持高新技术产品出口。

（5）发挥保险中介机构在高新技术企业承保理赔、风险管理和保险产品开发方面的积极作用。鼓励高新技术企业和保险公司采用保险中介服务，支持设立专门为高新技术企业服务的保险中介机构，鼓励在国家高新技术产业开发区内设立保险中介机构及其分支机构。鼓励保险经纪公司参与科技保险产品创新，专门为高新技术企业服务的保险中介机构资格由保监会和科技部共同认定，享受科技中介机构有关优惠政策。

（6）加强保险机构和保险中介机构对高新技术企业的风险管理工作，为高新技术企业提供方便快捷的保险服务，提高理赔服务质量，建立高新技术企业保险理赔快速通道，提高理赔效率，加快理赔速度。建立科技保险风险数据库，科学厘定科技保险产品费率。

（7）加强在科技保险领域内的国际合作。充分借鉴国外开展科技保险业务的经验和做法，鼓励国内保险机构在人员交流、技术研讨和专业培训等方面与境外保险机构的合作。

（8）大力提升保险行业在实施自主创新战略、建设创新型国家目标中的保险保障作用，分散高新技术企业的创新创业风险。保监会和科技部共同制定科技保险中长期发展专项规划，加强在科技保险业务和保险资金运用等多方面支持国家科技发展的统筹工作。

（9）各地保险和科技主管部门要加强与地方财政、税务部门的协调和沟通，推动高新技术企业运用保险手段分散风险，并及时将试点情况向保监会和科技部报告。

（10）本文中关键研发人员是指高新技术企业中关键技术成果的主要完成人，重大研发项目的负责人或对主导产品、核心技术进行重大创新、改进的主要技术人员。高新技术企业的资格，按照国家有关高新技术企业认定的相关规定执行。

九、中国保监会、科技部《关于进一步做好科技保险有关工作的通知》政策要点

（1）鼓励保险公司开展科技保险业务。保险公司要增强科技保险工作意识，主动与科技部门联系，深入科技行业研究科技领域风险特点，组建专门团队开展业务，建立科技保险理赔绿色通道，做好科技保险服务。地方保监局和科技主管部门要积极组织推动，加强工作协调，提供相关支持，与保险机构共同推动科技保险的创新发展。

（2）支持保险公司创新科技保险产品。保险机构要建立保险公司、科研机构、中介机构和科技企业共同参与的科技保险产品创新机制，根据科技行业不同特点和实际需求，针对科技领域风险特点，组织专门技术力量，积极创新，大力开发新险种，在科技型中小企业自主创业、融资、企业并购以及战略性新型产业供应链等方面提供保险支持，不断拓宽保险服务领域。

（3）进一步完善出口信用保险功能。发挥中国出口信用保险公司政策性业务在应对国际金融危机和支持科技企业出口方面的特殊作用，在信用风险管理、融资支持和企业信用体系建设等方面，为科技企业提供信用保险、资信调查、商账追收、保单融资等多方面的保障服务，扩大信用保险在科技领域的综合性服务。

（4）加大对科技人员保险服务力度。科技人员是科技工作的重要力量，要进一步研究利用保险手段分散科技人员在科研、生产过程中的风险，解决他们的后顾之忧。高新技术企业可以为符合人数要求的关键研发人员投保团体保险。

（5）提高保险中介机构服务质量。各类保险中介机构应积极参与科技保险工作，发挥保险中介机构在企业风险管理、保险方案设计、保险产品宣传推广、

保单维护和保险索赔服务以及科技型中小企业风险管理等方面的作用，切实做好保险中介服务工作。保险经纪公司要主动当好科技主管部门和科技企业的顾问，在科技保险工作中作为科技行业一方的代表，维护客户合法权益。

（6）实施科技保险有关支持政策。研究在重大专项、国家科技计划经费中列支科技保险费和财政资金对自主创新首台（套）产品实施保费补贴的相关政策。地方科技主管部门要创新科研经费使用方式，制定支持科技保险发展的制度措施，推行科技保险保费补贴制度。企业科技保险保费计入高新技术企业研究与开发费用核算范围，享受国家规定的税收优惠政策。

（7）创新科技风险分担机制。鼓励保险公司、再保险公司和担保公司等金融机构共同参与重大科技项目的风险管理工作，与银行等其他金融机构一起创新科技风险管理机制与服务，为科技企业特别是科技型中小企业提供融资、担保方面的支持。

（8）探索保险资金支持科技发展新方式。根据科技领域需求和保险资金特点，研究保险资金支持国家高技术产业发展的相关机制和具体措施，探索保险资金参与国家高新技术产业开发区基础设施建设、战略性新型产业的培育与发展以及国家重大科技项目投资的方式方法，并推动相关工作。

十、《广东省人民政府办公厅关于促进科技和金融结合的实施意见》政策要点

1. 积极培育和发展创业投资

加快设立发展种子基金和科技孵化基金；充分发挥省战略性新兴产业创业投资引导基金带动作用；引导创业投资机构投资科技型企业；探索开展科技产品金融化试点。

2. 引导发展科技信贷

鼓励金融机构创新科技型企业贷款模式、产品和服务；促进新型科技金融机构发展；推动科技保险产品创新和科技担保业务发展；积极开展知识产权投融资服务。

3. **大力发展多层次资本市场**

积极推动科技型企业上市；加快发展场外交易（OTC）市场发展；鼓励科技型企业发行区域集优融资模式下的中小企业集合票据；建立健全技术产权交易市场。

4. **完善科技金融服务体系和机制体制**

做大做强省粤科金融集团；积极推广“三资融合”模式；深入开展科技金融试点示范工作；加强科技金融信用体系建设；建立和完善科技金融服务平台；加强农业等领域的科技和金融结合。

5. **完善保障措施**

加强组织领导，形成工作合力；加大资金投入，完善人才机制；完善科技计划管理体制，拓宽科技项目融资渠道；建立评估监测机制，营造良好发展环境。

十一、 广东省科技厅等《关于发展科技保险支持科技创新的意见》政策要点

1. **充分认识发展科技保险的重要意义**

科技保险是为科技企业提供风险保障，支持科技创新活动的保险险种。科技保险能够帮助科技企业分散转移在基础研发、生产经营、内部管理、产品责任等方面的风险，促进企业加强风险管理、提高核心竞争力；能够支持科技企业在缺少抵押、担保等情况下获得银行贷款，促进科技企业持续较快健康发展；能够为科技企业的业务骨干、关键研发人员提供强大的健康医疗和养老保障，增加人文关怀，留住人才，为高技术产品的成功研发提供基础保障。

2. **鼓励有条件地市大力发展科技保险**

充分发挥广州、佛山、东莞、深圳作为国家促进科技与金融结合试点城市“先行先试”的优势，加大政策扶持力度，积极发展科技保险。建立科技保险发展的长效机制，促进科技保险产品与服务创新，扩大承保范围和服务领域，在自主创业、研发、贸易、融资等方面，为科技企业提供全面和广泛的保险保障。鼓励保险资金投资产业基金和科技企业股权，加快重点战略性新兴产业发展。鼓励我省其他有条件的地区出台政策措施，探索开展科技保险业务，加强政府、高新

技术园区、科技企业、保险公司的对接力度，逐步扩大科技企业的参保面，提高科技保险保障水平和服务质量。

3. 支持保险公司创新科技保险服务体系

科技保险的基础险种有15类，包括：高新技术企业产品研发责任保险、高新技术企业关键研发设备保险、高新技术企业营业中断保险、高新技术企业财产保险、高新技术企业产品责任保险、高新技术企业产品质量保证保险、高新技术企业董事会监事会高级管理人员职业责任保险、高新技术企业雇主责任保险、高新技术企业高管人员和关键研发人员团体健康保险、高新技术企业高管人员和关键研发人员团体意外保险、高新技术企业环境污染责任保险、高新技术企业专利保险、高新技术企业小额贷款保证保险、高新技术企业项目投资损失保险、高新技术企业出口信用保险。根据《关于进一步做好科技保险有关工作的通知》（保监发〔2010〕31号），支持我省科技保险在基础险种上进一步扩展，服务对象从高新技术企业扩大到科技型中小企业，逐步简化科技保险审批流程，不断健全和完善科技保险服务体系，支持科技企业和科技创新。鼓励符合条件的保险公司设立专门服务于科技企业的科技保险专营机构，根据市场需求研发新的科技保险险种，为科技企业降低风险损失、实现稳健经营提供支持。

4. 进一步加大科技保险政策支持力度

鼓励各市建立科技贷款履约保证保险的风险共担机制。支持各地探索建立由政府科技专项资金、银行、保险公司按一定比例分担科技贷款损失风险的机制，帮助中小型科技企业解决融资难、融资贵的问题。支持各地在科技保险基础险种上，根据实际制定科技保险保费补贴等政策。重点支持科技企业的贷款履约保证保险等融资类产品，帮助中小型科技企业降低融资门槛和成本。加强科技保险与贷款贴息、项目资助等其他金融财政手段的配套，形成一揽子的优惠政策措施，全面提高科技企业的风险管理水平。

5. 加强科技保险组织领导和宣传

开展科技保险的地市要建立科技保险工作定期沟通协调机制，商讨解决科技保险推进过程中出现的问题。各地科技主管部门、高新技术园区要加大对科技企业的宣传力度，印制科技保险宣传手册，在高新技术园区开展科技保险政策宣传，提供业务办理流程及相关政策查询等。各地政府金融工作部门要引导银行、保险公司等金融机构积极参与科技保险工作，配合科技主管部门、保险行业做好科技保险宣传和推广工作，逐步完善科技保险政策保障体系，营造科技保险良好发展环境。保险行业要加强科技保险宣传力度，组织召开针对科技企业的科技保险产品宣传推广会，向科技企业派发科技保险产品宣传资料等，使科技企业了解科技保险对科技创新的促进作用。

十二、《国务院关于促进创业投资持续健康发展的若干意见》政策要点

创业投资是指向处于创建或重建过程中的未上市成长性创业企业进行股权投资，以期所投资创业企业发育成熟或相对成熟后，主要通过股权转让获取资本增值收益的投资方式。天使投资是指除被投资企业职员及其家庭成员和直系亲属以外的个人以其自有资金直接开展的创业投资活动。发展包括天使投资在内的各类创业投资，应坚持以下要求：

1. 培育多元创业投资主体

加快培育形成各具特色、充满活力的创业投资机构体系。鼓励各类机构投资者和个人依法设立公司型、合伙型创业投资企业。鼓励行业骨干企业、创业孵化器、产业（技术）创新中心、创业服务中心、保险资产管理机构等创业创新资源丰富的相关机构参与创业投资。

2. 积极鼓励包括天使投资人在内的各类个人从事创业投资活动

鼓励成立公益性天使投资人联盟等各类平台组织，培育和壮大天使投资人群体，促进天使投资人与创业企业及创业投资企业的信息交流与合作，营造良好的天使投资氛围，推动天使投资事业发展。规范发展互联网股权融资平台，为各类个人直接投资创业企业提供信息和技术服务。

3. 多渠道拓宽创业投资资金来源

大力培育和发展合格投资者。在风险可控、安全流动的前提下，支持中央企

业、地方国有企业、保险公司、大学基金等各类机构投资者投资创业投资企业和创业投资母基金。鼓励信托公司遵循价值投资和长期投资理念，充分发挥既能进行创业投资又能发放贷款的优势，积极探索新产品、新模式，为创业企业提供综合化、个性化金融和投融资服务。培育合格个人投资者，支持具有风险识别和风险承受能力的个人参与投资创业投资企业。

4. 加强政府引导和政策扶持

完善创业投资税收政策，建立创业投资与政府项目对接机制。在全面创新改革试验区域、双创示范基地、国家高新区、国家自主创新示范区、产业（技术）创新中心、科技企业孵化器、众创空间等，开放项目（企业）资源，充分利用政府项目资源优势，搭建创业投资与企业信息共享平台，打通创业资本和项目之间的通道，引导创业投资企业投资于国家科技计划（专项、基金等）形成科技成果的转化。

5. 研究鼓励长期投资的政策措施

倡导长期投资和价值投资理念，研究对专注于长期投资和价值投资的创业投资企业在企业债券发行、引导基金扶持、政府项目对接、市场化退出等方面给予必要的政策支持。研究建立所投资企业上市解禁期与上市前投资期限长短反向挂钩的制度安排。

6. 发挥政府资金的引导作用

充分发挥政府设立的创业投资引导基金作用，加强规范管理，加大力度培育新的经济增长点，促进就业增长。充分发挥国家新兴产业创业投资引导基金、国家中小企业发展基金、国家科技成果转化引导基金等已设立基金的作用。对于已设立基金未覆盖且需要政府引导支持的领域，鼓励有条件的地方按照“政府引导、市场化运作”原则推动设立创业投资引导基金，发挥财政资金的引导和聚集放大作用，引导民间投资等社会资本投入。

十三、《广东省关于支持中小企业融资的若干政策措施》政策要点

为进一步深化金融供给侧结构性改革，增强金融服务实体经济的能力，有效

破解广东中小（民营）企业（以下简称中小企业）融资难、融资贵、融资慢问题，结合广东实际，制定如下政策措施。

1. 建立中小企业信用评价体系，破解中小企业信息不对称难题

建立中小企业融资平台。依托广东“数字政府”整合税务、市场监管、社保、海关、司法、科技、民政以及水电气等数据信息，建立我省中小企业信用信息共享机制。鼓励市场化机构按照政策规定运用人工智能、风控模型、大数据等技术为中小企业进行风险画像和信用评价；引导有信用的中小企业和商业银行在平台上分别发布融资需求和信贷产品，并进行线上智能匹配；运用区块链等技术建立信息共享、隐私保护和互信机制，对金融机构依法依规开放中小企业信息查询和共享；集中省、市政策资源，为中小企业融资提供增信、贴息和风险补偿等配套服务。继续用好广东省中小微企业信用信息和融资对接平台，探索不同平台间的融合发展模式。

2. 减轻间接融资对抵押的过度依赖，疏通中小企业融资堵点

积极稳妥发展供应链金融。支持商业银行与核心制造业企业、核心物流业企业加强合作，依托核心企业信用和真实交易数据，通过中小企业融资平台，为上下游企业提供无需抵押担保的订单融资、应收应付账款融资，推动政府采购订单、特许经营权等业务发展。鼓励支持贸易融资。引导商业银行与中小企业接入中小企业融资平台，加强与海关等部门的信息共享、多方验证，运用区块链技术核实贸易的真实性、准确性，防范虚假贸易、重复融资等风险，促进跨境贸易融资的便利化。建设完善知识产权融资体系，加强与市场化知识产权评估专业机构合作，提供知识产权评估、质押、交易等专业化服务。支持商业银行设立知识产权支行，创新知识产权信贷审批授权专属流程和信用评价模型，为中小企业提供专利权、商标权、著作权等资产混合质押融资贷款。

3. 发展多层次资本市场体系，拓宽中小企业直接融资渠道

降低中小企业改制上市成本。研究制定广东省中小企业改制上市工作指引，指导企业做好合规证明、不动产登记、股权确认、奖补申领等事项。完善区域性股权市场。强化广东股权交易中心中小企业融资服务综合功能，为中小企业提供政策发布、孵化培育、股权债权融资、股改推介等一站式服务，完善适合中小企业融资需求的可转债发行模式，积极争取设立科技创新专板试点。鼓励股权投资和并购重组。

4. 完善中小企业融资服务体系，因地制宜提升区域金融服务中小企业水平

探索组建省级银行。争取国家层面政策支持，研究探索组建为中小企业和“三农”服务的省级银行。完善全省政府性融资担保体系。支持省融资再担保公司与商业银行开展“总对总”合作，优化对政府性融资担保、再担保机构的绩效考核办法，淡化盈利指标、提高融资担保代偿率容忍度，引导担保机构逐步弱化直至取消反担保。建立政策性小额再贷款体系。争取国家政策支持，研究推进以广东省粤科科技小额贷款股份有限公司为基础组建省政策性小额再贷款公司，通过再贷、投贷联动等方式，对中小企业融资平台重点服务对象以及优质小额贷款公司给予融资支持。

5. 综合运用低成本资金和各类政策工具，实质降低企业融资成本

用好货币信贷支持政策。积极争取人民银行再贷款和再贴现等低成本资金的支持，综合运用信贷风险补偿、增信、贴息等政策措施。发挥政策性银行作用。引导政策性银行充分运用低利率的抵押补充贷款（PSL）资金按规定支持科技创新、战略性新兴产业、生态环保、乡村振兴等领域的中小企业降低融资成本。探索由省内政策性银行向中小银行提供优惠利率专项贷款的“转贷”机制。发挥大型银行引领作用。带动其他金融机构实质性降低小微企业综合融资成本。鼓励商业银行实施助力专精特新企业融资服务，为“小升规”及培育企业、高成长中小企业、专精特新“小巨人”企业提供低成本贷款。

6. 运用金融科技提高融资效率，解决融资慢问题

强化线上服务。支持商业银行在风险可控前提下，运用大数据和风控模型，为借款企业开立电子贷款户（非结算户），实现对50万元以下贷款线上快速审批放款。依托中小企业融资平台设立中小企业人工智能咨询投诉平台，接听中小企业融资困难的反映，有针对性地解决中小企业反映的实际融资问题。对支持中小企业力度大、时效快的金融机构给予业务对接、授予荣誉称号等正向激励。

参考文献

[1] 安琴，刘金金，熊坤，等. 广东省科技金融政策文本量化分析 [J]. 当代经济，2018 (19).

[2] 鲍英善，朱方伟. 强化我国创业投资金融支持的对策研究 [J]. 经济纵横，2017 (9).

[3] 蔡咏. 我国区域性股权市场的发展、问题和改革研究 [J]. 金融监管研究，2018 (4).

[4] 曹颢，尤建新，卢锐，等. 我国科技金融发展指数实证研究 [J]. 中国管理科学，2011 (3).

[5] 陈雪，陈宇山. 广东省科技担保行业发展现状、存在问题和对策建议 [J]. 科技管理研究，2014 (9).

[6] 成艾华，蒋杭. 基于 G1 - 变异系数法的普惠金融发展指数研究：以湖北为例 [J]. 武汉金融，2018 (4).

[7] 范玉雯. 科技保险发展研究 [J]. 合作经济与科技，2020 (20).

[8] 房汉廷. 关于科技金融理论、实践与政策的思考 [J]. 中国科技论坛，2010 (11).

[9] 冯延娟. 广东科技金融发展策略研究 [D]. 广州：广东外语外贸大学，2018.

[10] 高蕾. 担保公司开展科技担保遇到的困境研究：以江苏省为例 [J]. 江苏科技信息，2013 (22).

[11] 高小雪. 我国区域股权市场发展模式现状分析 [J]. 商业会计，2017 (23).

[12] 甘星，甘伟. 环渤海、长三角、珠三角三大经济圈科技金融效率差异实证研究 [J]. 宏观经济研究，2017 (11).

[13] 顾海峰. 制度性金融创新与我国中小企业融资担保体系发展研究 [J]. 南方金融，2012 (3).

［14］郭峰，孔涛，王靖一. 互联网金融空间集聚效应分析：来自互联网金融发展指数的证据［J］. 国际金融研究，2017（8）.

［15］韩亚星. 我国创业板市场发展现状、问题及建议［J］. 中国市场，2015（42）.

［16］何朝林，梁悦. 创业投资引导基金运行中的政府行为：基于科经型中小企业技术创新［J］. 科学管理研究，2017，35（4）.

［17］侯外林. 保险助力科技创新的广东实践与探索［N］. 中国保险报，2018－04－24（007）.

［18］胡义芳. 基于指数分析的我国科技金融发展研究［J］. 求索，2013（12）.

［19］黄海涛，胡飚，童志兵. 科技保险运行模式及创新研究［J］. 上海保险，2021（3）.

［20］黄柱坚. 建行广州番禺支行科技金融策略研究［J］. 纳税，2017（4）.

［21］纪慰华. 伦敦科技金融政策体系对上海建设全球科创中心的启示［J］. 上海城市管理，2021，30（3）.

［22］金珊珊，雷鸣. 科技创新金融支持体系的构建及作用机制：基于企业生命周期理论的视角［J］. 新疆财经，2014（1）.

［23］寇明婷，陈凯华，穆荣平. 科技金融若干重要问题研究评析［J］. 科学学研究，2018，36（12）.

［24］李华军. 改革开放四十年：科技金融的实践探索与理论发展［J］. 科技管理研究，2019，39（11）.

［25］李士华，邓天佐，李心丹. 创业投资在科技金融中的定位研究：以江苏创业投资发展为例［J］. 科技进步与对策，2013，30（18）.

［26］李希义，郭戎，沈文京，等. 我国科技担保行业存在的问题及对策分析［J］. 创新科技，2014（9）.

［27］李亚青. 供给侧改革视角下科技保险“供需双冷”困境及其化解

[J]. 科技进步与对策，2018，35（15）.

［28］刘凤娟，郭胜大. 科技金融及创业投资的发展对策：以江苏省为例［J］. 技术经济与管理研究，2012（4）.

［29］刘嘉伟. 金融科技重构信贷风控体系［J］. 中国金融，2018（11）.

［30］马海涛，师玉朋. 政府创业投资引导基金发展现状与制度改进［J］. 地方财政研究，2016（5）.

［31］马佳伟，江奕，林展宇. 广东省完善多层次资本市场的对策研究［J］. 时代金融，2017（35）.

［32］马军伟，王剑华. 创业投资“阶段后移”的解释：基于博弈论的分析［J］. 中国科技论坛，2011（10）.

［33］盘颖，张莹，张静. 广东省创业投资行业研究：现状与前瞻［J］. 科技创业月刊，2021，34（01）.

［34］乔巧玲. 广东省融资担保行业的风险分析及应对措施［J］. 科技经济市场，2016（4）.

［35］任万霞. 完善科技金融支撑体系［J］. 北京观察，2019（4）.

［36］宋光辉，王成，董永琦. 基于社会资本理论的科技型中小企业互助联合担保模式研究：以广东省为例［J］. 金融发展研究，2016（4）.

［37］孙波，朱文博浩，冯延娟. 广东科技金融发展现状及趋势研究［J］. 广东科技，2018，27（12）.

［38］王立平，魏博文，娄霆，等. 科技银行发展路径探索［J］. 浙江金融，2017（5）.

［39］韦文求，王现兵，林雄，等. 普惠性科技金融发展的探索与实践：基于广东经验［J］. 科技管理研究，2019，39（13）.

［40］项燕彪，王紫薇. 浙江省中小企业金融服务中心发展指数测度与评价［J］. 浙江金融，2012（1）.

［41］徐枫，马佳伟. 基于投资者政策需求视角的中国创业投资发展影响因素研究［J］. 宏观经济研究，2018（3）.

［42］徐莉，毛丽素，张正午. 江西科技保险发展对策研究［J］. 科技广场，2015（1）.

［43］徐雪原. 广州科技保险发展存在的问题及其对策研究［J］. 中国集体经济，2018（8）.

［44］杨孟著. 探索“保险＋政府”科技保险新模式［N］. 中国保险报，2018－05－31（008）.

［45］袁碧华. 广东科技担保创新发展的对策研究［J］. 广东科技，2017，26（10）.

［46］翟会明. 浅析我国新三板市场发展现状及对策建议［J］. 时代金融，2016（36）.

［47］赵昌文，陈春发，唐英凯. 科技金融［M］. 北京：科学出版社，2009.

［48］赵公民，刘金金，武勇杰，等. 基于扎根理论和文本挖掘的广东省科技金融政策共词网络研究［J］. 科技管理研究，2019，39（3）.

［49］肇启伟，付剑峰，刘洪江. 科技金融中的关键问题：中国科技金融2014年会综述［J］. 管理世界，2015（3）.

［50］张明喜. 发挥市场决定性作用提升科技金融服务能力［N］. 科技日报，2019－09－27（05）.

［51］张婉月，秦娟，韩莹莹，等. 科技型中小企业信贷融资风险补偿政策研究：以江苏省为例［J］. 江苏科技信息，2021，38（23）.

［52］张紫璇，赵丽萍. 各省科技金融发展、技术创新水平与经济增长的门限效应分析：基于2000—2015年的省际面板数据［J］. 科技管理研究，2018，38（5）.

［53］章立，马国建，段登. 我国科技担保公司发展对策研究［J］. 江苏大学学报（社会科学版），2012（4）.

［54］中国人民银行武汉分行金融研究处课题组. 信度加权普惠金融发展指数：编制、评价及运用——来自湖北的案例［J］. 武汉金融，2018（4）.

[55] 周健. 浅析科技保险发展现状及对策：以广东省为例 [J]. 金融经济，2018 (14).

[56] 朱婧，周振江，胡品平. 广东省新三板企业发展情况及对策建议 [J]. 广东科技，2017，26 (9).

[57] 朱顺泉，石双宏. 创业投资促进经济转型升级的实证研究：以中国、广东、广州、深圳数据为例 [J]. 科技管理研究，2016，36 (1).

[58] 朱文龙. 上海科技金融生态体系建设的进展、不足与完善思路 [J]. 上海商业，2019 (5).